COMUNICAÇÃO E REDAÇÃO EMPRESARIAL

COMUNICAÇÃO E REDAÇÃO EMPRESARIAL

Cláudia Capello
Mary Murashima

FGV EDITORA

Direitos desta edição reservados à
FGV EDITORA
Rua Jornalista Orlando Dantas, 9
22231-010 | Rio de Janeiro, RJ | Brasil
Tel.: 21-3799-4427
editora@fgv.br | www.editora.fgv.br

Impresso no Brasil | *Printed in Brazil*

1ª edição: 2022

Preparação de originais: Sandra Frank
Projeto gráfico de miolo e diagramação: Abreu's System
Revisão: Renata Magdaleno e Michele Mitie Sudoh
Capa: Estúdio 513
Imagens do miolo: Shutterstock
Imagem da capa: Lipikstockmedia – Freepik.com

Dados Internacionais de Catalogação na Publicação (CIP)
Ficha catalográfica elaborada pela Biblioteca Mario Henrique Simonsen/FGV

Capello, Cláudia
Comunicação e redação empresarial / Cláudia Capello, Mary Murashima. – Rio de Janeiro : FGV Editora, 2022.
420 p.

ISBN: 978-65-5652-185-5

1. Comunicação empresarial. 2. Comunicação na administração. 3. Língua portuguesa – Português Técnico. 4. Língua portuguesa – Gramática. 5. Redação oficial. I. Murashima, Mary. II. Fundação Getulio Vargas. III. Título.

CDD – 658.45

Elaborada por Mariane Pantana Alabarce – CRB-7/6992

Sumário

Prefácio

O convite para prefaciar o livro *Comunicação e redação empresarial* foi acolhido por mim com imensa satisfação, afinal, nem sempre temos a oportunidade de resgatar, em uma tarefa profissional, laços de afeto tão longamente construídos como os que eu tenho com as autoras. A satisfação, contudo, foi imediatamente seguida de certa apreensão, pois apresentar um livro não é tarefa fácil, menos ainda é escrever um prefácio, esse gênero tão relegado a segundo plano que chega a ser ignorado por muitos leitores. Diante dessas dificuldades, saí em busca de um prefácio modelo, mas logo percebi que nenhum modelo prévio faria jus ao trabalho que eu tinha em mãos. Optei, assim, por subverter o gênero, abandonar o formalismo e o distanciamento tão característicos da maioria dos prefácios. E exatamente por isso, antes de tecer as esperadas considerações sobre a obra, falo das autoras.

Conheço Cláudia e Mary, amigas queridas, de longa data. Ao longo de quatro anos, estivemos juntas no curso de Graduação em Letras - Português/Literaturas na Universidade do Rio de Janeiro (Uerj), compartilhando leituras, fazendo trabalhos em grupo e, já naquela época, eu nutria grande admiração pelo comprometimento e seriedade com que se envolviam em cada atividade realizada, características que saltam aos olhos na leitura desta obra. Seguimos por caminhos diferentes e, vez ou outra, oportunidades profissionais nos colocaram em contato, o que sempre proporcionou momentos de ricas trocas, como a que nos aproxima neste momento.

Cláudia de Cássia Capello cursou o doutorado em letras na Universidade Federal Fluminense (UFF), depois do mestrado em letras vernáculas na Universidade Federal do Rio de Janeiro (UFRJ), ambos na área de literatura. Atualmente, é professora associada do Instituto Multidisciplinar de Formação Humana com Tecnologias da Uerj e, na Fundação Getulio Vargas, é superintendente do programa de Certificação de Qualidade do IDE. É professora, em nível de pós-graduação, de comunicação empresarial.

Mary Kimiko Guimarães Murashima graduou-se também em português/literaturas, mas ainda em português/latim, é mestre em literatura comparada pela Pontifícia Universidade Católica do Rio de Janeiro (PUC-Rio) e doutora em letras pela mesma instituição. Atualmente, aposentou-se como professora associada da Uerj e é diretora de Gestão Acadêmica da Fundação Getulio Vargas. Foi diretora acadêmica de educação a distância da Whitney International University System. Atuou como diretora adjunta, gerente de produção acadêmica, coordenadora de pós-graduação e produção, *instructional designer* e professora-tutora do FGV Online (Programa de Educação a Distância da FGV).

A consistência da formação das autoras fica refletida desde as primeiras páginas da obra, que se propõe a ser um guia prático e eficaz destinado a todos aqueles que têm necessidade de redigir em sua vida – sejam ou não profissionais ligados diretamente à área da escrita. Logo na apresentação, fica evidente a concepção de língua que norteia obra. A língua é vista como uma estrutura maleável, sujeita às pressões do uso. É, nas palavras das autoras, "espelho da realidade sociocultural da comunidade que a emprega". A variação é vista, assim, como inerente ao sistema da língua e tratada, justamente por isso, sem preconceitos. Tal concepção se faz presente ao longo de toda a obra como um fio condutor de toda a proposta apresentada.

Dessa concepção decorre também um tratamento gramatical mais contextualizado, que se afasta das abordagens de cunho essencialmente formalista que analisam a língua como objeto autônomo, cuja estrutura independe de seu uso em situações reais de comunicação. Um exemplo disso é a seção intitulada "Gênero gramatical: a polêmica", em que a questão do gênero é tratada a partir de uma perspectiva sócio-histórica, abordando questões sensíveis da atualidade. A gramática é, assim, tratada como ferramenta para que se atinjam os propósitos comunicativos pretendidos por falantes e escritores, evidenciando a dimensão lógico-discursiva da abordagem dos elementos da língua.

Outro aspecto marcante da obra é a atenção dispensada ao texto oral. De modo geral, os manuais destinados ao ensino da produção textual se atêm a textos escritos, com menções esparsas às especificidades de textos orais. Em *Comunicação e redação empresarial*, diferentemente, as modalidades oral e escrita da língua não são apresentadas como dicotômicas, as diferenças entre uma e outra são consideradas num contínuo de estratégias discursivas e linguísticas. É, assim, inovadora e extremamente útil a seção destinada à apresentação de estratégias para apresentação oral.

Vale ressaltar ainda a grande diversidade de gêneros da escrita técnica, cujas características e funcionalidades são apresentadas de maneira didática, com a ressalva de que os modelos apresentados estão sujeitos a alterações tendo em vista as diferentes situações comunicativas em que se inserem.

Ao final de cada capítulo, é disponibilizada uma autoavaliação, composta de 20 questões. Desse modo, o leitor é capaz de operar o conceito trabalhado sempre a partir de textos e situações diversificados, reafirmando a concepção de língua adotada pelas autoras.

Em suma, *Comunicação e redação empresarial* é uma obra diferenciada, que, além de funcionar como um manual didático para a produção de textos, permite ao leitor refletir sobre as possibilidades que a língua oferece como instrumento de comunicação e exercício pleno da cidadania.

Por todos esses motivos e pela possibilidade do reencontro com o trabalho de Cláudia e Mary, senti-me privilegiada em fazer a leitura da obra em primeira mão.

À leitura, portanto!!!

Magda Bahia Schlee
Doutora em letras e professora associadada da
Universidade do Estado do Rio de Janeiro.

Apresentação

Die Grenzen meiner Sprache bedeuten die Grenzen meiner Welt.[1]

A comunicação é um fenômeno que se observa entre todos os seres. Todos possuem códigos próprios e formas específicas de interagir, o que lhes permite conviver em um mesmo ambiente, sob regras que caracterizam o grupo.

Nesse sentido, a linguagem é como um jogo — assim, quando falamos, é como se efetuássemos uma jogada. Como em um jogo, nosso comportamento linguístico, portanto, estaria condicionado a uma série de regras previamente determinadas. Essas regras seriam então a garantia de que a comunicação possa se realizar.

> O ser humano é, por natureza, gregário, o que o leva à necessidade de interagir, trocar, construir, elaborar, inventar. Por isso mesmo, o sistema de comunicação que utilizamos é complexo e sofisticado.

Assim, mesmo quando não proferimos uma palavra sequer, estamos falando. Falamos inclusive quando lemos ou escutamos, no trabalho ou

[1] "Os limites da minha linguagem significam os limites do meu mundo." WITTGENSTEIN, L. *Tractatus Logico-Philosophicus*: Logisch-philosophische Abhandlung. Londres: Kegan Paul, 1922, 5.6. Disponível em: <https://people.umass.edu/klement/tlp/tlp.pdf>. Acesso em: jan. 2022.

no ócio... na vigília e no sono. E falamos sempre porque a linguagem é conatural aos homens. É por isso que a linguagem não é apenas mais uma entre as muitas capacidades humanas, ela é a verdadeira responsável por nos tornarmos aquilo que verdadeiramente somos, como acreditava o filósofo austríaco Wittgenstein, ao afirmar que os limites de nossa linguagem coincidem com os limites de nosso mundo.

A linguagem é, pois, a garantia da função de comunicar. Contudo, não utilizamos a linguagem apenas para veicular informações. Expressamo-nos para sermos conhecidos... para sermos respeitados... para exercer influência no contexto social em que se dá nosso discurso.

O que diferencia esse processo, em que nos valemos de diversos códigos, como gestos, expressões faciais, imagens, é o fato de utilizarmos, sobretudo, a língua.

A língua é um código que permite aos grupos sociais estabelecer uma identidade cultural, calcada no domínio de um mesmo código linguístico, capaz de caracterizar esse grupo. Dentro de uma sociedade, contudo, há diversos subgrupos que lançam mão de variáveis do código linguístico e adquirem, eles próprios, uma identidade.

Grandes e pequenas organizações não sobrevivem com problemas de comunicação interna ou externa, porque objetivos e metas só podem ser alcançados à medida que eficientes processos de comunicação nos mantêm alinhados em direção a tudo aquilo que planejamos.

Segundo o professor Vijay Govindarajan, da Tuck School of Management, em Darthmouth, profissionais recém-formados nos países emergentes carecem de *last-mille employability*: eles não sabem como trabalhar em equipe, são extremamente teóricos e são ensinados a ser excessivamente obedientes, além de carecerem de habilidades de comunicação.[2] Esses são problemas com que as empresas têm de lidar nos dias de hoje e que precisam de intervenção imediata nos processos de formação dos futuros profissionais para que eles possam estar preparados não só para corrigir os *gaps* atuais como também responder, a contento, às demandas dos mercados futuros, que não são poucas.

---

[2] MARGOLIS, M. Corporate learning. *Newsweek*, Nova York, 20 set. 2010.

O mercado de trabalho que se esboça para os próximos anos demanda competências que não são próprias de uma ou outra profissão em especial, mas que tornam possível que as pessoas atuem com efetividade, trabalhem bem umas com as outras, apresentem bom desempenho e atinjam seus objetivos. São as chamadas *soft skills*, em cujas bases, fundamentalmente, inscreve-se nossa capacidade de interagir e nos comunicar com eficiência e eficácia. Entre elas, destacamos:

- **colaboração**, pois, nesse novo mundo digital, é preciso que o indivíduo aprenda a colaborar em ambientes virtuais, que trabalhe de forma produtiva, tenha compromisso e demonstre sua presença como membro de uma equipe física ou virtual;
- **pensamento inovador e adaptativo**, pois se espera do indivíduo uma postura proativa de pensar e de apresentar soluções e respostas para além daquilo que é traçado ou baseado em regras e porque ele deve se desprender de verdades já formadas para pensar sobre novos contextos;
- ***sense-making***, que é a capacidade de determinar o significado mais profundo do que está sendo expresso, ou seja, entender dado objeto e conseguir, a partir daí, analisar suas relações;
- **inteligência social**, pois o indivíduo deve ser capaz de se conectar com os outros de uma maneira profunda e direta, de sentir e estimular reações e interações desejadas;
- **transdisciplinaridade**, que é a capacidade de compreender e articular conceitos de diversas disciplinas, haja vista que não é possível mais falar de formação em uma única linha de raciocínio, pois, a cada dia, os assuntos estão cada vez mais relacionados, e o profissional precisa ser capaz de transitar entre essas diferentes áreas de conhecimento sem barreiras;
- **mobilidade em culturas transversais**, pois, com a globalização cada vez mais forte, os profissionais são desafiados a trabalharem além dos limites territoriais, uma vez que muitas empresas possuem filiais em diferentes países e, para isso, é preciso desenvolver a capacidade de operar em diferentes ambientes culturais;
- ***design mindset***, que é a capacidade de representar e desempenhar tarefas e processos de trabalho para alcance dos resultados desejados, o que demanda visão da complexidade das relações e de como os itens estão relacionados;

- ***information, media, digital e virtual literacy***: a primeira, que é a competência de aprender e criar significados a partir da informação; a segunda, que é a competência para ler e interpretar o significado de diferentes mídias expressas por diferentes linguagens; a terceira, que é a competência de usabilidade ou letramento digital e, por fim, a última, que é a competência da virtualidade, ou seja, a adaptação ao ambiente virtual em suas múltiplas implicações comunicacionais.

Dadas essas competências, é notório compreender que os profissionais deverão estar preparados para uma realidade diferente da que presenciamos hoje após a faculdade. Eles serão desafiados em um mundo que muda de forma rápida e imerso nas tecnologias. Eles precisarão definir quais informações utilizar e em que momento. As barreiras territoriais foram ultrapassadas pela tecnologia, e as demais barreiras, como a cultura e a linguagem, estão a cada dia se tornando menos espessas.

Em meio a esses cenários, compreender os processos que envolvem a comunicação é fundamental para perceber a adequação do uso da língua em situações diversas. Esses processos estão intimamente ligados ao conhecimento do funcionamento da língua e dos fenômenos advindos de sua dinamicidade. Assim, comunicar-se não é mais suficiente: é preciso comunicar-se bem e adequadamente, com domínio de diferentes mídias e códigos, nos diversos processos de interação que se delineiam nos novos cenários profissionais.

Comunicação significa tornar comum… interagir… caminhar em direção ao outro. Só assim nos tornamos capazes de contribuir individualmente para a harmonia e a eficácia dos relacionamentos que tecem as organizações, nas quais estamos necessariamente incluídos, como sujeitos sociais.

É a interação que possibilita a comunicação entre nós e nosso interlocutor. Ao longo da comunicação, sentidos são construídos — e consequentemente compartilhados — por meio de um processo que envolve controle, negociação e compreensão.

O ato de compartilhar sentidos é uma atividade com a qual nos defrontamos no dia a dia como agentes sociais. Compartilhar sentidos dá conta de nossa necessidade de interagir com o outro, a partir do conhecimento que adquirimos acerca do mundo, ao longo de nossa história de vida.

Nesse processo de interação, precisamos chamar sua atenção ainda para mais uma importante e polêmica questão. Como espelho da realidade sociocultural da comunidade que a emprega, a língua é um organismo vivo que reproduz os mesmos desníveis, as mesmas diferenças e as mesmas necessidades que são oriundas da má distribuição de oportunidades e privilégios em nossas sociedades. Tais desníveis são significativos de uma bifurcação da língua em duas modalidades: **variedade culta** ou **língua padrão**, por um lado, e **variedade popular** ou **registro vulgar**, por outro.

É interessante notar que o domínio das normas da variedade culta da língua não impede que, em situações informais, adotemos a utilização de uma variedade familiar ou comum da língua padrão. O que sugere o artificialismo das normas e a necessidade de uma forma mais espontânea de expressão por parte dos usuários de uma língua.

Ademais, como sujeitos conscientes de nossa função na sociedade, devemos estar atentos e dispostos a ouvir a fala daqueles que já são suficientemente marginalizados e que, sem o domínio das regras do jogo, ainda assim têm direito à preservação de sua dignidade como usuários da língua... pode-lhes faltar o domínio das normas... mas todos também — e sempre — têm alguma coisa a dizer.

Contudo, queiramos ou não, fato é que a língua padrão, quanto melhor escrita, quanto mais bem falada — segundo os critérios das normas que a sustentam —, mais facilmente levará à ascensão profissional e social de seu falante. Nas teias das relações de poder, a língua sempre foi e ainda é, portanto, um elemento de dominação e de discriminação sociais. É preciso, portanto, conhecermos as regras do jogo, por mais injustas que elas nos possam parecer.

Com foco nesse entendimento, ao final de cada um dos capítulos, disponibilizamos um apêndice gramatical, que, longe de buscar reduzir as práticas de comunicação e redação à mera compreensão de regras gramaticais vigentes na língua portuguesa, considera que as boas práticas de comunicação e redação no ambiente empresarial também incluem o entendimento da variedade padrão de nossa língua e que seu uso efetivo, integrado à dimensão textual-discursiva desses mesmos elementos linguísticos, é capaz de interferir no sucesso de nosso desempenho como proficientes leitores e produtores de textos em nossa sociedade.

Todos os capítulos são seguidos de autoavaliações, cada uma delas com 20 questões objetivas de múltipla escolha — focadas no conteúdo do capítulo e do apêndice gramatical que as precede —, que foram elaboradas a partir de situações concretas de interação comunicativa e que contam ainda, ao final do livro, com gabarito comentado de respostas.

Ao final de todos os capítulos e de seus respectivos apêndices gramaticais, apresentamos também um vasto número de anexos, que traz exemplos de diferentes modelos de escrita comercial e oficial que circulam no ambiente empresarial.

Após os anexos, disponibilizamos listas dos principais verbos e nomes cujas regências podem, comumente, trazer dúvidas aos usuários da língua.

Por fim, incluímos ainda no livro um vocabulário gramatical, que visa a tornar mais fácil o entendimento (ou a lembrança) de eventuais terminologias gramaticais — estudadas ano após ano em tantos segmentos escolares (nem sempre com muita aplicabilidade e, consequentemente, sucesso) — utilizadas em diferentes passagens do livro, principalmente nos apêndices gramaticais.

Esperamos que, ao ajudar você a compreender melhor as diferentes estratégias envolvidas nos diversos atos comunicativos, este trabalho possa também ajudar a melhorar os processos de interação em seu ambiente de trabalho e, assim, ampliar os limites de seu mundo por meio da ampliação dos limites de sua linguagem.

As autoras

CAPÍTULO 1

COMUNICAÇÃO

Neste capítulo, abordaremos as relações entre comunicação, linguagem e língua, para entendermos por que o processo comunicativo é uma uma atividade interativa e colaborativa, que pressupõe um contrato social entre seus diferentes usuários, mas que também implica uma gama de variedades.

Também apresentaremos os elementos constituintes do ato de comunicação, como uma atividade que pressupõe articulação entre motivação, finalidade e realização, destacando as diferentes funções da linguagem vinculadas a cada um dos elementos do processo comunicativo.

Por fim, discutiremos os principais obstáculos para o alcance da eficácia comunicativa e como é possível evitá-los.

1.1 Processo de comunicação

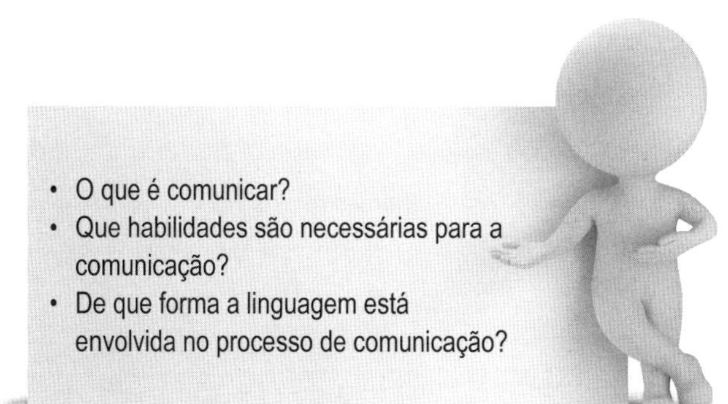

O ato de comunicar, embora nos pareça, à primeira vista, muito simples, envolve, na verdade, habilidades que desenvolvemos desde o momento em que começamos a interagir. Na comunicação humana, a linguagem é a faculdade mental responsável por essa interação, e a língua é o instrumento que mais largamente utilizamos para esse fim.

Mas linguagem e língua não são a mesma coisa?

1.1.1 Linguagem, língua e comunicação

É comum utilizarmos uma nomenclatura pela outra, considerando linguagem e língua sinônimos. A confusão é natural, já que, das manifestações da linguagem, a língua é a mais demandada. A distinção entre linguagem e língua foi feita, no início do século XX, pelo linguista Ferdinand de Saussure. Veja o que ele disse:

> Mas o que é a língua? Para nós, ela não se confunde com a linguagem; é somente uma parte determinada, essencial dela, indubitavelmente é ao mesmo tempo um produto social da faculdade da linguagem e um conjunto de convenções necessárias, adotadas pelo corpo social para permitir o exercício dessa faculdade nos indivíduos.
>
> SAUSSURE, F. *Curso de linguística geral*. São Paulo: Cultrix, 2006: 17.

Segundo o linguista, a linguagem é uma faculdade mental que tem a função de comunicação entre os seres e a função de autorreferenciação do ser.

Figura 1
Linguagem e comunicação

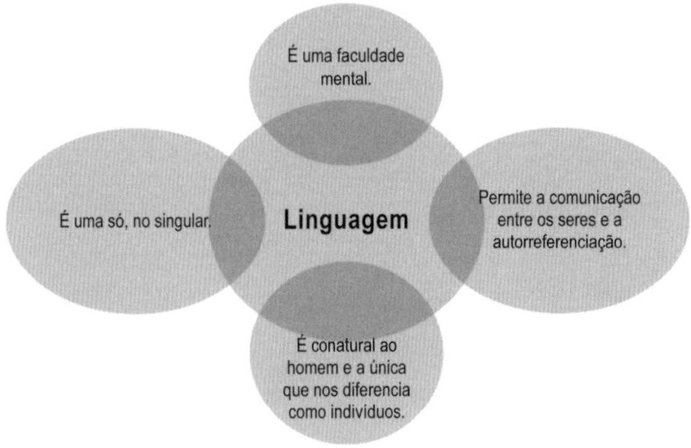

Sendo assim, podemos considerar que, por meio da linguagem, não apenas lemos o mundo, mas lemos a nós mesmos, estruturamo-nos, organizamo-nos e nos colocamos no mundo como seres diferenciados e autônomos, com nossos próprios elementos de identificação, diferentes dos elementos que os outros possuem para nos identificar.

Em suma, a faculdade da linguagem permite a comunicação entre os seres e a autorreferenciação do ser, além de se manifestar a partir de diferentes códigos, tanto verbais quanto não verbais.

Esses códigos permitem ao indivíduo a leitura de textos diversos, reforçando que o conceito de texto não se restringe à palavra escrita, mas se expande à imagem e até mesmo à parceria entre palavra e imagem.

A linguagem, pois, manifesta-se de diversas formas:

Figura 2
Tipos de linguagem

A leitura individualiza o discurso do sujeito, pois este, quando lança mão de um determinado código, vale-se de um instrumental comum a todos os falantes. Seu discurso, contudo, é pessoal, diferenciado, pois todos possuem uma individualidade que se expressa tanto na leitura quanto na autoria.

A linguagem é, portanto, uma faculdade conatural ao homem, mas, diferentemente das demais faculdades que possuímos, é a única que nos diferencia como indivíduos. A língua, como sua mais importante manifestação, é o meio pelo qual essa individualização se consolida.

O uso da língua, calcado no domínio de seu código, permite que façamos parte de um grupo e que nos comuniquemos com ele. Na verdade, a comunicação vai muito além da troca de informações: ela se baseia na construção de sentidos por parte de todos os que participam do processo comunicativo. Essa geração de sentidos depende da compreensão plena do que se ouve, e a comunicação passa a ser, sob essa perspectiva, um processo de negociação, em que estão envolvidos, ainda, controle e compreensão.

A comunicação, então, torna-nos seres sociais. Mas como fazer parte desse processo?

1.1.2 Individual e social: língua como ato e função

A língua é um **ato individual** mas também tem uma **função social**. É por meio da enunciação de nossos pensamentos, opiniões, sentimentos que interagimos com diversos grupos e nos inserimos socialmente. Para isso, lançamos mão de um código comum, convencionado pelo grupo social de que fazemos parte.

O fato de ser uma convenção faz com que a língua se configure como uma espécie de contrato estabelecido pelo grupo que a utiliza e seja reconhecida como um patrimônio social.

Esse patrimônio é constituído de diversas manifestações que formam a identidade cultural de determinado grupo. Esse grande grupo, por sua vez, é formado de outros subgrupos, com suas próprias marcas e singularidades linguísticas. Por isso, dizemos que a língua possibilita várias relações individuais e também a inserção em diversos grupos sociais.

Um exemplo dessa diversidade é a variação linguística. Ela se torna clara quando ouvimos, por exemplo, um habitante de uma região geográfica diferente daquela em que habitamos utilizar palavras que não conhecemos para se referir a objetos que usamos todos os dias. Um carioca pode não saber que seu amigo nordestino, ao sugerir que degustem uma deliciosa macaxeira frita, está se referindo ao que, no Rio de Janeiro, chama-se aipim frito. Em São Paulo, por sua vez, a sugestão seria uma deliciosa porção de mandioca frita…

Há, portanto, várias formas de nos inserirmos linguisticamente…

Figura 3
Registro formal *vs.* informal

Usando um registro formal…

LX, 24 DE FEVEREIRO DE 2011

PREZADA SENHORITA HARVEY,

TOMEI A CORAGEM PARA LHE REDIGIR ESTA MISSIVA PARA QUE TENHA CONHECIMENTO QUE ESTE SEU HUMILDE SERVO SE VOLTOU A APAIXONAR PELA SUA SE-[illegible] E PELA VOZ DESTEMIDA COM QUE ILUMINA AS SUBLIMES COMPOSIÇÕES QUE REUNIU NESTE SEU NOVO DISCO. A INGLATERRA QUE TREMA, QUE A SUA VOZ, QUE JÁ FAZ PARTE DA BOA TRADIÇÃO INGLESA DAS VOZES FEMININAS, NÃO ABALARÁ. E NO FINAL DO ANO, CONTE COMIGO PARA A DEFENDER NA CONTENDA DOS MELHORES DISCOS DO ANO.

VOTOS DE FELICIDADES DESTE SEU ADMIRADOR.

Falando de maneira informal, usando gírias, por exemplo...

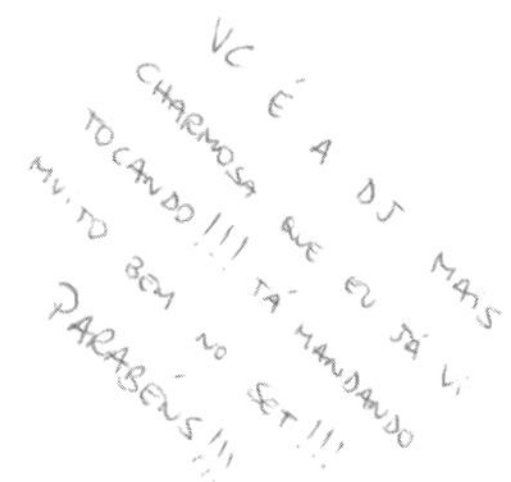

…entre outros!

Cada grupo social e cada pessoa, individualmente, imprimem suas próprias marcas na língua que falamos, o que a torna um conjunto riquíssimo de variedades linguísticas, além de enriquecê-la cada vez mais. As variedades da língua estão não apenas no **âmbito geográfico** mas também no **âmbito sociocultural**. As variações socioculturais fazem com que a língua seja expressa em duas modalidades: a **variedade culta**, ou **língua padrão**, e a **variedade popular**, ou **registro vulgar**. As duas modalidades convivem nos grupos sociais, mas é importante ter em mente que a variedade culta acaba por fazer com que aqueles que a dominam cultivem maior prestígio social, enquanto aqueles que se valem, predominantemente, da variedade popular são, muitas vezes, alvo de preconceito, o que, obviamente, não deve ser legitimado socialmente.

De forma similar ao que ocorre com as modalidades padrão e popular, existe a variação no emprego da língua em ambientes profissionais. Os **jargões** caracterizam essa variedade e acabam, muitas vezes, excluindo aqueles que não estão com eles familiarizados ou mesmo que não fazem parte do mesmo grupo profissional.

Exemplos não faltam para ilustrar esse cenário. Seja no discurso médico, quando se diz que o paciente está bradicárdico (seus batimentos cardíacos estão fracos), seja no discurso jurídico, quando o advogado inicia uma fala com a expressão latina *data venia* (com a devida licença), ou mesmo no ambiente acadêmico, se o professor de português anota na redação de seu aluno que ele não fez a coesão referencial de que o texto necessitava (usar pronomes demonstrativos para se referir a um substantivo já mencionado, por exemplo), os usuários da língua que não fazem parte desses grupos vão-se sentir excluídos, por não compreenderem os termos específicos utilizados por esses profissionais.

Desse modo, a utilização do jargão é também uma forma de restringir o grupo com o qual nos comunicamos:

Parece piada

Algumas frases em juridiquês pinçadas de processos:

— "...desvestido de supedâneo jurídico válido o pedido feito."

— "O Excelso Pretório sempre chama a si a colmatagem e superação das lacunas, omissões e imperfeições da norma fundamental."

— "Indefiro a liminar porque sem ela a segurança não será ineficaz."

— "Com tal proceder, tisnou várias regras insculpidas no caderno repressor."

— "O alcândor Conselho Especial de Justiça, na sua apostura irrepreensível, foi correto e acendrado em seu decisório. É certo que o Ministério Público tem o seu lambel largo no exercício do poder de denunciar. Mas nenhum labéu o levaria a pouso cinéreo se houvesse acolitado o pronunciamento absolutório dos nobres alvarizes de primeira instância."

JUS NAVIGANDI. Parece piada. In: CONSULTOR JURÍDICO. Página inicial. [s. l.], 2005. Disponível em: <www.conjur.com.br/2005-nov-16/idioma_forense_encontra_resistencia_junto_populacao?pagina=4>. Acesso em: jan. 2022.

O importante, portanto, é saber utilizar a língua de forma adequada, levando em conta o ambiente em que estamos, com quem falamos e qual o objetivo de nossa fala. Com isso, estabelecemos uma comunicação eficaz, lançando mão da língua como contrato social e como ato individual.

1.1.3 Elementos da comunicação

O uso da palavra é a forma de comunicação mais frequente em uma sociedade. Embora a faculdade mental da linguagem nos habilite a nos comunicarmos de várias formas – por gestos, símbolos e até cheiros –, é na comunicação verbal que se pauta a esmagadora maioria das relações interativas do ser humano.

A língua é, dessa forma, o código do qual lançamos mão para efetivar o processo comunicativo. Ocorre que esse processo só pode ser considerado pleno se a mensagem for compreendida – ou seja, o objetivo da intenção comunicativa deve ser atingido.

Por intenção comunicativa compreende-se a necessidade de expressar uma ideia, com um determinado objetivo, utilizando um determinado veículo. No caso da comunicação verbal, esse veículo são as palavras.

O processo de comunicação envolve os seguintes elementos:

- **emissor** – tem a intenção comunicativa;
- **receptor** – a quem se dirige a mensagem;
- **mensagem** – informação transmitida;
- **código** – signos utilizados para a transmissão da mensagem;
- **canal** – por onde a mensagem é transmitida;
- **contexto ou referente** – situação à qual a mensagem se refere.

Esquematicamente, o processo de comunicação pode ser assim representado:

Figura 4
Representação do processo de comunicação

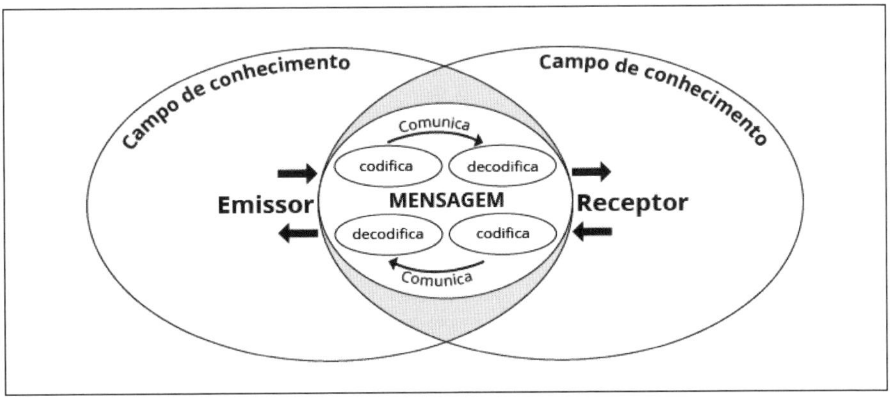

Percebemos que qualquer intenção comunicativa envolve um complexo processo de transmissão da mensagem. Por essa razão, é imprescindível que emissor e receptor dominem o código no qual ela é construída, sob pena de se perder, no meio do processo, a essência de seus significados. É importante lembrar, também, que o referente, ou contexto, por ser a situação a que a mensagem se refere, interfere fortemente no entendimento do que se pretende comunicar, pois, nesse momento, a vivência de cada um dos envolvidos no processo estabelece formas variáveis de compreensão.

A comunicação só se efetiva se a mensagem for plenamente compreendida.

Levando em conta a importância da comunicação verbal em todas as áreas de nossas vidas, não podemos deixar de ressaltar a necessidade de se conhecer e dominar o código verbal da sociedade na qual nos inserimos – no nosso caso, a língua portuguesa.

Conhecer, contudo, as regras gramaticais da língua, não é suficiente para se atingir a comunicação plena. É preciso compreender de que maneira nos tornamos usuários proficientes e eficientes da língua e, para isso, é necessário lidar com alguns conceitos ligados às estratégias textuais.

1.1.4 Processo comunicativo

O processo comunicativo envolve uma série de variáveis e tem sido estudado sob perspectivas diversas:

- **modelo cognitivo** – leva em conta a forma como cada um recebe e processa a informação;
- **modelo semiótico-informacional** – considera a comunicação como um processo de negociação;
- **modelo semiótico-textual** – tem como base os elementos culturais e as experiências pessoais de cada um;
- **modelo linguístico-funcional** – foca o código que emissor e receptor têm em comum para emitir e receber uma mensagem.

Até aqui, abordamos um pouco de cada um desses modelos, dando ênfase ao último. O processo comunicativo, entretanto, vai além da troca de mensagens entre emissor e receptor, unicamente. Ele se dá, também, de forma interpessoal, intrapessoal e na comunicação de massa.

FIGURA 5
Outras características do processo comunicativo

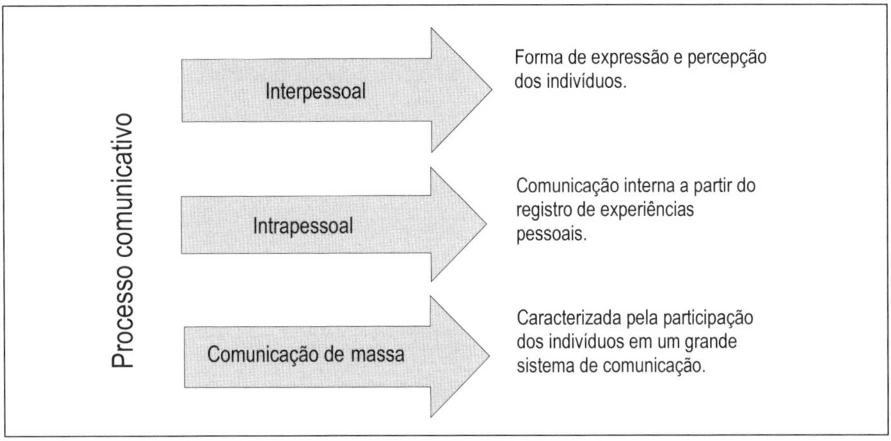

O primeiro está relacionado à forma de os indivíduos se expressarem e de perceberem essas formas de expressão; o segundo diz respeito ao registro de experiências pelo próprio indivíduo que as vivencia, configurando uma comunicação interna; por fim, a comunicação de massa, cujo canal mais pungente, hoje, é a internet mas que também se dá pela televisão, pelo rádio, pelo cinema, pela imprensa, tem na participação dos indivíduos em um grande sistema de comunicação sua grande característica. Todas essas formas de se processar a comunicação convergem para o objetivo de efetivá-la, ou seja, compreender aquilo que se ouve ou se lê.

Dessa forma, o processo comunicativo é caracterizado por um movimento contínuo de emissão e registro de sinais, por meio de diversos canais, utilizando códigos que permitam a manifestação da linguagem, sobretudo, o código linguístico.

A comunicação, que se efetiva por meio da ação e da linguagem, é, em última análise, um processo para o qual o ser humano se prepara e o qual domina à medida que pratica. Em outras palavras, o ser humano torna-se apto a se comunicar, podendo, dessa forma, prever habilmente os eventos que envolvem a interação e a comunicação, na medida em que já se expôs a acontecimentos anteriores.

Podemos, dessa forma, afirmar que o processo comunicativo permite a decodificação e a interpretação de mensagens entre indivíduos que não apenas dominam o mesmo código, mas compartilham experiências similares e vivenciam uma mesma cultura.

A informação, o conhecimento, os valores não são, assim, restritos a um indivíduo, mas compartilhados por grupos e sociedades.

1.2 Funções da linguagem

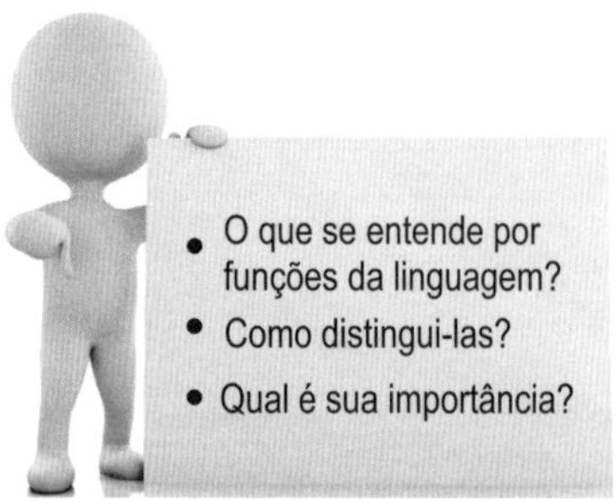

A comunicação efetiva leva em conta, como já vimos, um processo que envolve elementos relacionados entre si. O processo comunicativo conta com uma série de fatores que contribuem para que a intenção comunicativa se efetive.

Cada indivíduo elabora o enunciado de sua comunicação de acordo com sua intenção comunicativa, e esse processo de elaboração se baseia em diversas estratégias. Uma delas é utilizar as funções da linguagem para enfatizar determinado elemento da comunicação.

Funções da linguagem são estratégias utilizadas pelo falante para atingir os objetivos de sua intenção comunicativa, a partir da ênfase em determinado elemento da comunicação.

Assim, as funções da linguagem estão diretamente relacionadas aos seis elementos essenciais da comunicação: emissor, receptor, mensagem, código, canal e contexto. Em um mesmo enunciado, é possível identificar mais de uma função da linguagem, mas é importante ter em conta que haverá uma predominante, o que torna possível a percepção da intenção do emissor.

Veremos cada uma delas, a seguir.

1.2.1 Função referencial ou denotativa

A função referencial ou denotativa enfatiza o **contexto** e, desse modo, prioriza fatos, circunstâncias. O referente – assunto da mensagem – fica em evidência, o que confere ao enunciado um caráter informativo.

Quadro 1
Função referencial ou denotativa

Onde a encontramos?	Como a identificamos?
• Textos de jornais e revistas. • Livros científicos. • Livros didáticos. • Textos técnicos.	• Clareza e objetividade ao passar a informação. • Aspectos subjetivos ausentes. • Uso da linguagem denotativa. • Predominância da 3ª pessoa do singular.

Exemplo 1:

> Quando Luís Vaz de Camões escreveu o soneto "Mudam-se os tempos, mudam-se as vontades", na segunda metade do século XVI, a Europa vivenciava a transição da Idade Média para a Idade Moderna. O homem ocupava o centro do mundo, em um movimento antropocêntrico reforçado por grande avanço tecnológico e científico. Portugal era uma potência europeia, com sua primazia nas grandes navegações. Os tempos mudavam. As vontades acompanhavam as mudanças.
>
> MURASHIMA, Mary (Org.). *Experiências na educação mediada por tecnologias.* Rio de Janeiro: FGV Ed. 2021.

No trecho do exemplo, a intenção comunicativa é passar, de forma clara e objetiva, as informações. Não há juízo de valor, ainda que o trecho tome como ponto de partida versos de Camões – que, por sua própria natureza, trazem a função poética à tona. Uma vez que a ênfase é colocada sobre o contexto, ou seja, os fatos, predomina a 3ª pessoa, ratificando o caráter informativo do texto, que faz parte de uma coletânea sobre educação.

Exemplo 2:

Figura 6
Exemplo de função referencial

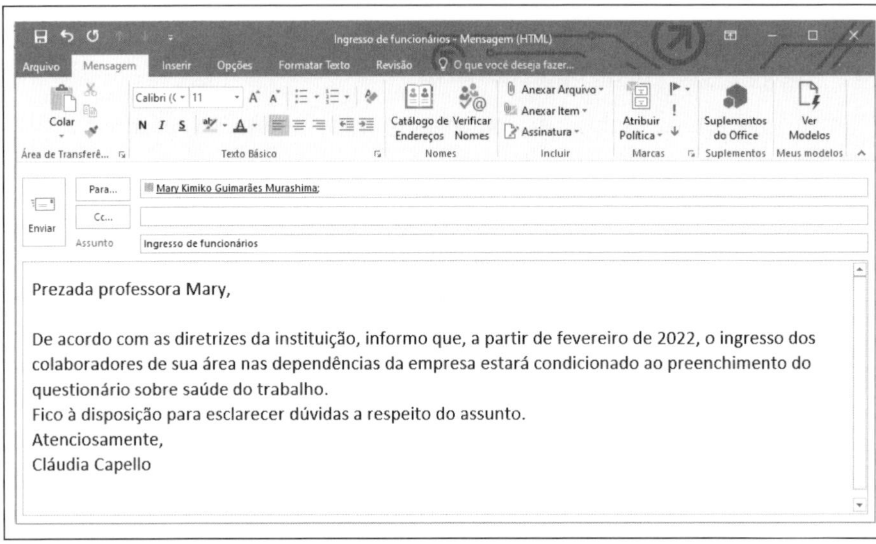

A função referencial é, na comunicação empresarial, a mais frequente. Atas, relatórios, instruções normativas, *e-mails* informativos, entre outros, são textos que centram sua atenção no contexto, na informação, sem que a opinião do emissor faça parte da mensagem. É o caso do exemplo acima, em que o *e-mail* enviado pelo emissor tem o objetivo de subsidiar o receptor com informações necessárias, e, por isso mesmo, claras e objetivas.

1.2.2 Função emotiva ou expressiva

A função emotiva faz com que a ênfase do enunciado recaia sobre o **emissor**, refletindo, dessa forma, emoções e sentimentos, na maior parte das vezes.

Quadro 2
Função emotiva ou expressiva

Onde a encontramos?	Como a identificamos?
• Depoimentos. • Cartas pessoais. • Autobiografias. • Entrevistas.	• Mensagem subjetiva. • Ponto de vista do emissor. • Utilização de sinais gráficos que acentuam o aspecto emotivo, como pontos de exclamação e reticências. • Predominância da 1ª pessoa do singular ou do plural.

Exemplo:

No exemplo supracitado, o enunciado é subjetivo, na medida em que expressa o estado de espírito do emissor, enfatizando sua angústia diante da tomada de uma decisão. O texto está em primeira pessoa, já que se trata da explicitação de pontos de vista do emissor. Além disso, o uso de sinais gráficos, como as reticências e o ponto de exclamação, deixa clara a intenção comunicativa – fazer um depoimento pessoal.

1.2.3 Função fática

A função fática enfatiza o **canal** da comunicação, buscando confirmar o contato com o receptor. Seu objetivo maior é estabelecer a comunicação, ou, ainda, encerrá-la. Nesse caso, o contato entre emissor e destinatário ou receptor é mais importante do que a mensagem em si.

Quadro 3
Função fática

Onde a encontramos?	Como a identificamos?
• Saudações. • Conversas em chamadas a distância.	• Interação entre os envolvidos no processo. • Ratificação do funcionamento do canal de comunicação. • Utilização de frases que confirmem a interação com o receptor. • Estratégias como interjeições e onomatopeias para que se mantenha o discurso.

Exemplo:

A função fática, normalmente, não predomina em uma conversa, já que seu objetivo é estabelecer ou confirmar o canal de comunicação. É comum que essa função inicie a comunicação, o que não impede que, durante o processo, ela seja utilizada. Para chamar a atenção do interlocutor, vemos, no exemplo acima, o uso do vocativo – "senhor". Também identificamos frases que demonstram a necessidade do emissor de confirmar se o canal de comunicação está ativo.

1.2.4 Função conativa ou apelativa

A função conativa ou apelativa dá ênfase ao **receptor**, no sentido de chamar sua atenção, com objetivos diversos, normalmente convencer, dissuadir, persuadir.

Quadro 4
Função conativa ou apelativa

Onde a encontramos?	Como a identificamos?
• Publicidade e propaganda. • Discursos ideológicos.	• Predominância de verbos no modo imperativo. • Utilização do vocativo. • Predominância da 2ª ou 3ª pessoa do singular ou do plural.

Exemplo 1:

Na hora de presentear, não tenha dúvida: dê livros! Você estará oferecendo, de quebra, muitas viagens!

No texto do exemplo, a intenção comunicativa é convencer o interlocutor de que livros são um presente perfeito, já que o leitor poderá "viajar" nas histórias. Para atingir esse objetivo, o texto lança mão do modo imperativo e se dirige diretamente ao destinatário, utilizando o pronome de tratamento "você".

Nesse tipo de texto, predomina a função fática, que coloca a ênfase sobre o receptor da mensagem.

Exemplo 2:

Neste exemplo, vamos fazer uma comparação entre dois textos que têm a mesma intenção comunicativa, mas centram a ênfase em elementos distintos da comunicação.

Texto 1:

> Dizemos que a comunicação oral pressupõe informalidade porque ela atende à necessidade imediata do falante de interagir com seus interlocutores, dispensando, dessa forma, a necessidade de formalizar, por escrito, aquilo que deseja expressar. Quando se fala de língua, portanto, formalidade e informalidade correspondem, respectivamente, à expressão escrita e expressão oral.
>
> Além disso, a comunicação oral conta com uma série de fatores coadjuvantes que auxiliam o emissor, como gestual, expressões faciais e postura corporal.
>
> MURASHIMA, Mary (Org.). *Experiências na educação mediada por tecnologias*. Rio de Janeiro: FGV Ed. 2021.

Texto 2:

> Imagine a seguinte situação: você precisa sair de repente e tem de deixar uma mensagem para sua mãe, avisando que você saiu. Qual a melhor forma de fazer isso?
>
> Se você optar por deixar, por exemplo, uma mensagem de voz, o que você vai dizer?
>
> Se você preferir escrever um bilhete, o que vai escrever?
>
> Há diferença entre os dois tipos de registro, certo? Isso acontece porque, quando falamos, temos o tom de voz, a expressão facial, os gestos para auxiliar na comunicação. É uma maneira informal de usar a língua. Se escrevemos, temos de ficar atentos para que a mensagem fique clara, mesmo que seja uma mensagem descontraída. Por isso, quando escrevemos, estamos usando a formalidade.
>
> MURASHIMA, Mary (Org.). *Experiências na educação mediada por tecnologias*. Rio de Janeiro: FGV Ed. 2021.

Tanto o texto 1 quanto o texto 2 estabelecem a diferença entre o registro oral e o registro escrito. O primeiro é eminentemente explicativo, centrando sua atenção no contexto e lançando mão, consequentemente, da função referencial. O segundo busca uma interação com o interlocutor, utilizando o imperativo, o pronome de tratamento "você", em um tom dialógico que revela a ênfase no receptor. Trata-se, nesse caso, da função conativa.

Isso demonstra que, dependendo de como queremos comunicar, podemos escolher como enfatizar determinado elemento para que nossa intenção comunicativa fique clara.

1.2.5 Função poética

A função poética recai sobre a própria **mensagem**, demonstrando uma atenção maior ao *como dizer* do que, propriamente, ao *que dizer*.

Quadro 5
Função poética

Onde a encontramos?	Como a identificamos?
• Obras literárias. • Letras de músicas. • Expressões cotidianas elaboradas a partir de recursos estilísticos.	• Utilização de figuras de linguagem. • Predominância do sentido conotativo. • Preocupação com a forma da mensagem: ritmo, forma, seleção do vocabulário.

Exemplo 1:

Quem vê, Senhora, claro e manifesto
O lindo ser de vossos olhos belos,
Se não perder de vista só em vê-los,
Já não paga o que deve a vosso gesto.

Este me parecia preço honesto;
Mas eu, por de vantagem merecê-los,
Dei mais a vida e alma por querê-los,
Donde já não me fica mais de resto.

Assim que a vida e alma e esperança,
E tudo quanto tenho, tudo é vosso,
E o proveito disso eu só o levo.

Porque é tamanha bem-aventurança
O dar-vos quanto tenho e quanto posso,
Que, quanto mais vos pago, mais vos devo.

CAMÕES, Luís Vaz de. Soneto 017. In: ____. *Sonetos*. São Paulo: A Biblioteca Virtual do Estudante Brasileiro, [s.d.]: 49. Disponível em: <www.dominiopublico.gov.br/download/texto/bv000164.pdf>. Acesso em: jan. 2022.

Por se tratar de um poema, o exemplo acima traz a predominância inequívoca da função poética. A opção pelo soneto – composto por duas estrofes de quatro versos (quartetos) e duas de três (tercetos) – já é uma maneira de valorizar a forma fixa, que favorece o ritmo e as rimas do poema. Além disso, a conotação é a pedra de toque do texto, carregando de novos sentidos as palavras e expressões. Por exemplo, no verso: "O lindo ser de vossos olhos belos", a mulher, objeto do amor do eu lírico, é metaforizada nos próprios olhos, que, sedutores e hipnotizadores, são capazes de cegar: "Se não perder a vista só em vê-los".

A função poética, contudo, embora seja explicitamente predominante em textos literários, também faz parte de nosso cotidiano.

Exemplo 2:

Figura 7
Exemplo de função poética

Fonte: SOUZA, Ernesto; CARLOS, J. Museu do Transporte, 1940. In: SAMPA HISTÓRICA. *WordPress*. SP: [2022]. Disponível em: <https://sampahistorica.wordpress.com/2014/10/18/salvou-o-rhum/>. Acesso em: jan. 2022.

O anúncio acima é da década de 1940, e era veiculado nos bondes, em São Paulo.

Trata-se de um texto publicitário, que tem por objetivo chamar a atenção do receptor para as qualidades de determinado produto, convencendo-o a consumi-lo. No anúncio, além da função apelativa, bastante característica de publicidade, fez-se a opção também pela função poética. O texto é um poema curto, com ritmo e rimas, valorizando, além da mensagem, a forma.

1.2.6 Função metalinguística

Na função metalinguística, o **código** é utilizado para explicar o próprio código, sendo o elemento da comunicação mais evidenciado no discurso. É uma função utilizada para explicar a linguagem, de modo amplo. De forma mais estrita, utilizamos essa função para explicar as palavras e até mesmo o significado de um enunciado.

Quadro 6
Função metalinguística

Onde a encontramos?	Como a identificamos?
• Gramáticas. • Dicionários. • Textos de conceituação.	• Explicação da língua pela própria língua. • Código como tema da mensagem.

Exemplo 1:

> No mais, Musa, no mais, que a Lira tenho
> Destemperada e a voz enrouquecida,
> E não do canto, mas de ver que venho
> Cantar a gente surda e endurecida.
> O favor com que mais se acende o engenho
> Não no dá a pátria, não, que está metida
> No gosto da cobiça e na rudeza
> Düa austera, apagada e vil tristeza.
>
> CAMÕES, Luís Vaz de. *Os Lusíadas*. Disponível em: <www.dominiopublico.gov.br/download/texto/bv000162.pdf>. Acesso em: abr. 2022.

No texto apresentado – um fragmento do Canto X de Os Lusíadas –, é inegável a identificação da função poética, uma vez que estamos lidando com um texto literário, mais especificamente, um poema. O eu poético, contudo, também se utiliza da função metalinguística, a partir do momento em que faz de seu poema veículo para falar do próprio fazer poético. Ao invocar a Musa, fonte de sua inspiração, o eu poético constrói metáforas para demonstrar seu cansaço em determinado ponto de seu labor. A Lira destemperada e a voz enrouquecida metaforizam esse cansaço com o objeto de seu canto – também metáfora do próprio poema. Louvar os homens de valor de sua pátria com seu canto/poema torna-se, nesse ponto do poema, uma tarefa árdua, pois ele considera aqueles que fazem parte desse povo de valor pouco afeitos a ouvir seu canto. Daí referir-se à gente surda e endurecida.

Exemplo 2:

Texto

tex·to
(es)
sm
1 Sequência de frases de um autor, em um documento, folheto, livro etc.; redação original de uma obra escrita: "[...] joguei tudo de uma só vez, fazendo um texto com os poucos elementos que possuía, falando nas três mortes que, na realidade, pareciam só preocupar a mim" (CA).
2 Conjunto de palavras citadas com o intuito de provar determinada ideia, doutrina ou tese.
3 Trecho de obra de um autor: Para a introdução do nosso trabalho, escolhemos um texto do psicólogo americano Carl Rogers.
4 Passo da Bíblia que é citado para servir de assunto de um sermão.
5 GRÁF A parte principal de um periódico ou de um livro que apresenta a exposição da matéria.
6 O conteúdo de um telegrama ou telex.
7 RÁD, TV Qualquer nota escrita que é lida ou falada em voz alta.

MICHAELIS. Dicionário brasileiro da língua portuguesa.[S.l.]: Melhoramentos, 2022. Disponível em: <https://michaelis.uol.com.br/busca?id=OWQE>. Acesso em: jan. 2022.

O exemplo acima é um verbete de dicionário. Trata-se de um tipo de texto em que predomina, eminentemente, a função metalinguística, já que seu objetivo é explicar o sentido das palavras, portanto, da língua, utilizando a própria língua.

A seguir, apresentamos um quadro com a síntese de cada uma das funções da linguagem.

QUADRO 7
Síntese das funções da linguagem

Função	Ênfase	Objetivo
Referencial	Contexto	Informar, referenciar.
Emotiva	Emissor	Expressar emoções, ponto de vista do emissor.
Fática	Canal	Estabelecer ou interromper a comunicação.
Conativa	Receptor	Convencer, persuadir, dissuadir.
Poética	Mensagem	Estruturar a mensagem com ênfase na forma.
Metalinguística	Código	Explicar o próprio código.

1.3 Eficácia comunicativa

Buscando o significado da palavra "eficácia", o dicionário nos responde:

> Eficácia: substantivo feminino
> **1.** virtude ou poder de (uma causa) produzir determinado efeito; qualidade ou caráter do que é eficaz.
> **2.** segurança de um bom resultado; validez, atividade, infalibilidade.
>
> MICHAELIS. *Dicionário brasileiro da língua portuguesa.* [S. l.]: Melhoramentos, 2022. Disponível em: <https://michaelis.uol.com.br/moderno-portugues/busca/portugues-brasileiro/efic%C3%A1cia/>. Acesso em: jan. 2022.

A eficácia, em um processo comunicativo, é a garantia de que a comunicação se efetivou. Para isso, o grau de distorções presente na enunciação da mensagem é decisivo para que a eficácia do processo não fique comprometida.

Por essa razão, o primeiro passo para iniciar um processo comunicativo é ter clareza sobre aquilo que se quer comunicar, ou seja, nossa intenção comunicativa.

Sabendo aquilo que queremos dizer, devemos demandar todos os esforços necessários para que nossa intenção comunicativa seja compreendida pelo interlocutor. Para isso, é necessário que saibamos lançar mão dos elementos que imprimem clareza a nosso discurso, para não correr o risco de estabelecer uma comunicação falha.

1.3.1 Intenção comunicativa

Vamos começar com um desafio: você entendeu a mensagem do texto a seguir?

FIGURA 8
Intenção comunicativa

- *Que tipo de serviço é oferecido no local onde a mensagem está escrita?*
- *Quem oferece o serviço?*
- *Como é feito o atendimento?*
- *Você conseguiu responder a todas as perguntas?*
- Se conseguiu, aí vai mais uma questão: *a comunicação se efetivou?*
- Mais uma pergunta: *que tipo de problema encontramos na mensagem que aparece na imagem?*

Todas essas perguntas estão relacionadas ao processo comunicativo, em seus diversos aspectos. Aqui, estamos tratando da intenção comunicativa, ou seja, aquilo que o emissor pretende comunicar com um enunciado.

O processo de comunicação parte da intenção comunicativa do emissor e de sua capacidade de atingir a eficácia dessa intenção junto ao receptor. Vários aspectos desse processo estão envolvidos na dinâmica da língua, que é viva, está em constante movimento e, por acolher as diversas manifestações da comunidade que dela lança mão, passa a ser um patrimônio cultural de todos que a utilizam.

Assim, ao enunciar uma mensagem, o falante expressa seu pensamento por meio do uso do código linguístico, que é comum ao destinatário da enunciação. O destinatário capta não apenas o sentido primeiro da enunciação – aquele que motivou o emissor – mas também atribui a ela outros sentidos, pois, sendo ele um indivíduo, com seus próprios pensamentos e experiências, tem o papel de captar a intenção comunicativa de seu interlocutor e interagir com ele. É nesse compartilhamento de sentidos que reside a essência do processo da comunicação.

Nesse processo, o resultado daquilo que desejamos comunicar e o que realmente comunicamos, por meio da relação entre como falamos ou escrevemos e o que, realmente, falamos ou escrevemos, é o que chamamos de intenção comunicativa.

Intenção comunicativa é a necessidade de se expressar, com um determinado objetivo e a partir da forma mais adequada de fazê-lo.

Para que a intenção comunicativa atinja seu objetivo, é necessário que saibamos organizar nossas ideias e utilizar a língua de forma hábil, para que nos possamos fazer entender. Ainda assim, aquilo que dizemos ou escrevemos sofrerá nova geração de sentidos por parte de nosso interlocutor. Ou seja, o sentido do que enunciamos não está no que falamos ou escrevemos nem na mente de nosso interlocutor: ele se concretiza por meio do processo de interação que se dá entre nós e nosso interlocutor.

Vamos voltar à imagem com o texto do início desta seção. Será que conseguimos responder às perguntas que nos fizemos a respeito da intenção comunicativa do texto? Vejamos:

- *Que tipo de serviço é oferecido no local onde a mensagem está escrita?*

Serviço de tratores, montagem de motores, assistência técnica e montagem de colheitadeiras em geral.

- *Quem oferece o serviço?*

O "Gordo", dono da automecânica.

- *Como é feito o atendimento?*

Ele atende nas fazendas.

- *E então, a comunicação se efetivou?*

Sim, pois pudemos compreender o que ele quis comunicar.

- *Que tipo de problema encontramos na mensagem que foi escrita na imagem?*

Problemas de grafia, que talvez não ficassem tão flagrantes se estivéssemos *falando* com o "Gordo", em vez de ler sua mensagem.

Se entendemos tudo o que o emissor quis comunicar, podemos dizer que houve comunicação, certo?

A comunicação está relacionada aos vínculos que a língua estabelece com seus usuários.

Assim, podemos dizer que a eficácia comunicativa é o sucesso obtido na transmissão de uma mensagem. A eficácia diz respeito ao emissor, ao receptor e ao contexto que os envolve.

Do ponto de vista do emissor, a eficácia depende da organização de suas ideias, de seu grau de proficiência no uso da língua e da clareza de sua expressão. Em relação ao receptor, para que haja eficácia na comunicação, é preciso que ele esteja inserido no contexto da informação – de modo a poder compreender a intenção comunicativa do emissor – e que domine o código linguístico.

Esses elementos são pré-requisitos mínimos para que se obtenha eficácia no processo de comunicação. Paralelamente, não se pode deixar de considerar a adequação da intenção comunicativa ao contexto social no qual a mensagem está inserida. O contexto social é formado por papéis diversos desempenhados pelos falantes. Assim, é preciso levar em conta aspectos como: classe social, grau de escolaridade, pertencimento a comunidades, entre outros.

FIGURA 9
Eficácia comunicativa

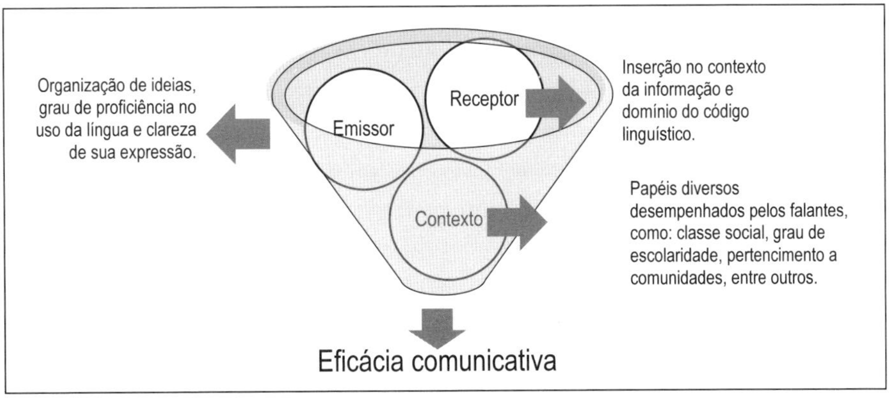

Esses aspectos são responsáveis por diferenças na forma de expressão da língua, mas não devem ser considerados discriminatórios, uma vez que a língua, como sistema dinâmico e em constante modificação, alimenta-se das variedades linguísticas que caracterizam essas diferenças.

A variedade linguística não se restringe ao aspecto sociocultural: ela também pode ser observada sob a perspectiva profissional.

É o caso dos jargões, ou seja, variedades da língua aplicáveis a determinadas áreas de atuação profissional. Eles acabam por caracterizar a identidade de determinado grupo profissional, mas podem ser um ruído na comunicação se utilizados fora do contexto a que pertencem. Nesse caso, pode-se interpretar o uso dos jargões como uma estratégia de exclusão do destinatário, o que pode também levar ao entendimento de que há má-fé no ato comunicativo.

Veja um exemplo:

> Por tudo o que restou até aqui exposto, considerada a legislação tributária de regência, e tendo em vista o atual panorama da jurisprudência aplicável à hipótese em foco, fica claro que a embargante realmente merece ver inteiramente cancelada, nesses autos de embargos contra execução fiscal, a insustentável e inaceitável exigência de ICMS objeto da malsinada CDA aqui guerreada pela empresa.
>
> FONSECA, P. L. Fim do juridiquês: falta de clareza em textos faz juiz pular parágrafos. Consultor Jurídico, São Paulo, 31 mar. 2010. Disponível em: <www.conjur.com.br/2010-mar-31/falta-clareza-textos-juridicos-faz-juiz-estafado-pular-paragrafos>. Acesso em: jan. 2022.

O juiz que leu os autos pode ter ficado tentado a pular para o parágrafo seguinte... Por quê? O parágrafo está mal escrito? Há problemas ortográficos? Por que o texto não é fluente?

Ao contrário da mensagem do "Gordo", o texto lido não traz desvios gramaticais nem problemas ortográficos. Então, por que sua comunicabilidade não é imediata?

Além de ser extenso, com várias inversões, o texto traz termos muito específicos da área, além de utilizar arcaísmos. Tudo isso dificulta sua leitura!

A eficácia é a garantia de que a mensagem foi compreendida, graças às habilidades do emissor e do receptor.

Apêndice Gramatical I

Neste apêndice, exploraremos o universo significativo das palavras – sinônimos e antônimos, homônimos e parônimos, bem como os processos de denotação e conotação –, verdadeiro potencial expressivo que pode e deve ser explorado pela linguagem que utilizamos nas diversas situações do cotidiano de nossas vidas.

Também enfocaremos os cuidados gramaticais necessários para a elaboração de comunicações claras e eficazes, o que inclui uma abordagem sobre os vícios mais comuns de linguagem e sobre como podemos evitá-los.

Em seguida, veremos que as relações lógico-semânticas existem não apenas entre as palavras que compõem uma oração mas também entre as orações que compõem um período e que conhecê-las é fundamental para a eficácia comunicativa.

Por fim, veremos que a pontuação é um dos responsáveis por garantir que o enunciado não represente um amontoado de palavras e orações, mas um todo organizado segundo princípios gerais de dependência e independência, fundamentados em unidades melódicas e rítmicas, sem as quais a função comunicativa não pode ser eficaz, o que pode gerar efeitos desastrosos à comunicação.

I.1 Sentido das palavras

I.1.1 Grafe e sentido

As palavras guardam segredos. Segundo o filósofo grego Platão, os grafes (em grego, *sôma*) aprisionam os sentidos (em grego, *sêma*) da mesma forma que os corpos encarceram as almas.[3] Vale dizer, portanto, que as palavras têm muitas histórias para contar e, para isso, elas dispõem de inúmeros recursos e estratégias, usando e abusando de interrelações para multiplicar e refinar sentidos.

A semântica é a parte da língua portuguesa que se dedica ao estudo da significação das palavras. Compreender os diferentes aspectos semânticos

---

[3] PLATÃO. A invenção da escrita. In: ____. *Fedro*. Trad. Alex Marins. São Paulo: Martin Claret, 2003, p. 118-119 (A obra-prima de cada autor, 60).

da linguagem é muito importante para uma comunicação objetiva e precisa, pois as estruturas semânticas que a língua nos oferece dirigem o que pensamos na interpretação e na escritura textual.

Em meio a esse universo de possibilidades, precisamos, antes de tudo, atentar para um dos postulados principais da eficácia do ato comunicativo: a clareza.

I.1.2 Clareza

Um discurso claro é um discurso inteligível, possível de ser compreendido, transparente, límpido.

A elaboração de um enunciado com essas características, contudo, pode não ser tão simples quanto possa parecer à primeira vista, assim como não deve ser encarada como uma tarefa impossível.

Para que nossa comunicação não seja afetada por ruídos e falhas, é importante conhecer algumas estratégias que garantem a clareza de nosso discurso.

A clareza é obtida, tanto oralmente quanto em um texto, a partir de uma série de estratégias, decorrentes dos seguintes procedimentos:

a) Conhecimento do tema

Devemos estar informados sobre aquilo de que vamos falar, pois, dominando o tema, temos maior chance de falarmos claramente sobre ele.

b) Períodos curtos

Os períodos curtos imprimem fluidez ao discurso e diminuem as chances de o interlocutor ficar confuso com informações em excesso dentro de uma mesma frase. Veja um exemplo:

> É segundo esta noção de projeto que vamos, a partir desta visão humanista da problemática urbana – sem deixar de levar em consideração as nossas condições de país de formação colonial –, analisar os projetos de cidade expressos nos trabalhos de diversos órgãos federais.

Para torná-lo mais fluido, evitando que o interlocutor fique confuso com informações em excesso dentro de uma mesma frase, ele pode ser reestruturado da seguinte forma, por exemplo:

Analisaremos os projetos expressos nos trabalhos de diversos órgãos federais a partir de uma visão humanista da problemática urbana.

c) Uso da ordem direta

Se o texto que estamos elaborando não é literário, a melhor estratégia para obter clareza é utilizar a ordem direta: sujeito + verbo + complemento. A inversão implica um esforço cognitivo maior por parte do interlocutor, e seu entendimento pode acabar por comprometer a clareza da mensagem. A ordem direta facilita o fluxo de leitura, contribuindo para a clareza do texto. Por exemplo:

Embora autorizada pela diretoria, e tendo sido elaborada por seus membros efetivos, a nova norma, que foi publicada esta semana, ainda causa algumas discussões entre seus autores.

Repare que a leitura fica muito mais hesitante. Na ordem direta, a compreensão das informações é mais imediata e não causa tanto desconforto ao leitor. Veja como ficaria:

A nova norma, publicada esta semana, foi autorizada pela diretoria e elaborada por seus membros efetivos. Mesmo assim, ainda causa algumas discussões entre seus autores.

d) Uso adequado dos conectivos

Ao utilizar conjunções e pronomes, é importante conhecer seu valor semântico. Do contrário, pode-se acabar afirmando o contrário do que se pretendia dizer.

Desse modo, ao dizer:

As partes estão dispensadas, **pois** a decisão do juiz é definitiva.

Não estamos dizendo:

As partes estão dispensadas, **pois**, a decisão do juiz é definitiva.

Apesar de parecer uma questão de pontuação, estamos diante de conjunções com sentidos diferentes: no primeiro caso, causa (pois = porque); no segundo, conclusão (pois = portanto).

e) **Vocabulário variado, porém simples e objetivo**

O uso de termos rebuscados pode, por vezes, dar a ilusão de que o texto está mais pomposo, mas, na verdade, o uso de termos obscuros só faz confundir o interlocutor. Veja um exemplo:

> Se perguntado sobre de que mais pungente carência sofre hoje o país, não hesitarei em reiterar as já divulgadas ideias que, com sofreguidão e leniência, venho expondo de maneira inexitosa.

O texto acima pode até dar a sensação de estar bem escrito, mas, na verdade, ele chega a ser obscuro, em função da escolha de certas palavras.

Quanto mais simples e objetivo o vocabulário, mais claro o texto, por isso vamos falar um pouco mais sobre seleção vocabular.

I.1.3 Seleção vocabular

Além de estar atento a todas as normas gramaticais que se inserem no padrão culto da língua, de dominar as estratégias para a obtenção da clareza, da coesão e da coerência do texto, o usuário da língua deve ainda ser cauteloso com relação à utilização do vocabulário.

Não se trata aqui de escolher certo ou errado, mas de usar adequadamente as palavras. Para isso, é importante que se saiba que as palavras mantêm relações entre si e que essas relações podem determinar o sentido que se pode obter a partir de determinadas combinações.

Por essa razão, é relevante compreender, por exemplo, que os sinônimos – atrás dos quais corremos, no dicionário, quando não queremos mais repetir uma palavra em um mesmo texto – são apenas aproximações de sentido, já que não existem sinônimos perfeitos. O mesmo se pode dizer, por conseguinte, dos antônimos.

Palavras sinônimas são aquelas que possuem sentido equivalente ou próximo, como:

- branco/alvo;
- motivar/incentivar;
- medo/temor, entre tantas outras.

Palavras antônimas são as que apresentam significação oposta, como:

- branco/negro;
- contratar/despedir;

- dia/noite, e assim por diante.

O que determina, contudo, a proximidade entre os sentidos? Que distância se abre entre as palavras e o que, de fato, aproxima-as?

Algumas vezes, o que selecionamos dentro do grande paradigma da língua se dá por uma questão de estilo: preferências individuais que fazem a diferença entre cada um de nós, pelo que somos, pelo que fazemos, pelo que sentimos ou pensamos. Vale dizer: sabemos que existem as palavras "oscilar", "variar", "vacilar", "hesitar", "tremer", mas, em dado contexto, preferimos utilizar apenas uma delas, como, por exemplo:

Oscilamos entre diferentes possibilidades de palavras que expressam um mesmo sentido.

Nesse caso, a escolha por "oscilar" em lugar de "vacilar" ou "hesitar" é meramente pessoal.

Outras vezes, contudo, a seleção de palavras implica critérios outros que não o estilo. É o caso da adequação ao contexto, por exemplo. Trata-se de situações em que é preciso considerar o perfil da interlocução, o objetivo da mensagem, entre vários outros elementos. Vejamos, por exemplo, a seguinte frase dita por um político em um discurso em praça pública:

É preciso inculcar em todos a ideia de que não sobreviveremos sem responsabilidade socioambiental!

"Inculcar" não é uma palavra comum na língua. Nesse sentido, o discurso apresentado poderia ser muito mais eficaz caso o político em questão buscasse, em função da multidão indiferenciada a sua frente, um vocabulário mais simples, como, por exemplo: "inspirar", "imprimir", "gravar" ou "consolidar".

Desse modo, o que delimita uma relação de proximidade entre as palavras não é necessariamente a equivalência exata e incondicional de sentidos. Observe os exemplos apresentados a seguir:

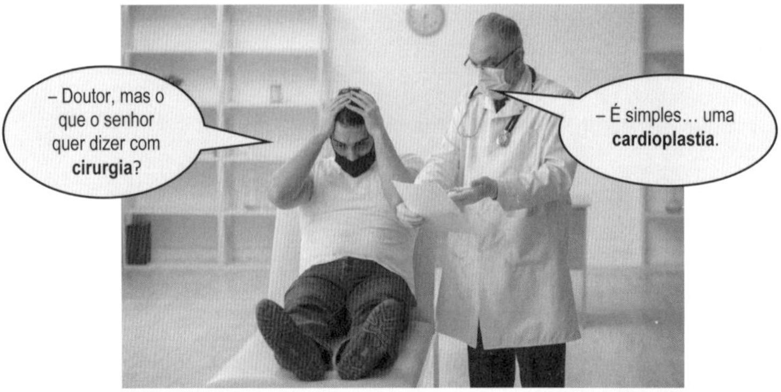

Algumas palavras podem possuir sentido mais popular, e outras mais culto, como no caso de "inspirar" e "inculcar"; outras podem expressar sentido mais genérico ou mais específico, como "cirurgia" e "cardioplastia"; algumas, enfim, podem-se referir ao todo, enquanto outras a apenas uma parte, como "refeição" em oposição a "carne" e "vegetais" – criando ainda expectativas outras, como a de quantidade!

O importante, portanto, e sempre, é estarmos atentos às condições em que se processa todo ato comunicativo, para realizarmos a correta e a melhor seleção de palavras, aproveitando tudo aquilo que elas têm a dizer!

Além disso, as palavras podem ser **polissêmicas**, ou seja, uma mesma palavra pode ter vários significados. Se levarmos em conta que a linguagem é polissêmica por natureza, entenderemos que, ao lidar com as palavras, temos de cuidar para que não criemos ambiguidades que não estavam em nossos planos. Afinal, a ambiguidade pode ser uma estratégia textual, mas pode também se transformar em armadilha, quando sua ocorrência não é prevista pelo usuário.

Assim, junto a seu **sentido próprio** ou **denotativo**, as palavras também podem ser usadas em um **sentido figurado** ou **conotativo**, como mostram os exemplos apresentados a seguir:

No primeiro exemplo apresentado, a palavra "ferro" é utilizada em seu sentido próprio ou denotativo: "metal sólido com diversas aplicações industriais". No segundo exemplo, do sentido denotativo da palavra "ferro", deriva o sentido figurado ou conotativo apresentado para a mesma palavra: "duro", "inabalável", "cruel".

Importa entendermos que o valor polissêmico das palavras e sua capacidade de ressignificação contínua abrem-nos um leque quase infinito de possibilidades interpretativas, muito além dos sentidos próprios que, originalmente, estão associados às palavras.

Nesse sentido, a conotação não está presente apenas nos textos literários, mas representa um imenso potencial expressivo que pode e deve ser explorado pela linguagem que utilizamos nas diversas situações do cotidiano de nossas vidas.

Dessa forma, ao fazermos a seleção vocabular para a escritura de um texto, devemos ter alguns cuidados:

a) Utilizar palavras em contextos apropriados

A aproximação de sentido das palavras pode, muitas vezes, confundir o usuário da língua, levando-o a utilizar um termo que, apesar de ter o significado muito próximo de outro, não é adequado em determinados contextos. Por exemplo: "temporário" *vs.* "passageiro".

Podemos dizer que temos uma febre *passageira*, mas não *temporária.*

Esse cuidado é importante para que a mensagem não se torne obscura para o interlocutor.

b) Atentar para o sentido das palavras em contextos específicos

A busca por sinônimos pode gerar a utilização imprópria do vocabulário. As palavras, ainda que com sentidos próximos, possuem, muitas vezes, uma utilização específica. Diferentemente da utilização em contextos apropriados, como abordado anteriormente, falamos, aqui, de contextos específicos, de uma área, por exemplo. Vejamos: "prematuro" *vs.* "precoce".

Uma criança *prematura* não é a mesma coisa que uma criança *precoce.* Utilizar um vocábulo pelo outro fere a especificidade da área de conhecimento a que eles pertencem, além de comprometer a clareza da mensagem.

c) Adequar as palavras à intenção comunicante

Dependendo do contexto, a palavra pode adquirir um sentido pejorativo. Muitas vezes, utilizamos uma palavra em sentido pejorativo sem perceber. É o caso da palavra *cara,* utilizada como gíria ao se referir a outra pessoa. Veja:

Na frase, o uso da palavra busca diminuir a pessoa de quem se fala.

d) Evitar repetições

As repetições não apenas tornam o texto cansativo como ainda podem criar um esvaziamento de sentido, quando se trata da comunicação diária.

Leia os versos de Olavo Bilac:

> Cheguei. Chegaste. Vinhas fatigada
> E triste, e triste e fatigado eu vinha.
> Tinhas a alma de sonhos povoada,
> E a alma de sonhos povoada eu tinha...
> [...]
>
> BILAC, Olavo. Nel mezo del camin... In: ____. *Sarças de fogo*. São Paulo: Biblioteca Virtual do Estudante Brasileiro, p. 25. Disponível em: <www.dominiopublico.gov.br/download/texto/bv000287.pdf. Acesso em: jan. 2022.

As repetições, no poema de Bilac, são uma estratégia poética. No caso da comunicação diária e da comunicação empresarial, a repetição pode tornar o texto cansativo, vazio e acarretar a perda de sentido daquilo que se diz. Por exemplo:

Ele ia ao trabalho **cansado** e **fatigado**, mas não desistia.

"Cansado" e "fatigado" têm a mesma carga semântica. Não houve, na frase, nenhum acréscimo de valor com a utilização das duas palavras, apenas uma repetição desnecessária que pode, inclusive, criar a sensação de que o autor do texto está "embromando"...

e) Ter cuidado com a utilização do gerúndio

Normalmente, utiliza-se o gerúndio em uma oração reduzida. O que é isso, mesmo? É uma oração que abriu mão do conectivo, utilizando, em sua forma verbal, o gerúndio, o particípio ou o infinitivo. Para isso, ela tem de manter a carga semântica que possuía com o conectivo.

Veja um exemplo de oração desenvolvida que vira oração reduzida:

Como não tinha amigos, sentia-se só.

O conectivo como traz a ideia de causa: a causa de sua solidão é não ter amigos. Vamos reduzir a oração, utilizando o gerúndio:

Não **tendo** amigos, sentia-se só.

A carga semântica é a mesma, ainda que se tenha eliminado o conectivo.

Além disso, é preciso muito cuidado para não utilizar uma oração reduzida em relação a uma principal ou a um antecedente com o qual não se relaciona. Veja:

A diabetes é o desequilíbrio de insulina no organismo, **podendo**, sua falta, levar a situações de gravidade.

Repare que o sujeito da oração principal é "diabetes". Ao utilizar, na oração reduzida, o verbo no gerúndio, a relação dessa oração é com o sujeito da primeira. Contudo, não é essa a intenção comunicante da frase. O que se quer dizer é que a falta de insulina leva a situações de gravidade, e não a falta da diabetes.

Uma forma de melhorar a frase seria utilizar, por exemplo, um pronome relativo, já que esses pronomes sempre estão ligados ao antecedente imediatamente anterior:

A diabetes é o desequilíbrio, no organismo, de insulina, **cuja** falta pode levar a situações de gravidade.

f) Ter cuidado com os neologismos

Muitas vezes, por analogia com palavras que importamos de outras línguas, acabamos por inventar vocábulos que não fazem parte de nosso vocabulário. Se tivermos dúvida quanto à existência de uma palavra, devemos buscar o dicionário.

Em áreas específicas de conhecimento, muitas palavras ainda não foram aportuguesadas, porém, se a palavra existe em português, devemos utilizar a forma portuguesa.

Um bom exemplo é "**estartar**", emprestada do *start* inglês e utilizada por analogia com "deletar".

Esta última já faz parte do vocabulário ligado à informática e, aos poucos, vem tomando espaço em outros contextos. "Estartar", contudo, não existe e, como tantas outras que estão no mesmo caso, deve ser evitada.

g) Ter cuidado com o uso do jargão

Sabemos que toda área de conhecimento tem seus jargões, mas é imprescindível que eles sejam utilizados estritamente dentro de seu contexto.

O uso do jargão em situação descontextualizada, como já dissemos, pode revelar pouco caso do falante e até mesmo má-fé.

Temos de ficar atentos ao ***budget*** inicial do projeto e ao ***deadline***, para que a execução de cada etapa esteja aderente à expectativa do cliente e demonstre a ***expertise*** da equipe para o ***job*** que nos foi confiado.

Repare que as palavras destacadas no exemplo estão em inglês. Isso é muito comum no jargão corporativo, embora, para muitas delas, haja palavra equivalente em português. Para alguém que não domina o vocabulário - como, por exemplo, em uma conversa fora do ambiente da empresa, com pessoas estranhas a ele –, a frase pode ficar incompreensível.

h) Evitar expressões sem sentido e incorretas

Muitas expressões são tão difundidas que acabam por se tornar legítimas, embora não tenham sentido ou, muitas vezes, estejam sendo utilizadas de forma incorreta. Alguns exemplos conhecidos:

- **"A nível de"** - a palavra "nível" deve ser utilizada quando se fala, efetivamente, de camadas ou partes. Nesse caso, utiliza-se a preposição "em":

A situação está sendo resolvida **no nível da** diretoria.

Veja a utilização da expressão no seguinte caso:

A nível de direção, esta peça é fraca.

O emprego da expressão no exemplo acima é absolutamente sem sentido e deve ser evitado a todo custo.

- **"Enquanto" no lugar de "como"** – a palavra "enquanto" dá ideia de concomitância temporal

Enquanto todos pensavam em uma solução, ele ouvia música

Ela tem sido muito utilizada da seguinte maneira:

Nossos colaboradores, **enquanto** pessoas, devem ser respeitados.

Não há sentido nessa utilização. Nesse caso, deve-se simplificar e utilizar "como".

Esses são cuidados importantes para a seleção vocabular de um texto, mas, claro, não são os únicos.

Como mencionamos, os vícios de linguagem podem comprometer gravemente o processo de comunicação. Vamos conhecer alguns desses vícios para evitá-los.

a) Não confundir homônimos

Na língua portuguesa, existem palavras que podem ser escritas da mesma forma, porém pronunciadas de forma diferente; escritas de forma diferente, porém pronunciadas da mesma forma; escritas e pronunciadas da mesma forma. Em todos os casos, contudo, essas palavras têm significados diferentes. Vamos conhecê-las melhor.

Quadro 8
Tipos de homônimos

Tipos de homônimos	Definição	Exemplo
Homônimos homógrafos	Quando escrevemos duas palavras da mesma forma, mas as pronunciamos de forma diversa.	**Rego** as plantas diariamente (com "e" aberto). O **rego** do rio estava seco (com "e" fechado).

Quadro 8
Tipos de homônimos

Tipos de homônimos	Definição	Exemplo
Homônimos homófonos	Quando a escrita é diferente, mas a pronúncia é igual.	Vamos a uma **sessão** de cinema. Vamos à **seção** infantil.
Homônimos perfeitos	Tanto a grafia quanto a pronúncia são idênticas, embora o sentido seja diferente.	**Manga** é uma fruta de sabor marcante (manga fruta). O irmão mais velho **manga** do caçula (mangar no sentido de caçoar).

O problema com as formas homônimas é um só, como podemos observar nos exemplos apresentados a seguir:

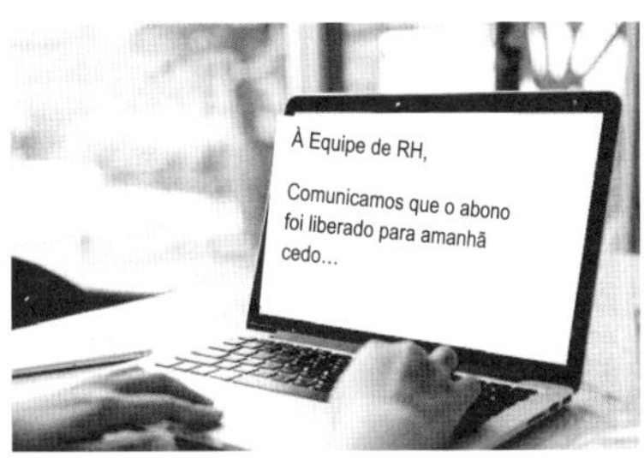

Na manhã seguinte...

Quando lemos homônimos homógrafos, quando ouvimos homônimos homófonos ou quando, em qualquer circunstância, deparamo-nos com homônimos perfeitos, só o contexto é capaz de demarcar o sentido correto dessas palavras e eliminar qualquer ambiguidade, como ocorreu no exemplo apresentado: o chefe, desatento, respondeu à assistente que resolveria a questão no dia seguinte, "cedo", e ela entendeu que ele havia usado o verbo "ceder" para aprovar o abono no dia seguinte, o que gerou uma grande confusão.

A preocupação que o usuário da língua deve ter com os homônimos é não utilizar um pelo outro. Essa utilização inadequada é limitada por alguns fatores:

- pelo contexto: é possível verificar qual a forma a ser utilizada pelo sentido geral do que se está dizendo. Exemplo:

Tivemos de **cassar** a licença dos criadores que **caçavam** animais silvestres.

- pela organização sintática da frase. Exemplo:

São de **São** Pedro os mosaicos que aqui encontramos.

- pelo gênero do substantivo, que pode ser diferente dependendo do artigo empregado. Exemplo:

O **capital** empregado pelo governador tirará a **capital** do vermelho.

Vejamos uma lista de homônimos homófonos bastante utilizados e que podem gerar problemas:

Quadro 9
Exemplos de homônimos

acender (pôr fogo) – **ascender** (subir)
acento (sinal gráfico, tom de voz) – **assento** (apoio, base)
aço (metal) – **asso** (do verbo assar, tostar)
caçar (perseguir animais) – **cassar** (tornar nulo)
cela (cárcere) – **sela** (assento do cavaleiro; do verbo selar, marcar)
censo (conjunto de dados) – **senso** (juízo)
cerrar (fechar) – **serrar** (cortar)

Quadro 9
Exemplos de homônimos

cessão (doação) – **seção** (parte) – **sessão** (reunião)
cheque (ordem de pagamento; do verbo checar, conferir) – **xeque** (chefe muçulmano; jogada de xadrez)
concerto (espetáculo musical) – **conserto** (do verbo consertar, reparar)
coser (costurar) – **cozer** (cozinhar)
espiar (olhar; vigiar) – **expiar** (reparar erro, purificar)
paço (palácio) – **passo** (movimento dos pés)

Vale dizer que algumas palavras, como "cedo", são polissêmicas – como ocorre com a totalidade dos homônimos perfeitos –, ou seja, possuem uma gama de significações que ora facilitam, ora dificultam o processo de comunicação.

b) Não confundir parônimos

Algumas palavras possuem uma estrutura fônica semelhante, mas sentidos diferentes. Elas são muito parecidas, por vezes, quase idênticas, com uma pequena diferença em um ou dois sons. Com isso, a probabilidade de se usar uma pela outra aumenta.

Veja a seguir uma lista de parônimos bastante utilizados:

Quadro 10
Exemplos de parônimos

flagrante (evidente) – **fragrante** (perfumado)
mandado (ordem judicial) – **mandato** (procuração)
inflação (alta dos preços) – **infração** (violação)
eminente (elevado) – **iminente** (prestes a ocorrer)
arrear (pôr arreios) – **arriar** (descer, cair)
descrição (ato de descrever) – **discrição** (ser discreto)
infligir (impor uma pena) – **infringir** (desrespeitar)
proscrever (excluir) – **prescrever** (receitar)

c) Eliminar os vícios de linguagem

Muitas das construções que usamos na oralidade tornam-se desaconselháveis em situações formais. Seja por comprometer a comunicação, seja por desqualificar o falante, chamamos esse tipo de emprego de **vícios de linguagem**.

Os vícios de linguagem são registros que se encontram tanto na oralidade quanto na língua escrita.

Esses registros têm impactos diferentes sobre o receptor da mensagem, pois são, eles próprios, de diferentes ordens. Mas como reconhecê-los?

Imagine a seguinte situação: você está em sua mesa de trabalho e alguém lhe traz um documento pedindo sua "rúbrica". Você reage espantado, mas a pessoa que emitiu a frase não compreende por quê.

Pois é: várias pessoas pronunciam "rúbrica", com acento tônico na primeira sílaba, em lugar de "rubrica", cuja sílaba tônica é a segunda.

Às vezes, a pronúncia correta é que causa estranhamento, pois a maioria das pessoas já se acostumou a ouvir a forma considerada incorreta. Quais as consequências disso sobre o processo da comunicação? Na verdade, não é justo considerar que esse problema de ortoépia interfira no entendimento da mensagem.

O interlocutor não deixará de rubricar o documento, ainda que o emissor da mensagem tenha cometido um **barbarismo** ao pronunciar a palavra rubrica.

Barbarismo é todo desvio da norma que ocorre em alguns níveis do uso da língua: o da grafia, o da pronúncia, o da morfologia e o da semântica.

Vamos a alguns exemplos:

Quadro 11
Tipo de barbarismo

Nível do desvio	Exemplo
Grafia	"opição" em vez de "opção"
Pronúncia	"rúbrica" em vez de "rubrica"
Morfologia	"reaveu" em vez de "reouve"
Semântica	"retificar" (corrigir) como "ratificar" (confirmar) e vice-versa

Repare que, dependendo do nível em que o desvio ocorre, a mensagem pode ou não ficar prejudicada. Se, por exemplo, alguém escrever "opição" no lugar de "opção", o destinatário de seu texto entenderá a mensagem? Provavelmente, sim. A consequência desse desvio é sua desqualificação como usuário da língua, mas a comunicação não deixará de se efetivar por causa disso. O mesmo pode ser dito em relação à pronúncia da palavra "rubrica".

Com relação ao desvio morfológico, pode acontecer de o destinatário não identificar com clareza sua intenção comunicante - ou porque você utilizou uma forma absolutamente incompreensível, ou porque, ainda que compreensível, ela se confunde com outra. Nesse caso, pode haver o comprometimento do processo de comunicação.

Esse comprometimento fica ainda mais sério quando o desvio ocorre no nível semântico. Nesse caso, estamos diante do que chamamos de **paronímia** - como já apresentamos anteriormente -, ou seja, palavras muito parecidas, mas com significados diferentes, que podem ser usadas inadequadamente.

Vamos imaginar outra situação: alguém entabula uma conversa com você e sai-se com a seguinte frase:

Diga a sua progenitora que os reveses de hoje não são como os de antanho.

Pode ser que estejamos enganados, mas é possível que muitas pessoas não entendam o que está sendo dito.

Por que isso acontece? Simplesmente porque o falante lança mão de palavras e expressões que não se usam mais, já caíram de uso. Com certeza, isso compromete o entendimento da mensagem, podendo mesmo chegar a impedir a efetivação da comunicação. A esse uso - desnecessário e cansativo, diga-se de passagem - de expressões antigas, chamamos **arcaísmo**.

O **arcaísmo** é o uso desnecessário de palavras e termos já em desuso.

O uso de arcaísmos acarreta prejuízo do processo comunicativo. Não se trata de desqualificar o falante, mas de impedir que o interlocutor receba a mensagem, pois não se pode exigir que as pessoas conheçam vocábulos que a língua já abandonou.

Vamos a mais uma situação imaginária. Você está ajudando a arrumar o salão após o término de uma festa, quando alguém lhe diz:

Vamos aproveitar que sobrou muitos doces e vamos congelar tudo.

Essa fala reflete um tipo de construção bastante comum na oralidade: o verbo não concordou com o sujeito.[4]

Isso é muito frequente quando colocamos o sujeito depois do verbo. Desse modo, em vez de dizer *sobraram muitos doces*, acabamos dizendo algo semelhante à fala da história imaginária.

Esse desvio não compromete a comunicação. Por outro lado, também pode funcionar como um fator de desqualificação do falante. Tudo depende ainda da adequação a um determinado contexto daquilo que se fala. Em uma conversa informal, esse deslize pode passar despercebido, entretanto, em um texto formal, ou mesmo em uma situação de oralidade em que a formalidade deve ser levada em conta, ele depõe contra o emissor. Esse vício de linguagem é denominado **solecismo**. Ele inclui desvios na sintaxe, como concordância, regência e colocação de pronomes.

Solecismo é o desvio da norma padrão, no nível da sintaxe.

Bem semelhante é o desvio que se comete ao se dizer, por exemplo:

Pegue o guardanapo para limpar a bo**ca de**la.

Para nos darmos conta do que ocorre na frase acima, precisamos lê-la em voz alta. Você já percebeu que a frase incorre em um vício já nosso velho conhecido: o famoso **cacófato**.

Cacófato é a junção de duas ou mais palavras de uma frase, produzindo um som desagradável.

E que efeito esse "vício de linguagem" tem sobre o processo de comunicação? Além de um desconforto por parte de quem escuta, nenhum... Deve-se evitar o cacófato, mas ele não compromete o processo de comu-

[4] Cf. o apêndice gramatical II, sobre concordância verbal e concordância nominal.

nicação. É uma ocorrência eminentemente fonética, ou seja, da ordem do som das palavras. É o caso, também, do **eco**.

Eco é um vício de linguagem resultante da dissonância que o uso de terminações iguais ou semelhantes pode causar.

Veja como ele acontece:

A presença do **declarante ante** a assembleia torna-o **constante participante** do grupo **integrante** do conselho.

Problemas com o entendimento da mensagem? Nenhum. Mas o que dizer das rimas involuntárias? Nada confortáveis, ainda que inofensivas.

E aquela construção que, sem perceber, utilizamos, mas identificamos imediatamente quando ouvimos? Os famosos "entrar pra dentro", "descer pra baixo", e outras mais. Trata-se da **redundância**.

A **redundância** é caracterizada pela repetição desnecessária de uma informação.

Há utilizações mais complexas, em que a redundância é mais sutil e, por isso mesmo, causa a impressão de que o emissor está querendo "enrolar".

ATENÇÃO!

Redundância é diferente de pleonasmo!

Enquanto a **redundância** é considerada um vício de linguagem, por comprometer, muitas vezes, a clareza do enunciado, o **pleonasmo** é uma figura de estilo. Ele é utilizado, sobretudo, em textos literários, com a função de enfatizar elementos do texto. A redundância é também chamada de pleonasmo vicioso.

Em casos menos inocentes, a comunicação pode ficar irremediavelmente comprometida. Alguns desses casos são os que veremos agora. Vamos começar com o seguinte:

Governador, o senhor já conversou com o prefeito sobre sua má administração?

E agora? Quem, afinal, é o mau administrador: o governador ou o prefeito?

Quando o que se diz gera confusão e admite mais de uma interpretação, dizemos que temos um enunciado com **ambiguidade**.

Esse vício de linguagem pode ser um impedimento à compreensão de uma mensagem. No mínimo, ela será entendida de forma inadequada.

A ambiguidade, portanto, é um dos vícios de linguagem cuja ocorrência é fatal no processo de comunicação.

Pode-se dizer que o mesmo ocorre com a **obscuridade**.

A **obscuridade** acontece quando a mensagem fica difícil de ser entendida por problemas em sua construção.

Vejamos um exemplo:

O ladrão, preso ontem de madrugada, ao tentar roubar um pão na padaria que queria comer, foi conduzido, de sua casa, pelo policial militar responsável pela captura que deveria ter sido feita pelo Bope, a um presídio de segurança máxima que não foi aceito na chegada.

A construção está tão confusa, que a mensagem, quando não é abandonada pelo receptor, é mal compreendida ou mesmo nem chega a ser entendida. Assim como a ambiguidade, a obscuridade é um empecilho ao processo comunicativo.

I.2 Lógica e estruturação de períodos

Comumente, entende-se por frase qualquer enunciado suficiente por si mesmo para gerar sentido. Assim, veiculando diferentes significados, a frase possui unidade semântica, ou seja, expressa sentidos. Contudo, como ato de comunicação, pois visa a atuar sobre seu ouvinte/leitor – produzindo sobre ele um determinado efeito –, a frase também expressa uma ação.

Importa saber que toda frase:

- diz algo, fala sobre um determinado estado de coisas no mundo, isto é, apresenta uma **proposição**, segundo princípios de organização da língua, que implicam seleção e combinação dos elementos linguísticos, que também pode ser chamada de **oração**;
- é expressa por diferentes tipos, ou seja, modos de dizer do locutor, como uma declaração, uma pergunta, uma exclamação, uma ordem, etc.;

- possui um determinado objetivo, pois visa a atuar sobre seu ouvinte/ leitor, o que caracteriza sua intenção.

Uma oração nada mais é, portanto, do que o resultado da seleção e combinação de elementos linguísticos para dizer algo, ou seja, gerar uma proposição, que é expressa por modos específicos para atender a diferentes objetivos comunicacionais.

Palavras se combinam em orações, e orações, por sua vez, combinam-se em **períodos**. Assim, da mesma forma que existem valores lógico-semânticos nas palavras e entre elas, os períodos compostos por duas ou mais orações também encerram relações dessa mesma natureza.

Quando falamos das relações entre as palavras na oração ou entre as orações no período, estamos falando do objeto de estudo da sintaxe.

Tais vínculos que surgem da inter-relação entre as orações são expressos pelos principais conectivos da língua: as conjunções. Por isso, para identificar esses aspectos semânticos, precisamos retomar aqui os sentidos por elas indicados. Lembre-se de que nosso objetivo não é o de realizar análise sintática, mas de levá-lo a redigir períodos bem estruturados, pois, para isso, é necessário entender que compor um período composto nada mais é além de estabelecer relações lógico-semânticas entre duas ou mais asserções sobre o mundo.

Essas relações são lógicas porque caracterizam uma atividade de raciocínio que orienta a argumentação do enunciador para um determinado sentido e também são semânticas porque indicam o sentido da interface entre as orações conectadas, mesmo quando não exista conjunção para explicitar essas relações. Assim, entendendo os valores lógico-semânticos expressos nessas conexões, construiremos discursos mais eficientes e eficazes.

I.2.1 Aspectos lógico-semânticos das conjunções

As conjunções representam uma classe gramatical de palavras invariáveis que ligam palavras e orações, podendo estabelecer, entre elas, uma relação sem nenhuma dependência de sentido, o que caracteriza uma **coordenação**, ou com dependência de sentido, o que demarca uma **subordinação**.

Veremos, a seguir, o que demarca essas relações e como as conjunções são utilizadas para expressá-las na frase.

Relações coordenativas

Conjunções coordenativas são aquelas que ligam duas orações ou dois termos (dentro da mesma oração) que permanecem independentes entre si. Elas podem ser divididas da seguinte maneira:

Quadro 12
Conjunções coordenativas

Conjunção	Valor semântico	Valor lógico
Aditiva	Adição	Soma, acréscimo, aumento, ação ou efeito de adir ou juntar. É a relação de ideias paralelas. Ex.: Estudaremos **e** faremos a avaliação.
Adversativa	Adversidade	Ato ou efeito de opor ou opor-se; antagonismo, contraste. É a relação de ideias contrárias. Ex.: O presidente foi eleito, **porém** foi deposto antes de tomar posse.
Alternativa	Alternância	Ação ou efeito de alternar; repetição intervalada. É a relação de ideias que se interpõem. Ex.: Devemos enviar o contrato até amanhã **ou** perderemos o negócio.
Conclusiva	Conclusão	Ato de concluir; inferência; fim; termo; resultado; desfecho; epílogo. É a relação de uma ideia terminativa com outra ou outras em desenvolvimento. Ex.: Penso, **logo** existo.
Explicativa	Explicação	Ato de explicar, de tornar a exposição inteligível ou clara; esclarecimento de um ato para o justificar. É a relação de uma ideia que esclarece outra. Ex.: Sei que você ficou reprovado, **porque** o professor me contou.

Relações subordinativas

Conjunções subordinativas são aquelas que ligam duas orações ou dois termos (dentro da mesma oração) que permanecem dependentes entre si. Elas podem ser divididas conforme exposto a seguir:

Quadro 13
Conjunções subordinativas

Conjunção	Valor semântico	Valor lógico
Temporal	Tempo	Indicação do momento a que se refere o estado ou a ação. Ex.: **Quando** precisei, você me ajudou.
Final	Finalidade	Fim determinado; objetivo, propósito. Ex.: Cheguei mais cedo **para que** pudesse concluir o trabalho.
Proporcional	Proporção	Relação de um aspecto com outro ou com um todo. Ex.: **À medida que** os dias passavam, suas esperanças aumentavam.
Causal	Causa	O que faz que uma coisa exista ou determina um acontecimento, razão, motivo, origem. Ex.: Tive de sair mais tarde **porque** meu chefe me chamou.
Condicional	Condição	Cláusula, encargo, circunstância ou requisito sem o qual determinada causa não pode produzir seu efeito; imposição essencial. Ex.: Estarei esperando, **se** você mudar de ideia.
Concessiva	Concessão	Ação de conceder; permissão; licença; mercê; favor. Ex.: **Ainda que** não fosse talentoso, era muito esforçado.
Comparativa	Comparação	Ato ou efeito de comparar; correlação ou paralelo de ideias. Ex.: Ele saiu da sala **como** um animal ferido
Conformativa	Conformidade	Qualidade do que está ou é conforme; analogia, concordância. Ex.: Nem tudo ocorreu **conforme** acreditam.
Consecutiva	Consequência	Resultado; efeito; inferência; conclusão. É estabelecida sempre após uma ideia de intensidade. Ex.: Comeu tanto **que** passou mal.

I.2.2 Relacionamento sintático e lógico-semântico das orações no período composto

Observe o exemplo e a análise apresentados a seguir:

Quadro 14
Valores sintáticos e semânticos no período

Ex.: Se o fato se confirmar, só é possível atribuir sua origem à ação de fogos subterrâneos.	
Se o fato se confirmar,	só é possível atribuir sua origem à ação de fogos subterrâneos.
Oração subordinada adverbial concessiva	Oração principal
Aspecto semântico: concessão	

Dessa forma, conseguimos perceber que a relação entre as orações é marcada tanto pela sintaxe quanto pela semântica.

a) **Relação sintática das orações no período composto**

Ocorre relação sintática no período composto por subordinação, pois a oração principal exerce uma função sintática em relação à oração subordinada.

Não ocorre relação sintática no período composto por coordenação, já que as orações coordenadas não exercem função sintática entre si.

b) **Relação lógico-semântica das orações no período composto**

De forma geral, ocorre relação lógico-semântica tanto no período composto por subordinação quanto no composto por coordenação, uma vez que as orações se completam para formar o sentido que desejam expressar.

De forma específica, a relação lógico-semântica ganha ênfase nas orações subordinadas adverbiais e nas orações coordenadas sindéticas (introduzidas por conjunção), pois se empregam valores semânticos específicos para a expressão do significado.

- **Relação lógico-semântica das orações coordenadas sindéticas**

A relação semântica das orações coordenadas sindéticas está diretamente ligada aos valores semânticos das conjunções coordenativas, conforme os exemplos já apresentados.

- **Relação lógico-semântica das orações subordinadas substantivas**

Entre as orações subordinadas substantivas, não há relação semântica específica. O relacionamento de sentido entre essas orações ocorre em razão do significado que expressam.

É necessário destacar aqui que, no período composto por subordinação, embora as orações subordinadas substantivas não possuam autonomia gramatical, uma vez que funcionam como termos essenciais, integrantes ou acessórios da oração principal, são, semanticamente, interdependentes, pois necessitam uma da outra para expressar sentido. Veja o exemplo apresentado a seguir:

QUADRO 15
Oração subordinada adjetiva

Ex.: Todos declararam que preservariam o planeta	
Todos declararam	que preservariam o planeta.
Oração principal	Oração subordinada substantiva objetiva direta
Podemos perceber que, semanticamente, tanto a oração principal precisa da oração subordinada quanto a oração subordinada precisa da oração principal para que se expresse o sentido completo da frase.	

- **Relação lógico-semântica das orações subordinadas adjetivas**

A relação semântica das orações subordinadas adjetivas está relacionada às ideias de delimitação e ampliação do significado.

QUADRO 16
Relação lógico-semântica das orações subordinadas adjetivas

Exemplos	Oração subordinada adjetiva	Relação semântica
A Terra, **que é o berço da humanidade**, carece de cuidados.	Explicativa	Ampliação
Os homens **que não atentam para a necessidade de cuidado da Terra** não percebem o mal que fazem a si próprios.	Restritiva	Delimitação

A **oração subordinada adjetiva explicativa** amplia o significado do termo a que se refere na oração principal, acrescentando informação relevante para a mensagem. Sempre vem separada da oração principal por vírgulas para destacar essa ideia.

A **oração subordinada adjetiva restritiva** delimita o termo a que se refere na oração principal, restringindo seu alcance.

- **Relação lógico-semântica das orações subordinadas adverbiais**

Assim como nas orações coordenadas sindéticas, a relação semântica das orações subordinadas adverbiais está diretamente ligada aos valores semânticos das conjunções subordinativas, como já foi mostrado.

Observações importantes

A melhor maneira de estudar as conjunções não é decorar quais são elas, mas entender as relações que são por elas possibilitadas. Observe, por exemplo, as orações apresentadas a seguir:

[Os pais estão em casa], [**porque** as luzes estão acesas].
↓
conjunção coordenativa explicativa.

[Os pais estão em casa] [**porque** o bebê está doente].
↓
conjunção subordinativa causal

No primeiro período, o fato de as luzes estarem acesas é apenas uma **explicação** para outro fato: o de constatarmos a presença dos pais em casa. Não podemos dizer, portanto, que a causa da permanência dos pais em casa seja o fato de as luzes estarem acesas. Já no segundo período, temos no fato de o bebê estar doente a **causa** efetiva da presença dos pais em casa.

Em termos lógicos, considerando os exemplos apresentados, podemos estabelecer, ainda, as seguintes relações entre:

- **explicação e conclusão:**

[Os pais estão em casa], [**porque** as luzes estão acesas].
↓
conjunção coordenativa explicativa.

[As luzes estão acesas], [**logo**, os pais estão em casa].
↓
conjunção coordenativa conclusiva

- **causa e consequência:**

[Os pais estão em casa] [**porque** o bebê está doente].
↓
conjunção subordinativa causal

[Tanto o bebê está doente] [**que** os pais estão em casa].
↓
conjunção subordinativa consecutiva

Vemos, portanto, que uma mesma conjunção – no caso *porque* – pode desempenhar papéis diferentes e, assim, possuir classificações diversas.

Vejamos mais alguns exemplos:

[Estudaram muito] **e** [viajaram nas férias].
↓
conjunção coordenativa aditiva

[Estudaram muito] **e** [não passaram].
↓
conjunção coordenativa adversativa

Note que, no primeiro caso, a conjunção "e" apenas soma ações expressas pelas duas orações – "Estudaram muito" e "viajaram nas férias". No segundo caso, a conjunção "e" enlaça as orações, apontando uma relação de oposição entre elas, pois, logicamente, "estudar muito" e "não passar" constituem situações contrárias.

I.3 Pontuação

"A pontuação é a respiração da frase", já disse Clarice Lispector. Os sentidos do texto podem ficar comprometidos se a pontuação não for empregada adequadamente, gerando ambiguidades, por vezes, graves. Veja se consegue explicar a diferença de sentido entre os dois enunciados apresentados a seguir:

1. O homem, que é sábio, deve ser responsável por suas ações.
2. O homem que é sábio deve ser responsável por suas ações.

No primeiro enunciado, as vírgulas demarcam uma qualidade essencial do substantivo "homem", fornecem uma pausa na enunciação para que possamos nos lembrar dessa característica, destacando, contudo, que ela é inerente ao homem, que, nesse caso, pode ser compreendido como sinônimo da própria raça humana.

Já no segundo enunciado, a ausência de pontuação indica que "ser sábio" é uma qualidade que incide de forma acidental sobre o substantivo "homem", restringindo seu sentido, delimitando-o. Não se trata, pois, de todo e qualquer homem, mas de um específico.

I.3.1 Logicidade e subjetividade

Observemos, no fragmento a seguir, mais um exemplo de como a integridade comunicativa do enunciado fica comprometida pela ausência de pontuação:

O saci tem uma só perna e o cachimbo do saci é também o gorro.

Sem sentido, não? Mas, modificando um pouquinho o enunciado, tudo fica mais claro. Podemos perceber que uma única vírgula pode fazer muita diferença:

O saci tem uma só perna e o cachimbo, do saci é também o gorro.

Contudo, não é tarefa fácil fixar regras para o emprego correto dos sinais de pontuação. Além dos casos em que a utilização de alguns sinais é obrigatória - para organizar enunciados de forma lógica -, há também razões de ordem subjetiva que interferem nessa questão - para tentar reproduzir, na forma escrita, a melodia própria da linguagem oral.

A seguir, apresentaremos algumas orientações principais.

I.3.2 Ponto

O ponto indica pausa longa ou abreviação de palavras. É utilizado para encerrar qualquer tipo de período, exceto os terminados por orações interrogativas diretas, exclamativas ou finalizadas com reticências.

Vamos, agora, colocar um ponto-final em suas dúvidas sobre pontuação!

Um grupo de períodos cujas orações se prendem pelo mesmo centro de interesse – tema ou assunto – é separado por ponto.

Na prática, a noção de centro de interesse ou tópico temático é bastante variável, pois compreende tanto grandes blocos como unidades menores, sempre resultantes de um processo interpretativo, que é subjetivo.

Vejamos alguns exemplos:

Na origem de toda atividade comunicativa do ser humano, está a linguagem.

sr., sra., srta., V. Exa.

Quando passamos de um centro de interesse para outro, devemos utilizar o ponto parágrafo, começando a escrever na outra linha, com a mesma distância da margem com que começamos o escrito ou saltando uma linha e começando a escrever sem distância da margem – o que constitui parágrafos americanos.

Na linguagem oficial dos artigos de lei, o parágrafo é indicado por um sinal especial – "§".

I.3.3 Ponto de interrogação

O ponto de interrogação é empregado ao final de orações interrogativas diretas. Exemplo:

Podemos falar em uma comunidade mundial de língua portuguesa**?**

Contudo, não o utilizamos nas interrogativas indiretas. Exemplo:

Gostaria de saber por que podemos falar em uma comunidade mundial de língua portuguesa.

Ficou claro o que é uma interrogação indireta? Isso mesmo, foi a estrutura que acabamos de empregar: é a oração para a qual não esperamos resposta imediata e que, por isso, não é enunciada com entonação ascendente.

Nos diálogos, o ponto de interrogação pode aparecer sozinho ou acompanhado de ponto de exclamação. Também podemos utilizar reticências após o ponto de interrogação ou de exclamação. Exemplo:

– Isso será possível**?!**

Enquanto a interrogação conclusa de final de enunciado requer maiúscula inicial na palavra seguinte, a interrogação interna requer minúscula na palavra que a sucede. Exemplos:

– Você precisa de ajuda? **Gostaria** de ajudá-lo no que for possível.

– Esqueceu alguma coisa? **perguntou** insatisfeito.

I.3.4 Ponto de exclamação

O ponto de exclamação é utilizado ao final de enunciados com entonação exclamativa – que denotam, entre outras ideias, entusiasmo, dor, surpresa, alegria, espanto, ordem –, principalmente depois de interjeições.

Aplicamos ao ponto de exclamação as mesmas observações feitas ao ponto de interrogação, no que se refere ao uso de maiúscula ou minúscula inicial da palavra seguinte. Assim, se o enunciado está completo antes da pontuação, utilizamos inicial maiúscula, caso contrário, devemos continuar, depois do ponto de exclamação, com letra minúscula. Exemplos:

– Isso não pode acontecer mais! **Temos** de encontrar uma saída!

– Ah! **e**ntendi.

I.3.5 Dois-pontos

Os dois-pontos marcam a supressão da melodia de uma frase e são utilizados para:

a) Dar início a fala ou citação textual:

Então ele disse: – Quando vamos começar?

b) Iniciar uma sequência que explique, esclareça, identifique, desenvolva ou discrimine uma ideia anterior:

Eis a melhor forma de expressão do mundo: a língua escrita.

c) Nas expressões que apresentam uma quebra na sequência de ideias:

Explico-me: tratava-se de más notícias.

Não utilizamos maiúsculas depois de dois-pontos que não precedam citação ou nome próprio. Exemplo:

Citei-lhe duas virtudes: **a** paciência e a perseverança.

I.3.6 Reticências

As reticências marcam uma interrupção na sequência lógica da frase. Podem ser usadas com a intenção de permitir que o leitor complete o pensamento que foi suspenso, criar expectativa ou marcar fala quebrada ou desconexa, própria de quem está nervoso ou inseguro. Exemplos:

– Não vou dizer mais nada. Você já deve ter percebido que ele...

– Não sei... Talvez...

Empregamos também as reticências para reproduzir o fluxo livre da linguagem oral, mais solta de entraves e pausas bem-marcadas. Por fim, usamos também as reticências – entre colchetes – para isolar parte de uma citação que foi omitida no início, no meio ou no fim do fragmento citado. Exemplos:

"Na origem de toda a atividade comunicativa do ser humano, está a linguagem [...]."

"Língua é [...] um conjunto de sons e ruídos combinados, com os quais um ser humano [...] transmite a outro ou outros seres humanos [...] o que está em sua mente."

Se as reticências servem para indicar uma enumeração inconclusa, podem ser substituídas por "etc.", antecedido de vírgula.

I.3.7 Travessão

O travessão simples (–) serve para introduzir um discurso direto. Nesse caso, é empregado para marcar a mudança de interlocução nos diálogos. Desse modo, pode ou não se combinar com as aspas. Exemplos:

– E aí, colega?! Tudo bem?

– "Tudo certo!" respondeu ele.

Também usamos o travessão simples para assinalar uma expressão intercalada que finaliza o texto. Exemplo:

Falávamos sobre muitas coisas diferentes – sobre a vida, a morte, a indefinição entre ambas...

No meio do enunciado, contudo, usamos o travessão duplo (– –), sobretudo quando pretendemos destacar o termo intercalado. Exemplo:

A língua – principal meio de comunicação do homem – é um conjunto de signos organizados.

A expressão intercalada, apresentada entre travessões, não dispensa o uso da vírgula nos casos em que essa pausa se fizer necessária. Exemplo:

Ao término deste módulo, o aluno deverá ser capaz de analisar sua empresa – com sua missão, visão e estratégia –, o que pressupõe a compreensão do macrocontexto em que ela se insere.

Nesse caso, não devemos considerar a expressão intercalada para pontuarmos, adequadamente, o período, como indica o uso da última vírgula no exemplo a seguir:

Ao término deste módulo, **o aluno deverá ser capaz de analisar sua empresa, o que pressupõe a compreensão do macrocontexto em que ela se insere**.

I.3.8 Hífen e barras

Não devemos confundir o travessão (–) com o traço de união ou hífen (-), que é empregado nas seguintes situações:

a) Na anexação de pronomes aos verbos:

falamos-lhe; eis-me; levantamo-nos.

b) Na indicação de relação, extensão, encadeamento, etc.:

binômio inteligência-sensibilidade; custo-hora; linha aérea Brasil-Argentina; período janeiro-julho.

c) Na formação de palavras compostas:

corre-corre, afro-brasileiro; pré-requisito.

d) Na separação silábica:

sub-li-nhar; ad-li-gar.

e) Na translineação:

Quando mudamos de linha em um texto, devemos evitar partições que, no fim ou no começo de linha, isolem vogais ou formem palavras chulas, como em:

após-**tolo**.

f) As barras (/ /) também alternam com os hífens na indicação de relações opositivas ou contrastivas, sem espaço entre a **barra** e as palavras:

escrita/fala.

Falando em relações opositivas, é bom lembrar que devemos evitar o uso de "X" na expressão de oposição. Devemos utilizar, nesse caso, a sinalização "*versus*" ou "*vs.*".

I.3.9 Parênteses e colchetes

Os parênteses servem para separar explicações, indicações ou comentários acessórios, indicando isolamentos no enunciado. Exemplo:

Em regiões da Ásia **(**Macau, Goa, Damão, Dio**)**, uma pequena parcela da população fala o português.

Os colchetes são utilizados quando já se acham empregados os parênteses, para a introdução de uma nova inserção. Também são utilizados para introduzir, principalmente em citações, adendos ou explicações que facilitem o entendimento do texto. Exemplo:

> Em regiões da Ásia (Macau [a maior delas], Goa, Damão, Dio), uma pequena parcela da população fala o português.

Nos dicionários ou nas gramáticas, os colchetes explicitam informações como a pronúncia correta dos vocábulos, no que também podem ser usados os parênteses.

O sinal de pontuação deve ser utilizado depois dos parênteses ou dos colchetes, sempre que a pausa coincida com o início da oração incidente, exatamente como indica o exemplo anterior.

Contudo, quando a frase inteira ou qualquer unidade autônoma de sentido se acha encerrada pelos parênteses ou colchetes, colocamos dentro deles a pontuação competente. Exemplo:

> [...] tive (por que não dizer tudo?)... tive remorsos.

Como sinais gráficos ou matemáticos, não utilizamos espaço entre parênteses (ou colchetes) iniciais e palavras subsequentes, nem entre parênteses (ou colchetes) finais e palavras antecedentes.

Devemos evitar o uso de colchetes – e, consequentemente, o abuso de inserções – para não prejudicarmos a sequencialidade da leitura.

Também devemos notar que a relação entre parênteses e colchetes como sinais de pontuação é diferente da que se estabelece entre eles como sinais matemáticos, como ocorre na transposição de fórmulas. Exemplo:

$$MF = (PF \times 0.55) + \{[(AI + PI)/2] \times 0.45\}$$

I.3.10 Alínea

A alínea tem a mesma função do parágrafo, pois denota diversos centros de assuntos e, como o parágrafo, exige mudança de linha. Geralmente, vem indicada por número, letra ou marcador gráfico – *bullet* – para assinalar subdivisão da matéria tratada.

Os elementos listados em cada alínea podem vir expressos com minúsculas ou maiúsculas. Utilizamos minúsculas para indicar sequência entre os elementos listados e continuidade de sentido.

Nesse caso, cada alínea deve ser separada por ponto e vírgula, e a última delas, vir assinalada por ponto-final. Vejamos um exemplo:

Os substantivos podem ser:
a) próprios;
b) comuns.

I.3.11 Vírgula

A vírgula indica pausa de curta duração, que não marca o fim do enunciado. Pode ser usada, no interior de uma oração, para:

- separar termos intercalados;
- marcar termos deslocados;
- assinalar omissões de palavras;
- separar termos coordenados;
- separar orações de um período, em se tratando de:
  - orações coordenadas;
  - orações subordinadas;
  - orações intercaladas.

Vamos estudar cada um desses casos a seguir.

Vírgula no interior da oração

Em português, a ordem normal dos termos da frase – ordem direta ou lógica – é a seguinte:

sujeito + verbo + complementos do verbo + adjuntos adverbiais

Dessa forma, não separamos por vírgulas seus constituintes imediatos sempre que utilizados em ordem direta:

As navegações portuguesas (sujeito)
↓
iniciaram (verbo)
↓
um longo processo de expansão linguística (complemento verbal)
↓
a partir do século XV. (adjunto adverbial)

Contudo, quando ocorre alteração na sequência lógica dos termos, temos a ordem indireta e, nesses casos, a vírgula é necessária para assinalar a inversão. Exemplo:

A partir do século XV, as navegações portuguesas iniciaram um longo processo de expansão linguística.

Dessa maneira, para desfazer possível má interpretação resultante da distribuição irregular dos termos na oração, separamos por vírgula a expressão deslocada. Exemplo:

De todas as revoluções, para o homem, a morte é a maior e a derradeira.

Vírgula na separação de termos intercalados

Os termos que se intercalam na ordem direta, quebrando, pois, a sequência natural da frase, devem vir isolados por vírgulas. São eles:

a) Apostos e certos predicativos intercalados:

O português, **língua neolatina,** é originário das transformações verificadas no latim.

Lento e triste, ele se afastou da sala.

b) Expressões explicativas ou corretivas:

O português, **isto é,** uma língua neolatina, é originário das transformações verificadas no latim.

c) Conjunções coordenativas intercaladas:

Não devemos, **todavia,** acreditar que existe um único meio de expressão.

d) Adjuntos adverbiais intercalados:

O português, **em alguns países,** é a língua oficial.

e) Se o adjunto adverbial intercalado for de pequena extensão, não usamos a vírgula:

Devemos **sempre** atentar para os diferentes contextos do ato comunicativo.

f) Vocativos:

Meus amigos, saber usar a palavra é o mais importante.

g) Ocasionalmente, por motivo de ênfase, podemos também destacar o vocativo com ponto de exclamação:

Amigo! Amigo! aqui estou.

Vírgula na marcação de termos deslocados

Além do adjunto adverbial, outros elementos podem ser deslocados de seu lugar original na frase e, nesses casos, também devem vir separados por vírgulas. São eles:

a) Complementos verbais antecipados que são retomados depois na ordem direta do enunciado:

Essa função da linguagem, nós já **a** estudamos.

b) Nomes de lugares na indicação de datas:

Rio de Janeiro, 2 de janeiro de 2022.

Vírgula na marcação de omissões de palavras

A vírgula também assinala a omissão de termos da frase, principalmente do verbo, como em:

Ele prefere escrever e **eu, falar**.

Nesse exemplo, a vírgula marca a omissão da forma verbal "prefiro".

Vírgula na separação de termos coordenados

Termos coordenados são palavras ou orações de valor semelhante, como "café" e "água"; "ler" ou "escrever".

Quando coordenamos termos na frase, utilizamos vírgula. Exemplo:

O objetivo da linguagem é despertar **emoções, surpresas, interesse**.

Na série de sujeitos seguidos imediatamente de verbo, o último sujeito da série não é separado do verbo por vírgula. Exemplo:

Cláudia Capello, Mary Murashima e Márcia Aguiar são professoras-autoras do FGV Online.

Se os termos coordenados vierem ligados pelas conjunções "e" ou "nem", não usamos vírgula, a menos que essas conjunções sejam repetidas. Exemplos:

Os mamíferos, os insetos e as aves têm mecanismos próprios de comunicação.

E os mamíferos, e os insetos, e as aves, todos têm mecanismos próprios de comunicação.

Não precisamos **de escolaridade ou talento** para falar.

Não precisamos de escolaridade, ou talento, ou qualidades especiais para falar.

Vírgula na separação de orações

Utilizamos a vírgula também para separar diferentes tipos de orações. Vamos recordar quais são elas?

a) Orações coordenadas: adversativas, explicativas, conclusivas, aditivas e alternativas.
b) Orações subordinadas: adverbiais e adjetivas explicativas.
c) Orações intercaladas.

Orações coordenadas adversativas, explicativas e conclusivas

Utilizamos a vírgula para separar orações coordenadas adversativas, explicativas e conclusivas. Exemplos:

Cheguei atrasado, **mas tenho uma boa justificativa.**

Ele está em casa, **pois a luz está acesa.**

Penso, **logo existo.**

Conjunções pospositivas – usadas no meio ou no fim da oração – adversativas e conclusivas são utilizadas entre vírgulas. Exemplo:

Já saiu o resultado. Venho, **pois,** anunciar a novidade.

Quando iniciam oração, depois de pausa longa, também são seguidas de vírgula. Exemplo:

Entretanto, não podemos deixar de mencionar outros pontos importantes.

Orações coordenadas aditivas e alternativas

As orações coordenadas aditivas e alternativas não se separam por vírgula. Exemplos:

Estudaremos o módulo **e faremos os exercícios.**

Eles não chegaram **nem deram certeza de presença.**

Leremos a apostila **ou estudaremos no ambiente *on-line*.**

Incluímos, no caso das coordenadas aditivas, as expressões do tipo "não só... mas também", que, em geral, não são separadas por vírgula. Exemplo:

Não só estudaremos a matéria desta semana **mas também** adiantaremos a matéria da próxima.

Contudo, a vírgula pode ser usada quando:

a) As orações coordenadas aditivas apresentam sujeitos diferentes:

Os homens se comunicam de uma maneira, **e os animais, de outra**.

b) A conjunção "e" não tem valor aditivo, mas adversativo – semelhante a "mas" –, introduzindo ideia contrária à anterior:

Estudamos muitos anos, **e** ainda assim não conhecemos nossa língua.

c) A conjunção vem repetida enfaticamente:

E volta, **e** recomeça, **e** se esforça, **e** consegue.

d) A conjunção "e" se repete em diferentes sequências de coordenação:

Neste módulo, apresentaremos uma visão histórica das sociedades agrícola, industrial **e** da informação, **e** o impacto que o modo de vida dessas sociedades exerceu no mundo do trabalho.

e) Também costumamos usar a vírgula para separar orações coordenadas alternativas quando proferidas com pausa. Nesses casos, a conjunção "ou" sempre exprime retificação:

Ele sairá daqui logo, **ou** eu me desligarei do grupo.

f) Orações coordenadas aditivas construídas com verbo no gerúndio também se separam por vírgula:

O vulto surgiu rapidamente, **desaparecendo na noite**. (= e desapareceu na noite).

Orações subordinadas adverbiais

As orações subordinadas adverbiais, principalmente quando antepostas à oração principal, são separadas por meio de vírgula. Exemplos:

Quando falamos alguma coisa a alguém, estamos produzindo uma mensagem.

Fatigado, ia dormir.

Em geral, nas orações adverbiais consecutivas, não utilizamos vírgula. Exemplo:

[O vento soprou **tão** forte] [**que** arrancou mais de uma árvore].

As orações subordinadas substantivas não se separam, por vírgula, da oração principal. Exemplos:

É certo **que estaremos aqui amanhã**.

Seu receio era **que houvesse atraso.**

Tenho certeza **de que irei**.

Não nos opomos a **que você permaneça aqui.**

As subordinadas substantivas apositivas, em geral, são separadas da principal por dois-pontos. Exemplo:

Só receio uma coisa: **que você se machuque.**

Orações subordinadas adjetivas

Orações subordinadas adjetivas restritivas são necessárias à complementação do sentido da frase, designando qualidades acidentais que incidem sobre os substantivos que modificam, sem qualquer tipo de pausa. Exemplo:

A linguagem **que é utilizada pelos sistemas computacionais** é bastante complexa.

Já as orações subordinadas adjetivas explicativas denotam uma qualidade essencial ao termo substantivo que modificam, a qual poderia ser facilmente subentendida sem a oração adjetiva explicativa.

A pausa, nesse caso, expressa o valor acessório da oração explicativa. Exemplo:

A linguagem, **que é fundamental para o homem,** representa um contrato social.

Orações intercaladas

Orações intercaladas são aquelas acrescentadas à frase como esclarecimento, ressalva, observação.

Justamente por quebrarem sequências de sentido e o ritmo na estrutura do período, essas orações são separadas por vírgula. Exemplo:

A gíria, **disse a menina,** é para ser dita, e não escrita.

As orações intercaladas também podem ser separadas por travessão ou parênteses. Exemplos:

Que coisa horrível – **pensava eu** – era aquilo ter ocorrido.

Seria melhor que o diretor **(e todos sabiam disso)** tivesse comparecido.

I.3.12 Ponto e vírgula

O ponto e vírgula assinala uma pausa intermediária entre a vírgula e o ponto. Empregamos o ponto e vírgula para:

a) Separar orações coordenadas que venham quebradas em seu interior por vírgula:

Ele prefere escrever; eu, falar.

b) Separar orações coordenadas que acentuem contrastes fortes:

Muitos escrevem; poucos sabem exatamente o que escrevem.

c) Separar orações coordenadas mais longas:

Sabemos que certos bichos marcam seu território com o cheiro de sua urina ou de seu corpo; que as abelhas, volteando, transmitem vibrações às semelhantes, dando direção de locais em que há abundância de pólen.

d) Separar os diversos itens de uma enumeração:

Em cada ato de comunicação, podemos identificar os seguintes elementos:
- emissor, destinador ou remetente;
- receptor ou destinatário;
- mensagem;
- canal de comunicação ou contato;
- código;
- referente ou contexto.

I.3.13 Aspas

As aspas simples (‘ ’) são, em geral, utilizadas em trabalhos científicos, referindo-se a significados ou sentidos:

Amare, lat. ‘amar’ port.

Empregamos aspas duplas (“ ”) em situações específicas que serão estudadas a seguir. São elas:

- isolar citação textual;
- destacar títulos de obras, no texto manuscrito;
- isolar palavras ou expressões estranhas à língua culta – neologismos, arcaísmos, estrangeirismo, gírias;
- mostrar que uma palavra está sendo usada em sentido diverso do habitual;
- dar destaque a uma palavra ou expressão;
- marcar expressões, palavras, letras e fórmulas citadas ou exemplificadas.

Isolamento de citação textual

Empregamos aspas duplas (“ ”) para isolar citação textual, como em:

Como afirma Machado: **“Há mais coisas entre o céu e a terra do que sonha nossa vã filosofia.”**

Se o trecho transcrito contiver diversos parágrafos, as aspas de abertura deverão estar presentes antes da primeira palavra de cada parágrafo, e as de fechamento, depois da última palavra do parágrafo final. Vejamos um exemplo:

“Precisamos refletir mais sobre esta questão!”

“Não podemos admitir que tenhamos gastado nosso tempo e energia inutilmente.”

Se o trecho citado contiver uma citação, esta deverá trazer aspas de abertura no começo de cada linha e aspas de fechamento, unicamente, no fim da última palavra da linha final. Exemplo:

“Há um ditado latino que afirma: “Ninguém é obrigado às coisas impossíveis.”

Nada impede, portanto, que utilizemos aspas no interior de um fragmento já colocado entre aspas:

“Você já reparou no tom do “sim” que ele nos deu?”, disse ela.

Quando a pausa coincide com o final da expressão que se acha entre aspas – e se elas encerram apenas parte da proposição –, colocamos o competente sinal de pontuação depois delas. Exemplo:

"Então conheceremos a verdade", disse ele.

Quando, entretanto, as aspas abrangem todo o período ou toda a expressão, o respectivo sinal de pontuação fica abrangido por elas. Exemplo:

"Mas quem garante que isso ocorrerá? Ninguém."

Destaque de títulos e obras

Vamos a mais uma aplicação das aspas duplas. Empregamos aspas duplas (" ") para destacar títulos de obras, no texto manuscrito. Exemplo:

No "**Fedro**", Platão exercita uma crítica à linguagem escrita.

No texto impresso – digitado –, utilizamos o itálico ou o negrito em lugar das aspas. Exemplo:

No ***Fedro***, Platão exercita uma crítica à linguagem escrita.

Outros empregos das aspas duplas

Também empregamos aspas duplas (" ") para:

a) Isolar palavras ou expressões estranhas à língua culta – neologismos, arcaísmos, estrangeirismos, gírias:

As gírias que nem sempre **"pegam"** originam-se nos bailes **"funk"**.

b) Mostrar que uma palavra está sendo usada em sentido diverso do habitual:

Um certo tipo de golfinho pode emitir cerca de quinhentas **"mensagens"** sonoras diferentes entre si.

c) Dar destaque a uma palavra ou expressão:

A língua é um verdadeiro **"contrato"** que os indivíduos de um grupo social estabelecem.

d) Marcar expressões, palavras, letras e fórmulas citadas ou exemplificadas:

Estudaremos as funções do **"que"** e do **"se"**.

I.3.14 Apóstrofo

O apóstrofo indica supressão de letras e tem hoje seu uso restrito a apenas poucos casos:

a) Supressão de uma letra ou mais no verso, por exigência de metrificação:

of'recer; esp'rança; 'stamos.

b) Pronúncias populares:

'tá; 'teve.

c) Supressão da vogal em palavras compostas ligadas pela preposição "de":

estrela **d'**alva; olho **d'**água.

Nos títulos de obras, não devemos utilizar a combinação da preposição com o artigo sem destacar os elementos do título original. Podemos utilizar o apóstrofo para indicar essa combinação ou empregamos, ainda, outra opção. Exemplo:

O autor **d'***Os Lusíadas*./O autor de *Os Lusíadas*.

I.3.15 Observações finais

Vamos, enfim, às últimas observações sobre pontuação:

a) Pontuação com "etc.":

"Etc." é a abreviação latina de *et cetera* – ou *et coetera* –, que significa "e outras coisas". Em sua evolução, desligou-se do rigoroso sentido originário – de coisas –, podendo designar também pessoas.

Pede a lógica que a pontuação utilizada com essa abreviação seja a mesma que separa os diversos conjuntos de uma enumeração. Exemplo:

Compramos livros, cadernos, **etc**.

b) Ponto abreviativo e ponto-final:

Em fim de frase, não usamos, lado a lado, o ponto abreviativo e o ponto-final.

A tradição consagrou um critério de simplicidade, que é também a prática oficial – o ponto abreviativo acumula as duas funções. Exemplo:

Falávamos de ideias, juízos, opiniões, **etc**.

c) Pontuação em títulos e cabeçalhos:

A norma culta da língua recomenda – mas a prática tem sido, de fato, mais flexível – que todos os cabeçalhos e títulos sejam usados com ponto-final. Exemplo:

Pequeno vocabulário ortográfico da língua portuguesa.

Autoavaliação 1

QUESTÃO 1

Leia, atentamente, o texto a seguir:

> "O EXMO. SR. MINISTRO ANTONIO CARLOS FERREIRA (Relator): Trata-se de agravo regimental interposto contra decisão desta relatoria que negou provimento ao agravo nos próprios autos sob os seguintes argumentos: (a) o acórdão recorrido não trata da questão de concessão da justiça gratuita, (b) não ocorreu prequestionamento, (c) não é possível a alegação de violação de dispositivo constitucional em recurso especial e (d) inexiste similitude fática entre os acórdãos paradigmas e o aresto recorrido. [...]"
>
> JUSBRASIL. [s. l.], 2012. Disponível em: <http://stj.jusbrasil.com.br/jurisprudencia/22426176/agravo-regimental-no-agravo-em-recurso-especial-agrg-no-aresp-15946-go-2011-0073692-6-stj/relatorio-evoto-22426178>. Acesso em: jan. 2022.

Sabemos que a língua é um ato individual e social, e que faz parte de uma espécie de "contrato" entre os grupos que a utilizam.

O texto apresentado demonstra que a variedade linguística utilizada é:

a) inadequada ao grupo a que se destina.
b) elaborada a partir de termos regionais.
c) típica de um determinado grupo profissional.
d) incompatível com a variedade padrão da língua.

QUESTÃO 2

Observe o texto a seguir:

O texto ironiza a utilização do jargão, colocando a "tradução" do que foi dito pelo personagem.

Em relação ao jargão, é correto afirmar que:

a) basta que alguns dos envolvidos no processo compreendam o que se diz.
b) qualquer interlocutor é capaz de compreender o que se diz, em função do contexto.
c) é suficiente que um dos envolvidos no processo compreenda as expressões próprias da área.
d) os envolvidos no processo de comunicação entendem o que se diz por pertencerem à mesma área.

QUESTÃO 3

Observe a imagem que se segue:

A comunicação ocorre a partir da correlação de vários elementos. Na imagem apresentada, a dificuldade de comunicação retratada se dá pela diferença de gerações.

Para que a comunicação ocorra, a imagem enfatiza, com a presença do megafone, o seguinte elemento:

a) canal.
b) código.
c) receptor.
d) contexto.

QUESTÃO 4

Leia, atentamente, o trecho a seguir:

As armas e os Barões assinalados
Que da Ocidental praia Lusitana,
Por mares nunca dantes navegados
Passaram ainda além da Taprobana,
Em perigos e guerras esforçados,
Mais do que prometia a força humana,
E entre gente remota edificaram
Novo reino, que tanto sublimaram;

E também as memórias gloriosas
Daqueles Reis que foram dilatando
A Fé, o Império, e as terras viciosas
De África e de Ásia andaram devastando,
E aqueles que por obras valerosas
Se vão da lei da morte libertando:
Cantando espalharei por toda a parte,
Se a tanto me ajudar o engenho e arte.

CAMÕES, Luís Vaz de. *Os Lusíadas*. Canto I. São Paulo: A Biblioteca Virtual do Estudante Brasileiro. p. 1-2. Disponível em: <www.dominiopublico.gov.br/download/texto/bv000162.pdf>. Acesso em: jan. 2022.

As funções da linguagem são estratégias utilizadas pelo emissor para enfatizar determinados elementos da comunicação. Em um texto, pode-se verificar a predominância de mais de uma função da linguagem.

No fragmento de poema apresentado, retirado do épico *Os Lusíadas*, de Luís de Camões, identifica-se a predominância das seguintes funções da linguagem:

a) poética e emotiva.
b) conativa e emotiva.
c) fática e referencial.
d) poética e metalinguística.

QUESTÃO 5

Observe a campanha a seguir:

FIGURA 10
Dengue e Chikungunya

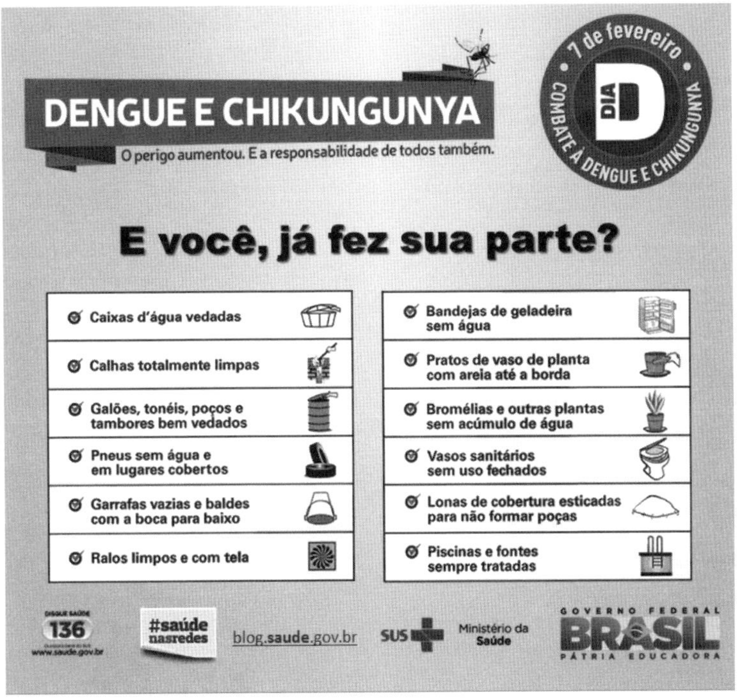

Fonte: MARICÁ INFO. Maricá (RJ), 20 fev. 2015. Disponível em: <https://maricainfo.com/2015/02/20/marica-realiza-acoes-de-combate-a-dengue.html>. Acesso em: jan. 2022.

A linguagem e a forma de organização de um texto variam de acordo com os interlocutores que ele pretende atingir e, sobretudo, com a intenção comunicativa que veicula.

Na campanha apresentada, a intenção comunicativa é:

a) convencer os cidadãos dos perigos apresentados pelas doenças.
b) encaminhar os pacientes acometidos pelas doenças a locais adequados.
c) conscientizar a todos sobre sua responsabilidade na prevenção das doenças.
d) informar aos agentes de saúde a respeito das ações a serem tomadas contra as doenças.

QUESTÃO 6

Observe a seguinte manchete de jornal:

Ainda que ferido, policial impede assalto e prende bandidos.

Nessa manchete, a locução conjuntiva "ainda que" expressa um fato que, logicamente, deveria impedir as demais ações enunciadas, mas, contudo, não é forte o bastante para tanto.

A descrição acima caracteriza conexões de valor:

a) causal.
b) concessivo.
c) consecutivo.
d) adversativo.

QUESTÃO 7

As palavras podem possuir sentido mais popular ou mais culto, podem expressar sentido mais genérico ou mais específico, podem-se referir ao todo ou a apenas uma parte.

Diante de tamanha variedade, para selecionar as palavras que vamos usar, devemos:

a) testar, dizendo a mesma coisa de várias formas.
b) estar atentos às condições em que se processa o ato comunicativo.
c) pensar sobre como o processo cognitivo acontece em nosso cérebro.
d) consultar o dicionário sempre que quisermos dizer algo com precisão.

QUESTÃO 8

Parônimas são as palavras muito parecidas na grafia e na pronúncia.

A opção que apresenta uso inadequado de parônimos é:

a) Tome cuidado para não queimar a calda.
b) A sessão durou mais do que todos esperavam.
c) A enfermeira emergiu a criança na banheira para abaixar a febre.
d) O docente reviu as avaliações antes de divulgar as notas à turma.

QUESTÃO 9

Além de seu sentido próprio, as palavras podem ser usadas em um sentido figurado.

A palavra "sol" está sendo usada em sentido figurado em:

a) Minha esposa é o sol da minha vida.

b) Devemos passar filtro solar para proteger nossa pele da ação do sol.
c) A distância da Terra ao Sol é de cerca de 150 milhões de quilômetros.
d) O Sol aquece nosso planeta todos os dias e fornece a luz que nos permite enxergar.

QUESTÃO 10

Nas diversas situações do cotidiano de nossas vidas, temos a oportunidade de explorar o leque quase infinito de possibilidades interpretativas das palavras.

É correto afirmarmos que, entre outras coisas, esse leque de possibilidades se dá devido:

a) ao caráter fixo das ideias.
b) à natureza irregular da língua.
c) ao valor polissêmico das palavras.
d) ao caráter engessado dos vocábulos.

QUESTÃO 11

Leia o texto a seguir:

Fui informado de que, na vez passada, ninguém veio à reunião.

O texto apresenta um vício de linguagem bastante comum na fala. Trata-se de:

a) eco.
b) arcaísmo.
c) cacófato.
d) redundância.

QUESTÃO 12

Considere a seguinte manchete:

DEPUTADO ATROPELA E FOGE

Membro da Câmara, estava em alta velocidade e não prestou socorro.

Leia a afirmação apresentada a seguir e assinale "falso" ou "verdadeiro", considerando o fragmento de texto acima:

"O enunciado apresenta problemas de pontuação."

a) Falso.
b) Verdadeiro.

QUESTÃO 13

Considere as seguintes frases:

1 Os alunos agitados saíram da sala.
2 Os alunos, agitados, saíram da sala.

A opção cujo par apresenta as mesmas regras de utilização da vírgula é:

a) Prefiro chocolate e João, chá./Prefiro chá e João, chocolate.
b) Tenho estudado muito, isto é, tenho tentado./Tenho estudado muito, ou melhor, tenho tentado.
c) Comprei chocolate, sorvete, bolo e queijo./O que mais gosto de comer é chocolate, sorvete, bolo e queijo.
d) Os pobres que trabalham dão maior valor ao dinheiro./Os pobres, que trabalham, dão maior valor ao dinheiro.

QUESTÃO 14

A vírgula indica pausa de curta duração, que não marca o fim do enunciado.

A opção em que há erro no emprego da vírgula é:

a) Ele, com raiva, acariciou-me.
b) João, faça os deveres de casa!
c) São Paulo, 26 de novembro de 2005.
d) Antônio o seminarista, tem uma bela voz.

QUESTÃO 15

Considere o fragmento a seguir:

> [...] denotam pensamento interrompido ou incompleto; há vários motivos para que isso ocorra: o produtor do texto quer deixar em suspenso o pensamento da personagem ou deseja mostrar hesitação, timidez e, até mesmo, uma ameaça jogada ao vento.

O fragmento acima explicita alguns usos de um sinal de pontuação comumente usado em narrativas.

Entre as frases apresentadas a seguir, a única que pode exemplificar um desses usos é:

a) João disse: "Estou com fome.".
b) Acho bom você ir agora, senão...
c) Preciso sair agora. Estou atrasada.
d) Você passou?? Como!!?? Não estudou nada!

QUESTÃO 16

A pontuação é um dos responsáveis por garantir que o enunciado não represente um amontoado de palavras e orações, mas um todo organizado segundo princípios gerais de dependência e independência, fundamentados em unidades melódicas e rítmicas.

A opção em que o uso do sinal de pontuação **não** está corretamente explicado é:

a) – Vai sair hoje? – Não: o travessão indica que houve mudança de interlocutor.
b) Todos gritaram, e ele fugiu: a vírgula indica que houve soma de argumentos.
c) Nossa, hoje estou "um bagaço": as aspas sinalizam que o locutor faz uso de uma gíria.
d) Terei (por que não falar a verdade?) muitos aborrecimentos: os parênteses indicam a presença de um pensamento da personagem intercalado na frase.

QUESTÃO 17

A opção que apresenta sinais de pontuação que preenchem, corretamente, as lacunas presentes no enunciado a seguir é:

"O cão ( ) o gato ( ) o menino estavam aflitos ( ) mas esperançosos."

a) vírgula – vírgula – vírgula.
b) reticências – reticências – reticências.
c) vírgula – ponto de interrogação – vírgula.
d) ponto de exclamação – ponto de exclamação – vírgula.

QUESTÃO 18

Considere o seguinte trecho:

> "E disse ele, ainda mais seguro de que estava certo: "Alberto, não mudarei o relatório!"

A opção que contém uma associação **falsa**, em relação ao trecho, entre o sinal de pontuação utilizado e a justificativa para seu uso é:

a) aspas – assinalar citação.
b) vírgula – destacar interlocutor.
c) dois-pontos – introduzir vocativo.
d) ponto de exclamação – marcar exaltação.

QUESTÃO 19

As aspas duplas (“ ”) possuem diversos usos em nossa língua.

A opção em que as aspas foram utilizadas de forma inadequada, segundo os padrões cultos da língua, é:

a) De César é a famosa frase: “Vim, vi e venci.”.
b) A onda “abraçou” o pescador na noite escura.
c) Levamos um susto com a leitura da notícia “No Globo”.
d) A palavra “deletar” é um neologismo na língua portuguesa.

QUESTÃO 20

Alguém elogiou os biscoitos Arenque; entretanto, você resolveu provar um deles e não gostou.

A opção que apresenta uma frase capaz de expressar seu desagrado é:

a) Coma os biscoitos *Arenque* e diga: “Isto é um biscoito?”.
b) Coma, os biscoitos *Arenque* e diga: “Isto é um biscoito!”.
c) Coma os biscoitos *Arenque* e diga: “Isto, é um biscoito!”.
d) Coma os biscoitos *Arenque* e diga: – Isto é um biscoito!

CAPÍTULO 2

Leitura

Neste capítulo, abordaremos o processo de leitura como atividade dinâmica e interativa entre autor, texto e leitor, na interpretação e na compreensão de sentidos, que se concretizam, portanto, no processo de interação que se dá entre nós e nosso interlocutor por meio de atividades dialógicas.

Examinaremos também os diferentes enfoques sobre os processos de leitura e as estratégias de interpretação, que confirmam que a leitura é um processo complexo, de caráter individual mas também sociocultural e plural, condicionado por elementos objetivos e ainda por fatores subjetivos, que transpõem as fronteiras do letramento e coincidem com a experiência de vida de cada um de nós.

Por fim, enfocaremos as características dos diferentes tipos de leitura, que, entrelaçando estratégias de análise e construção de sentidos, de forma imersiva e ativa, são capazes de levar à formação de leitores proficientes.

2.1 Elementos do processo de leitura

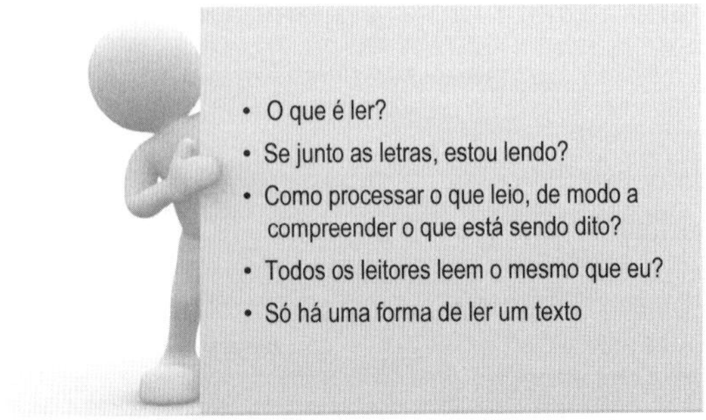

Leitura: Do latim *lectura*, com sentido original de eleição, escolha.

Em geral, quando se pensa em leitura, faz-se de imediato a associação com o ato de ler um texto escrito. No entanto, ler vai além das letras. Ler é compreender, olhar profundamente, gerar sentidos para o que se lê. Cada um de nós faz uma leitura própria do mundo. É como se houvesse lentes diversas, com olhares diferentes para tudo quanto vivenciamos.

Vamos fazer um texto. O que você vê na imagem apresentada a seguir?

Figura 11
Ilusão de óptica

MEGA CURIOSO. *O que você vê primeiro nesta imagem? Uma jovem ou uma idosa?* [S.l.], página inicial, 2022. Disponível em: <www.megacurioso.com.br/ciencia/109225-o-que-voce-ve-primeiro-nesta-imagem-uma-jovem-ou-uma-idosa.htm>. Acesso em: jan. 2022.

Não há uma única resposta. Alguns dirão ter visto uma jovem. Outros dirão que viram uma mulher idosa. Há, ainda, os que verão ambas e os que não conseguirão ver nenhuma das duas. O que isso nos diz?

Cada um de nós tem uma visão de mundo, que influencia tudo em nossa vida: a forma como vemos a realidade e a entendemos; o modo como percebemos as imagens, as situações, as palavras e os textos; enfim, todos os nossos atos.

Ao pensarmos sobre visões sociais de mundo, não nos podemos esquecer de que elas estão presentes em nosso cotidiano: na forma como vemos a realidade e a entendemos; no modo como percebemos as imagens, as situações, as palavras e os textos; enfim, em todos os nossos atos.

A vida prática pressupõe a capacidade de decodificar uma série de textos que nos cercam e que fazem parte da realidade social em que estamos inseridos.

Não se trata de ler um livro ou de ouvir uma música como forma de entretenimento ou alargamento do universo cultural. Trata-se de vivenciar o cotidiano de maneira independente, sem que seja necessário um mediador para possibilitar atividades básicas, como locomoção, alimentação, tratamento de saúde. Sabendo que letramento é a capacidade de estabelecer a comunicação a partir do domínio de diferentes códigos, podemos afirmar, sem susto, que o cidadão não letrado corre o risco de ficar à margem do processo sociocultural. Assim, a aquisição das estruturas linguísticas passa a ser uma questão com implicações para além dos bancos escolares: é necessário que o usuário da língua possa decodificá-la de forma proficiente em todas as situações que fazem parte de sua vida.

2.1.1 Processamento da leitura

Pensar no poder da língua sob a ótica do conhecimento, do saber linguístico legitimado pela normatização, equivale a olhar um lado da moeda, que é o caráter unificador e identificador da língua.

O outro lado da moeda está por ser visto. Nele, vemos um aspecto do domínio linguístico bem diferente daquele de que falamos antes: trata-se de um tipo de conhecimento que leva em conta a vivência de determinadas situações, e nela influenciam o lugar, as pessoas e o tempo em que se vive. Em outras palavras, referimo-nos à relação existente entre língua e cultura. Além disso, há, em cada pessoa, algo que pode diferenciá-la de outros: a sensibilidade diante de certos usos da língua. Nesse caso, referimo-nos a outra relação: a que existe entre língua e subjetividade.

Ou seja, pensando nos aspectos da cultura e da subjetividade, relacionados à língua, podemos ainda dizer que há diferentes modos de compreender, interpretar, ou mesmo ler, já que estabelecemos relações diversas com os enunciados, textos, objetos, discursos. Essas relações têm a ver com nossos processos coletivos mas também individuais de aprendizagem, com as experiências de cada um em seu contexto sociocultural.

Muitas vezes, dominar as regras normativas de nossa língua não é suficiente para decodificar discursos que trabalham com informações ligadas a experiências de vida assim como tal domínio não garante o entendimento de um texto que lida com as emoções, por exemplo.

O contexto sociocultural é determinante para o processamento da leitura de textos não verbais.

Os estudos das teorias da leitura aplicadas ao texto permitem-nos trabalhar, hoje, com um conceito de leitura e de leitor em que a ênfase recai sobre a ação. Em outras palavras, o leitor não é passivo, ele participa ativamente do ato da leitura, desconstruindo e reconstruindo o texto, gerando-lhe sentidos e, portanto, compreendendo-o. Quando consegue apreender o conjunto de ideias trazido pelo texto e gerar sentido para essas ideias, o leitor está, na verdade, preenchendo "lacunas" que foi percebendo no texto.

Jacques Lacan explica esse processo de "preenchimento de lacunas do texto" a partir de uma analogia entre o texto e um espelho d'água.[5] Ao deitar o olhar sobre o espelho d'água de um rio, o que vemos é uma imagem refletida em sua superfície. Se, no entanto, começamos a penetrar na água,

---

5 Cf. LACAN, Jacques. *Escritos*. Rio de Janeiro: Jorge Zahar. 1998.

descobrimos um mundo de possibilidades que não transparecem quando olhamos a superfície.

O texto, assim como o rio, tem sua superfície, seu espelho d'água, sob o qual se esconde uma série de opções que só podem ser descobertas se o leitor mergulhar nas brechas por ele encontradas no percurso da leitura. Cada vez que se depara com uma dessas brechas, o leitor tem a chance de mergulhar mais fundo e buscar, em seu repertório, o diálogo com suas descobertas. Nesse momento, expande-se o horizonte de expectativas do leitor, que vai-se tornando, a cada repetição do processo, mais apto a levantar hipóteses, até chegar a um nível de atribuição de sentidos que o torna o que chamamos de "**leitor proficiente**".

Trabalhando com essa compreensão do ato de leitura, passamos a encará-la, em seu primeiro momento, como um ato solitário, que se dá do indivíduo para si próprio, mas também sabemos que é necessário que esse mesmo indivíduo atribua significados ao que lê, gerando sentidos que o levem a compreender, de fato, o texto.

Ao abrir-se às possibilidades, o leitor amplia o leque de significação do texto, na medida em que compartilha suas leituras com outros leitores.

2.1.2 Leitura e leitor

Como vimos, a leitura de um texto é um processo dinâmico, em que o leitor desempenha um papel ativo. O texto que foi pensado por aquele que o criou não será, necessariamente, o mesmo que chega ao destinatário. Chegamos mesmo a considerar que, no momento em que termina de escrever seu texto, o autor perde o controle sobre ele, uma vez que, "solto no mundo", ele tem um sem-número de possibilidades de leitura a serem descortinadas pelos leitores que com ele vão-se deparar.

Nesse sentido, considera-se que os leitores também são autores, em certo sentido, dos textos que leem. Aqui, vamos enfocar, partindo dessa visão, dois tipos de leitores: o **leitor construtor** e o **leitor analisador**.

Figura 12
Tipos de leitores

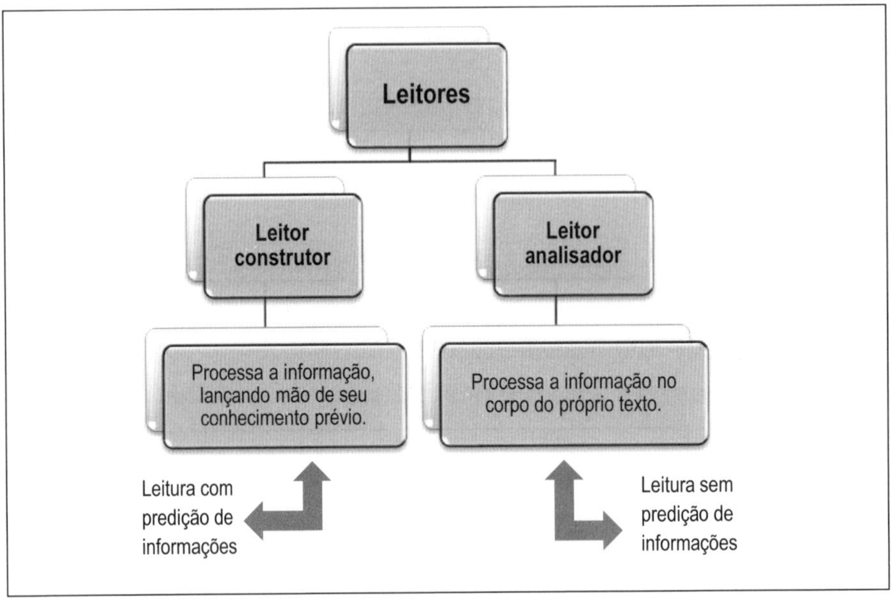

O leitor construtor lança mão de conhecimentos que ele já possui para antecipar, de certa forma, as informações veiculadas em um texto.

Esse leitor é capaz de dizer, *a priori*, o que o texto só vai dizer mais adiante. Isso, contudo, tem seu lado negativo: o leitor construtor pode, muitas vezes, acrescentar ao texto coisas que ele não diz, o que pode alterar o macrossentido desse texto. Gerar sentidos é papel do leitor, desde que esses sentidos não extrapolem o campo semântico no qual se insere o texto, o que pode prejudicar a intenção comunicativa em um processo denominado como superinterpretação.

O leitor analisador, por sua vez, é aquele que analisa as informações do texto, processando cada uma de suas partes para chegar a sua total compreensão.

Esse leitor, ao contrário do leitor construtor, não ousa gerar sentidos para o texto, o que pode limitar sua leitura.

Como, então, o leitor processa a leitura?

Veja esse trecho de *Um apólogo*, texto de Machado de Assis:

> Era uma vez uma agulha, que disse a um novelo de linha:
>
> — Por que está você com esse ar, toda cheia de si, toda enrolada, para fingir que vale alguma cousa neste mundo?
>
> — Deixe-me, senhora.
>
> — Que a deixe? Que a deixe, por quê? Porque lhe digo que está com um ar insuportável? Repito que sim, e falarei sempre que me der na cabeça.
>
> — Que cabeça, senhora? A senhora não é alfinete, é agulha. Agulha não tem cabeça. Que lhe importa o meu ar? Cada qual tem o ar que Deus lhe deu. Importe-se com a sua vida e deixe a dos outros. [...]

No trecho lido, em um primeiro momento, o leitor pode experimentar um estranhamento, já que a narrativa é um diálogo entre uma agulha e um novelo de linha.

O leitor, contudo, é capaz de perceber os sentidos do que lê, na medida em que lança mão daquilo que conhece: o que é uma agulha, o que é um novelo de linha, uma costureira, etc.

A partir daí, ele pode construir sentidos para o texto, utilizando seu conhecimento prévio dos elementos por ele apresentados.

Para que o leitor seja proficiente, ou seja, opere a leitura de forma plena, é importante que ele faça uso das duas estratégias apresentadas – a construção de sentidos e a análise das informações.

2.1.3 Técnicas de leitura

Já vimos que, quando lemos, construímos sentidos e que um texto pode possibilitar múltiplas leituras. Para que sejamos leitores proficientes, é necessário que tenhamos pleno domínio das estruturas linguísticas, de modo a desconstruir o que lemos para reconstruir as informações, levando em conta nossas experiências e nossos conhecimentos.

Eni Orlandi, em sua obra *Discurso e texto: formulação e circulação dos sentidos*, afirma que

> o sujeito está para o discurso assim como o autor está para o texto.
>
> ORLANDI, Eni. *Discurso e texto*: formulação e circulação dos sentidos. 2. ed. Campinas: Pontes, 2005, p. 73.

Assim, considera-se que a autoria de uma enunciação, seja ela oral ou escrita, é sempre uma formulação do sujeito, influenciado por seu entorno. Desse entorno fazem parte aqueles que participam do processo comunicativo como receptores dessa enunciação, e, no que diz respeito à enunciação escrita, a função-leitor se constitui simultaneamente à função-autor, na medida em que a comunicação se efetiva a partir da geração de sentidos proveniente do entendimento do receptor. No caso de o receptor ser um leitor, sua participação na construção dos sentidos de um texto configura-se no que chamamos de **efeito-leitor**.

Em outras palavras, o texto – ou enunciação – constrói-se pelo compartilhamento de sentidos entre autor e leitor.

Isso quer dizer, então, que cada um lê e entende aquilo que quer? De maneira nenhuma! O texto é, sim, repleto de possibilidades, mas não se pode interpretar aquilo que sequer se compreendeu. Dessa forma, a plena compreensão do texto pelo leitor é o primeiro passo para a etapa seguinte, que é a de construção de sentidos. Só assim se pode considerar que o leitor foi proficiente em sua leitura. Para que se possam apreender os sentidos de um texto, é necessário estabelecer algumas estratégias para o processo de leitura. De forma sintética, essas estratégias se organizam da seguinte forma:

Figura 13
Estratégias de leitura

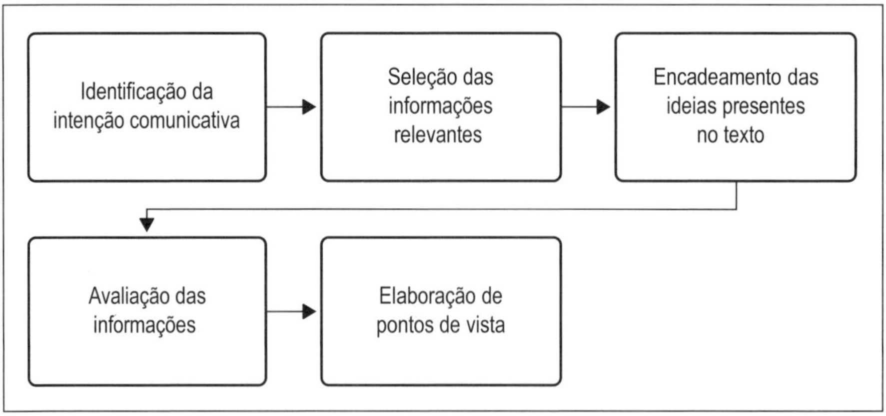

A compreensão plena de um texto vai, portanto, além de sua apreensão literal ou de sua memorização. Ela envolve percepção e seleção de relevâncias textuais, levantamento de hipóteses, confrontação, confirmação e reconstrução, formulação de inferências... ou seja, compreender não é adivinhar, mas inferir e reconstruir.

Um aspecto importante a respeito das estratégias de leitura diz respeito ao leitor do texto técnico – um tipo de texto que, em sua área profissional, vai-se fazer bastante presente em seu dia a dia.

O leitor, como já pudemos compreender, é o alvo daquilo que escrevemos.

Ao escrevermos um texto técnico, portanto, é imprescindível ter em mente o que nosso público-alvo espera do que vamos dizer.

Estabelecer o perfil do leitor é uma forma de saber, de antemão, se as informações que vamos expor são novas para ele, se são conhecidas, mas pouco aprofundadas, ou se ele as conhece profundamente. O conhecimento desse perfil nos permitirá modular nosso discurso, de acordo com a expectativa de nosso público leitor.

A leitura de qualquer texto é feita por etapas, que, no entanto, não se tornam tão perceptíveis, já que, cognitivamente, galgamos esses degraus de forma acelerada. Se uma dessas etapas não ocorre de forma satisfatória, a leitura pode não ser feita de forma correta e, como consequência, levar a mal-entendidos.

Veja um exemplo.

Em uma empresa, o diretor recebeu o seguinte *e-mail* do presidente:

Na próxima segunda-feira, aproximadamente às 20h, o cometa Halley passará por aqui. Trata-se de um fenômeno que ocorre a cada 76 anos. Assim, peço que os funcionários estejam reunidos no pátio da fábrica, todos usando capacete de segurança, para que eu possa explicar o fenômeno a eles. Se estiver chovendo, não poderemos ver o espetáculo a olho nu, e todos deverão se dirigir ao refeitório onde será exibido um filme documentário sobre o cometa Halley.

Após ser repassada várias vezes, a versão final do *e-mail* ficou assim:

Aviso para todos os FUNCIONÁRIOS

Na sexta-feira, o chefe da diretoria vai fazer 76 anos e liberou geral para a festa às 20h no refeitório. Vão estar lá, pagos pelo mandachuva, "BILL HALLEY E SEUS COMETAS". Todo mundo de capacete, pois a banda é muito louca e o rock vai rolar solto, mesmo com chuva.

Parece aquela antiga brincadeira de telefone sem fio! É claro que usamos um exemplo cômico, mas ele ilustra o que significa a seleção do que é relevante no texto.

Nessa estratégia de leitura, o leitor seleciona a parte do texto que mais lhe interessa. É uma forma de fazer um controle consciente daquilo que se lê.

É o que acontece, por exemplo, quando fazemos um resumo do que lemos.

Quem é, então, o leitor do texto técnico?

FIGURA 14
Leitor do texto técnico

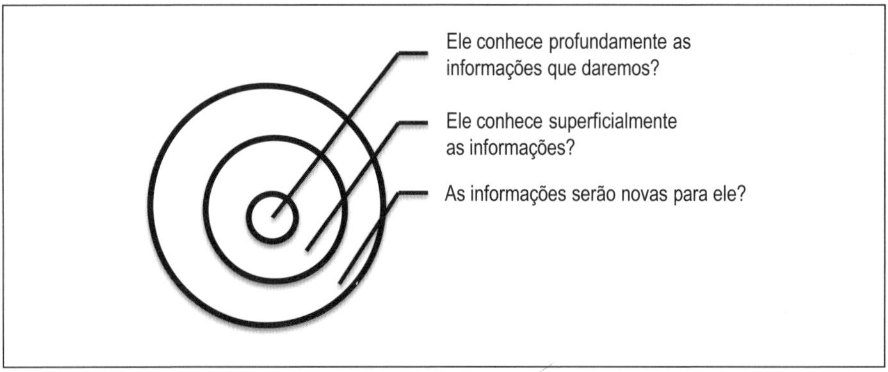

Ao escrever um texto técnico, devemo-nos lembrar de que o processamento da leitura desse tipo de texto pode não ser tão eficiente quanto imaginamos ou desejamos. Dessa forma, devemos buscar neutralizar todas as variáveis que possam interferir na apreensão do conhecimento que estamos disponibilizando, para que nosso leitor lance mão de estratégias de leitura eficazes para a compreensão de nosso discurso.

Apenas desse modo poderemos realizar, a partir da leitura do texto, processos cognitivos mais complexos que o mero reconhecimento de informações, o que inclui sermos capazes de interpretá-lo, analisá-lo e até mesmo sintetizá-lo, de forma eficaz, o que já implica a construção por nós de novos textos a partir daquilo que lemos.

Apêndice Gramatical II

Neste apêndice, vamos abordar as regras básicas que orientam o processo de concordância entre sujeitos e verbos - concordância verbal - e entre nomes - concordância nominal.

Veremos que esses mecanismos de concordância são fundamentais para o alcance da clareza no processo de construção textual, além de representarem uma fonte constante de recursos expressivos à disposição dos usuários da língua.

Por fim, discutiremos iniciativas recentes da chamada linguística inclusiva, que demandam mudanças polêmicas nas normas estabelecidas pela variedade padrão da língua portuguesa em relação a alguns pressupostos de concordância nominal atualmente vigentes bem como a polêmica por elas geradas.

II.1 Concordância verbal

II.1.1 Regra geral

Concordância verbal é aquela que se estabelece entre os verbos e os diferentes elementos que praticam as ações por eles expressas – sujeitos.

Nesse processo, portanto, o verbo poderá aparecer no singular ou no plural, concordando sempre com uma das pessoas do discurso:

- 1ª pessoa - o enunciador (singular) ou os enunciadores (plural);
- 2ª pessoa - o interlocutor (singular) ou os interlocutores (plural);
- 3ª pessoa - aquela (singular) ou aquelas (plural) que, eventualmente, não participam do canal direto de comunicação.

A regra geral do processo de concordância verbal é muito simples: o verbo concorda em número e pessoa com o sujeito.

Observemos os exemplos que constam do quadro apresentado a seguir:

Quadro 17
Exemplos de concordância verbal

Exemplos	Forma verbal	Sujeito
"Nós precisamos de mais ajuda por aqui."	1ª pessoa do plural	Nós
"Acreditas realmente nisso?"	2ª pessoa do singular	Tu (implícito no enunciado)
"O novo funcionário não foi capaz de resolver o problema."	3ª pessoa do singular	O novo funcionário
"Todos estarão preparados para a entrevista."	3ª pessoa do plural	Todos

II.1.2 Concordância com o sujeito simples

Em se tratando de sujeitos simples, a regra geral é obedecida – o verbo concorda com o sujeito. Devemos tomar cuidado apenas ao identificarmos o sujeito da oração, o qual, nem sempre, vem antes do verbo ou encontra-se explicitamente grafado na oração. Exemplos:

Aconteceram muitas transformações na empresa, nos últimos tempos.
=
Muitas transformações aconteceram na empresa, nos últimos tempos.

Não nos preocupam **as novas diretrizes**, desde que sejam eficazes.
=
As novas diretrizes não nos preocupam, desde que sejam eficazes.

A quem **pertencem esses rascunhos**?
=
Esses rascunhos pertencem a quem?

II.1.3 Concordância com o sujeito composto

Com sujeito composto que aparece antes do verbo, o verbo irá para o plural, como em:

Os dicionários e o mapa chegaram.

Em alguns casos, o verbo posposto ao sujeito admite também o singular:

a) Quando os núcleos são sinônimos ou quase sinônimos:

O rancor e o ódio deixou-o perplexo.

b) Quando os núcleos vierem dispostos em gradação ou resumidos por um pronome indefinido:

Uma indignação, uma raiva profunda, uma raiva mortal dominava-o.

Alunos, mestres, diretores, ninguém faltou.

c) Quando o sujeito é formado de dois infinitivos que não exprimem ideias contrárias:

Trabalhar e estudar fazia dele um homem feliz.

Quando o verbo aparece antes do sujeito composto, ele poderá ir para o plural ou concordar com o núcleo do sujeito mais próximo, como em:

Chegaram o mapa e os dicionários./**Chegou o mapa** e os dicionários.

Sujeito composto por pessoas diferentes

Com o sujeito composto formado por pessoas diferentes, entre elas a 1ª pessoa, o verbo irá para a 1ª pessoa do plural. Exemplo:

Eu e ele resolveremos o problema.

=

Nós resolveremos o problema.

Núcleos do sujeito unidos por "ou"

Com núcleos do sujeito ligados por "ou", devemos considerar duas possibilidades:

a) Se o "ou" possui valor excludente, o verbo fica no singular. Exemplo:

Roma ou Viena será a próxima sede da companhia.

b) Se o "ou" não possui valor excludente, o verbo irá para o plural. Exemplo:

Roma ou Viena são excelentes locais para a próxima sede da empresa.

Com a expressão "um ou outro" – que apresenta valor do "ou" excludente –, o verbo fica no singular. Exemplo:

Um ou outro coordenador poderá estar presente.

Núcleos do sujeito unidos por "com"

Com núcleos do sujeito ligados por "com", usamos, mais frequentemente, o verbo no plural, concordando com os dois elementos. Exemplo:

O sr. Pedro Alcântara com os demais diretores da empresa estiveram presentes à inauguração.

Quando desejamos, contudo, dar mais destaque ao primeiro elemento do sujeito ou quando o verbo vier antes do sujeito, poderemos utilizar o verbo no singular. Exemplos:

O diretor, com seu colegiado, **aprovou** as novas normas.

Mal **saíra** da sala **o representante** com seu assistente, chegou a notícia.

Núcleos do sujeito unidos por "nem"

Com núcleos do sujeito ligados por "nem", usamos, mais frequente mente, o verbo no plural, concordando com os dois elementos. Exemplo:

Nem o cansaço nem as dúvidas abalavam sua vontade.

Contudo, é preferível o uso do singular quando o verbo precede o sujeito ou quando, entre os elementos do sujeito, existe ideia de exclusão, o que ocorre quando o fato pode ser atribuído a apenas um dos elementos do sujeito. Exemplos:

Aqui nunca **se recusou nem trabalho nem esforço**.

Nem Paulo nem Marcos será eleito para o novo cargo.

Com a expressão "nem um nem outro" – ou mesmo com seu contrário "um e outro" –, o verbo poderá ir para o plural ou ficar no singular. Exemplos:

Nem um nem outro são capazes de responder a nossas dúvidas./
Nem um nem outro é capaz de responder a nossas dúvidas.

Um e outro conheciam bem o trabalho./**Um e outro conhecia** bem o trabalho.

Núcleos do sujeito correlacionados

Para estabelecer correlação entre os elementos que compõem o sujeito, podemos utilizar expressões como:

- "não só... mas também";
- "não só... como também";
- "não só... como ainda";
- "tanto... como";
- "tanto... quanto".

Nesses casos, o verbo irá para o plural. Exemplos:

Não só os processos mas também a equipe foram totalmente **reestruturados**.

Tanto a filial de Curitiba quanto a de Belém mantêm alto padrão de qualidade em suas operações.

II.1.4 Concordância com o verbo "ser"

Há regras especiais para a flexão do verbo "ser", que determinam a concordância do verbo não com o sujeito, mas com o predicativo da oração ou ainda prescrevem uma forma invariável para o verbo. São elas:

a) Quando o sujeito for um pronome interrogativo "quem" ou "que", o verbo "ser" concorda com o predicativo:

Que são todos esses papéis aqui esparramados?

b) Quando indicar tempo, data ou distância, o verbo "ser" concorda com o numeral:

É primeiro de maio.

São três quilômetros daqui até a cidade.

Devemos notar que o verbo "ser" concorda com o primeiro numeral que aparecer:

É uma hora e trinta minutos.

Já **são dez** para a uma.

c) Quando houver pronome pessoal, o verbo "ser" concorda sempre com ele, sendo sujeito ou predicativo:

Os responsáveis **somos nós**.

d) Quando um dos elementos do sujeito ou do predicativo for pessoa, o verbo "ser" concorda, obrigatoriamente, com ele:

Juliana era as esperanças da equipe.

e) Quando o sujeito for "tudo" ou um pronome demonstrativo neutro – "o" (antes de "que"), "isto", "isso", "aquilo" –, a concordância se faz, preferencialmente, com o predicativo:

Nem tudo aqui **são flores**./
Nem **tudo** aqui **é** flores.

O que mais me incomodava **eram as queixas infundadas**./
O que mais me incomodava **era** as queixas infundadas.

Isto **são sintomas** menos graves./
Isto é sintomas menos graves.

f) Quando o sujeito é um nome de coisa, no singular, e o predicativo, um substantivo no plural, o verbo "ser" vai para o plural:

A causa da demissão **foram as reclamações** constantes do chefe.

g) Quando aparece nas expressões do tipo "é muito", "é pouco", "é suficiente", "é bastante", "é mais que" ("do que"), "é menos que" ("do que"), que exprimem preço, medida e quantidade, o verbo permanece invariável:

Cem metros **é muito**.

h) Se, contudo, o sujeito vier determinado, o verbo "ser" irá para o plural:

Dois quilos é suficiente para nós./
Esses dois quilos são suficientes para nós.

II.1.5 Concordância dos verbos passivos

Um "se" pode-se juntar a um verbo transitivo direto para a formação de uma voz passiva especial na língua portuguesa, que se chama de **sintética**. Veja como isso ocorre:

Naquela ocasião, já **se percebia a gravidade** do problema.

No exemplo apresentado, a oração que gira em torno do verbo "perceber" – que é transitivo direto –, é passiva, já que ao verbo juntou-se à partícula apassivadora "se" para mostrar que a expressão "a gravidade do problema" é o sujeito que sofre a ação de ser percebido.

O enunciado apresentado como exemplo tem, portanto, o mesmo sentido de uma outra construção passiva em nossa língua, conhecida como **analítica**:

Naquela ocasião, **a gravidade** do problema já **era percebida.**

Desse modo, na voz passiva sintética, existe um sujeito na oração que sempre atrai a concordância do verbo. Exemplos:

Conferem-se todos os recibos neste escritório.
=
Todos os recibos são conferidos neste escritório.

Gastam-se milhões a cada ano inutilmente.
=
Milhões são gastos a cada ano inutilmente.

II.1.6 Orações com sujeito indeterminado

O "se" – além de poder apassivar um verbo – pode também indeterminar um sujeito. Isso ocorrerá quando ele estiver ligado a verbos intransitivos ou transitivos indiretos.

Nesses casos, ao contrário do que ocorre com a partícula apassivadora "se", que se junta a verbos transitivos diretos, o verbo permanecerá na 3ª pessoa do singular. Exemplos:

Precisa-se de funcionários mais qualificados neste setor.

Trabalha-se com prazer nesta empresa.

Podemos notar, nos exemplos apresentados, a presença de um verbo transitivo indireto – "precisar" (que exige preposição obrigatória "de") – e de um verbo intransitivo – "trabalhar" (que não exige qualquer tipo de complementação obrigatória).

Devemos perceber ainda que, em nenhum dos dois exemplos, existe uma referência específica à pessoa ou às pessoas que precisam de mais funcionários ou que trabalham. Trata-se, pois, de duas orações com sujeito indeterminado, o que justifica o uso de ambos os verbos no singular.

II.1.7 Orações com verbos impessoais

Verbos impessoais são aqueles que permanecem invariáveis no enunciado, sendo usados, portanto, apenas na 3ª pessoa do singular para assinalar orações sem sujeito.

Os verbos impessoais na língua portuguesa são:

a) Os que indicam fenômenos da natureza, como "chover", "trovejar", "relampejar", "nevar":

Choveu muito ontem à noite.

Tais verbos, contudo, em sentido figurado, deixam de ser impessoais e passam a concordar com o sujeito da frase. Exemplo:

Choveram dúvidas durante toda a reunião.

b) Os verbos "haver" e "fazer" na indicação de tempo:

Há muitos dias não o vejo.

Faz muito frio aqui durante o inverno.

c) O verbo "haver" no sentido de existir:

Há pessoas demais falando nesta sala = **Existem** pessoas demais falando nesta sala.

Quando em locuções verbais, esses verbos levam seus auxiliares também à forma impessoal, na 3ª pessoa do singular. Exemplos:

Tem de chover hoje ou não suportaremos o calor.

Vai fazer três anos que não a vejo.

Deve haver mais cadeiras na outra sala

II.1.8 Casos especiais

A língua portuguesa prevê vários casos especiais de concordância verbal, alguns até bastante polêmicos, que variam em função do contexto e do estado emocional dos enunciadores.

Enfocaremos, a partir de agora, os mais comuns, tendo sempre em vista sua aplicação prática. Eles se resumem à concordância com:

- coletivos;
- nomes que só se usam no plural;

- as expressões “mais de”, “menos de” e “um dos que”;
- as expressões do tipo “quais de nós” e “quais de vós”;
- a expressão “haja vista”;
- pronomes de tratamento;
- pronomes relativos;
- porcentagens e numerais fracionários;
- os numerais “milhão”, “bilhão” e “trilhão”;
- sujeito oracional;
- o verbo “parecer”;
- os verbos “dar”, “bater” e “soar”.

Com coletivos

Quando o sujeito da oração é formado por um coletivo, o verbo fica no singular. Exemplo:

A multidão aplaudiu a excelente palestra com entusiasmo.

Contudo, se o coletivo vier especificado, o verbo pode ficar no singular ou no plural, o que se aplica também aos coletivos partitivos como “metade de”, “grande parte de”, “a maior parte de”, “a maioria de”. Exemplos:

A multidão de estudantes **aplaudiu** a linda jogada./
A multidão **de estudantes aplaudiram** a linda jogada.

Grande parte dos convidados **elogiou** a jogada./
Grande parte **dos convidados elogiaram** a apresentação.

Com nomes que só se usam no plural

Com um nome que só se usa no plural, quando precedido de artigo ou determinado de outra maneira, o verbo concorda com o artigo ou com o termo determinante, indo, portanto, para o plural.

Contudo, quando esse nome não vem precedido de artigo, o verbo permanece no singular. Exemplos:

As férias fazem bem a todos.

Suas núpcias estão próximas.

Pêsames significa o mesmo que expressão de condolência.

Com substantivos próprios que só se usam no plural, o plural no verbo é determinado pelo uso do artigo junto a esses nomes. Exemplos:

Os Estados Unidos não assinaram o acordo para proteção do meio ambiente.

Minas Gerais é um dos mais belos estados do Brasil.

Nos títulos de obras, é comum, com nomes no plural – ainda que antecedidos de artigo –, o emprego do verbo no singular. Exemplo:

"As Diretrizes para Apresentação do Orçamento" representa um dos documentos mais bem-elaborados deste setor.

Com as expressões "mais de", "menos de" e "um dos que"

Com as expressões que indicam quantidade aproximada, como "mais de", "menos de", "perto de", "cerca de", o verbo concorda com o numeral que se segue a essas expressões. Exemplos:

Mais de **um funcionário faltou** hoje./
Mais de **dois funcionários faltaram** hoje.

Sobrou menos de **um pacote** no depósito./
Sobraram menos de **10 pacotes** no depósito.

Com as expressões "um dos que", "uma das que", "um daqueles que", "uma daquelas que", o verbo irá para o plural. Contudo, quando desejamos dar destaque ao elemento do grupo, dando a entender que ele se sobressai sobre os demais, admitimos também o singular. Exemplo:

O novo consultor é um **dos que mais se destacaram** na equipe neste ano./
O novo consultor é **um** dos que mais **se destacou** na equipe neste ano.

Com as expressões do tipo "quais de nós" e "quais de vós"

Quando o sujeito é constituído de expressões formadas por pronomes indefinidos no plural – "quais", "alguns", "quantos", "muitos", "vários", "poucos", "quaisquer" –, seguidas de "de" ou "dentre" mais os pronomes pessoais "nós" ou "vós", o verbo pode concordar com o pronome indefinido ou com o pronome pessoal. Exemplo:

Muitos de nós **ficarão** até mais tarde amanhã./
Muitos de **nós ficaremos** até mais tarde amanhã.

Devemos notar que a opção pela concordância do verbo na 3ª pessoa do plural denota exclusão do enunciador, enquanto a opção pela 1ª pessoa do plural indica inclusão da pessoa que fala ou escreve.

Quando o pronome indefinido estiver no singular, o verbo ficará, obrigatoriamente, na 3ª pessoa do singular. Exemplo:

Qual de nós **está** disposto a isso?

Com a expressão "haja vista"

A expressão "haja vista" tem o sentido de "observado(s)"/"observada(s)", "à vista de", "atentando-se para". Com essa expressão, partindo-se dos sentidos apresentados, existem três construções possíveis:

a) A primeira construção expressa a concordância do verbo com o sujeito da oração:

Hajam vista os problemas recentes, adiaremos a reunião.
=
Observados os problemas recentes, adiaremos a reunião.

Para que o verbo fique no plural, é necessário, pois, que o sujeito também seja plural. Caso contrário, haja vista a regra, o verbo só poderá ser usado no singular.

b) A segunda construção considera que a oração que apresenta a expressão "haja vista" não tem sujeito, permanecendo o verbo, portanto, no singular:

Haja vista os problemas recentes, adiaremos a reunião.
=
À vista dos problemas recentes, adiaremos a reunião.

c) A terceira construção, por fim, considera também a oração sem sujeito, mas com complemento preposicionado:

Haja vista aos problemas recentes, adiaremos a reunião.
=
Atentando-se para os problemas recentes, adiaremos a reunião.

Com pronomes de tratamento

Quando o sujeito da oração é um pronome de tratamento, o verbo fica na 3ª pessoa do singular ou do plural, ainda quando estamos nos referindo à 2ª pessoa, que é o interlocutor do discurso. Exemplos:

Sua Excelência, o ministro das Relações Exteriores, **adiou** a coletiva à imprensa.

Vossas Senhorias não **gostariam** de aguardar em um local mais confortável?

Com pronomes relativos

Com o pronome relativo "qual"/"quais" na função sujeito, o verbo concordará sempre com o antecedente do pronome. Exemplos:

Recebemos o documento e as notas **as quais precisam** ser corrigidas.

Estou preparando a proposta e o contrato, **o qual deve ser anexado** à correspondência.

Quando o sujeito da oração é o pronome relativo "quem", o verbo fica no singular, concordando com esse pronome, ou com o antecedente do pronome relativo. Exemplo:

Sou eu **quem aprovará** a versão final./
Sou **eu** quem **aprovarei** a versão final.

Quando o sujeito da oração é o pronome relativo "que", o verbo concorda com o antecedente desse pronome relativo. Exemplos:

Desconhecemos **as etapas** que **foram acrescentadas** posteriormente ao processo.

Sou **eu** que **farei** a análise.

Contudo, quando o antecedente do relativo "que" funciona como predicativo da oração principal, o verbo pode ficar no singular ou concordar com o sujeito da oração principal. Exemplo:

Nós somos **os supervisores** que **arcarão** com as consequências./
Nós somos os supervisores que **arcaremos** com as consequências.

Com porcentagens e numerais fracionários

Quando o sujeito for indicado por uma porcentagem seguida de substantivo, o verbo pode concordar com o numeral que compõe a porcentagem ou com o substantivo – que é a tendência mais comum no Brasil. Exemplos:

1% dos novos contratos ainda não **foram assinados**./
1% dos novos contratos ainda não **foi assinado**.

25% do **orçamento destina-se** a aperfeiçoamento da equipe./
25% do orçamento **destinam-se** a aperfeiçoamento da equipe.

Com sujeitos formados por numerais fracionários, a concordância, em geral, é feita com o numerador. Exemplos:

Dois terços da equipe **votaram** a favor do plano.

Um terço das receitas **será aplicado** na área de produção.

Contudo, a concordância com o substantivo plural também não está incorreta, quando se trata de numerador unitário. Exemplo:

Um quarto dos **funcionários** da empresa **possuíam** diploma de nível superior.

Com os numerais "milhão", "bilhão" e "trilhão"

Os numerais "milhão", "bilhão" e "trilhão", quando seguidos de substantivos no plural, levam, preferencialmente, o verbo para o plural. Exemplos:

Um milhão de reais serão gastos em reformas estruturais na fábrica./
Um milhão de reais será gasto em reformas estruturais na fábrica.

Podem faltar um bilhão e meio de litros de petróleo neste ano./
Pode faltar um bilhão e meio de litros de petróleo neste ano.

Como esses numerais são do gênero masculino, devem ser utilizados no masculino os artigos, os pronomes e os numerais que os precedem. Exemplos:

Alguns milhares de folhas serão **necessários**.

Esses dois milhões de assinaturas farão diferença.

Outras formas adjetivas que se refiram ao sujeito constituído por esses numerais podem concordar com os numerais ou com os elementos contados. Exemplos:

Os dois bilhões de sementes que foram **estocados**./
Os dois bilhões de **sementes** que foram **estocadas**.

Foram plantados dois milhões de árvores./
Foram **plantadas** dois milhões de **árvores**.

Com sujeito oracional

Algumas vezes, o sujeito de uma oração não possui um ou mais núcleos nominais, mas é composto por toda uma outra oração. Quando o sujeito corresponde a toda uma oração, o verbo, necessariamente, aparecerá no singular. Exemplo:

[**Fazer exercícios**] [**faz** bem à saúde].

No período indicado, o que faz bem à saúde é "fazer exercícios", oração que corresponde, portanto, ao sujeito do verbo "fazer", presente na segunda oração.

Com o verbo "parecer"

Com o verbo "parecer", seguido de infinitivo, temos duas possibilidades de concordância verbal:

a) A mais comum é flexionar apenas o verbo "parecer":

As pessoas todas pareciam não entender o que estava acontecendo.

b) Podemos ainda flexionar o infinitivo, deixando o verbo "parecer" invariável:

Os dias parece se arrastarem nesta época do ano.

=

Parece se arrastarem os dias nesta época do ano.

Sem o infinitivo e junto a uma conjunção "que", o verbo "parecer" fica no singular, como em:

As más notícias parece que voam.

=

Parece que as más notícias voam.

Com os verbos "dar", "bater" e "soar"

Com os verbos "dar", "bater" e "soar", na indicação de hora, existe a concordância com o sujeito que, ocasionalmente, pode ser o número de horas. Exemplos:

Deram duas horas no relógio da fábrica.

Bateu três horas em ponto **o relógio**.

Soaram no sino **as badaladas** das seis horas.

É oportuno lembrar que o verbo "passar", quando se refere a horas, permanece no singular. Exemplo:

A propósito, já **passa das 11 horas**; acho que podemos encerrar por aqui.

II.2 Concordância nominal

II.2.1 Regra geral

Concordância nominal é aquela que se estabelece entre substantivos ou pronomes substantivos – conhecidos como determinados – e os diferentes elementos que os caracterizam – os elementos de natureza adjetiva, também chamados de determinantes.

Elementos de natureza adjetiva ou determinantes são aqueles que tendem a ter gênero e número dos determinados a que se referem. São eles:

a) Os adjetivos propriamente ditos:

Novas e **eficientes** campanhas foram lançadas pela equipe de marketing.

b) Os artigos:

Uma situação como essa é difícil de acontecer.

c) Os pronomes adjetivos:

Esses papéis estavam sobre **minha** mesa.

d) Os numerais adjetivos:

Contrataremos mais **duas** pessoas neste semestre.

e) Os particípios verbais:

Sabemos que ele foi **despedido** por justa causa.

f) Nesse processo, portanto, os elementos de natureza adjetiva poderão aparecer no singular ou no plural, em sua forma masculina ou feminina, para estabelecer a concordância com o termo determinado - ou com os termos determinados - a que se referem.

É preciso tomar cuidado, portanto, com o gênero dos substantivos. A palavra "sentinela", por exemplo, é do gênero feminino, quer se refira a pessoas do sexo feminino ou masculino. Exemplo:

As **sentinelas** estavam **atentas** a tudo.

II.2.2 Um só determinante e mais de um determinado

Quando um determinante está caracterizando mais de um determinado, devemos considerar se ele aparece antes ou depois das palavras determinadas bem como o gênero dessas palavras.

Não devemos nos esquecer de que os termos determinantes são:

- os adjetivos propriamente ditos;
- os artigos;
- os pronomes adjetivos;
- os numerais adjetivos;
- os particípios verbais.

Determinante antes dos determinados

Aparecendo antes das palavras determinadas do mesmo gênero, o determinante concorda com a mais próxima em gênero e número – o que é mais comum – ou vai para o plural e para o gênero comum. Exemplo:

Receberam **oportuna visita** e notícia./Receberam **oportunas visita e notícia**.

Se as palavras determinadas forem de gêneros diferentes, o determinante concorda com a mais próxima em gênero e número – o que é mais comum – ou vai para o plural masculino. Exemplo:

Escolhemos **má hora** e lugar./
Escolhemos **maus hora e lugar**.

Se as palavras determinadas se referirem a uma mesma pessoa ou coisa, ou se o determinante se referir a apenas uma delas, teremos o determinante no singular. Exemplos:

Sempre serei **seu fiel amigo e servidor.**
Esperamos **bom preço e qualidade.**

Sendo o determinante um predicativo, ele irá para o singular ou para o plural, dependendo do verbo. Exemplos:

Estava **calmo o coordenador** e a supervisora durante a vistoria.
Estavam **calmos o coordenador e a supervisora** durante a vistoria.

Antes de nomes próprios, contudo, o plural é obrigatório. Exemplo:

As simpáticas Cíntia e Valéria.

Determinante depois dos determinados

Vindo depois de palavras determinadas do mesmo gênero, o determinante concorda com a mais próxima em gênero e número ou vai para o plural e para o gênero comum, indiferentemente. Exemplo:

Estavam ali **um estagiário e um coordenador preocupado./**
Estavam ali **um estagiário e um coordenador preocupados**.

Se as palavras determinadas forem de gêneros diferentes, o determinante concorda com a mais próxima em gênero e número ou vai para o plural masculino, indiferentemente. Exemplo:

Precisamos de material e **sala adequada**./
Precisamos **de material e sala adequados**.

Se o determinante posposto for um predicativo, o plural é obrigatório. Exemplo:

O diagramador e a coordenadora estão **atrasados**.

Se o determinante for um pronome possessivo, deverá concordar com o termo mais próximo. Exemplo:

Por senso de responsabilidade e **vontade sua**, resolveu ficar.

É claro também que, se o adjetivo estiver se referindo somente a um substantivo, concordará apenas com o último substantivo. Exemplo:

Da janela, avistava sol e **mar azul**.

II.2.3 Um só determinado e mais de um determinante

Quando mais de um determinante está caracterizando uma única palavra determinada, temos duas possibilidades de concordância:

a) A palavra determinada vai para o plural, e os determinantes ficam sem artigo:

Estudava **os idiomas francês, inglês e italiano**.

b) A palavra determinada vai para o singular, e o artigo é obrigatório a partir do segundo determinante:

Estudava **o idioma francês, o inglês e o italiano**.

No caso de numerais ordinais que se refiram a um único substantivo, podem ser usadas as seguintes construções:

A norma está relacionada a processos do **1º e 2º grau**./
A norma está relacionada a processos do **1º e 2º graus**.

Os andares quinto e sexto serão interditados.

II.2.4 Expressões com verbo "ser" mais adjetivo

As expressões "é bom", "é necessário", "é proibido", além de tantas outras formadas com o verbo "ser" mais um adjetivo são invariáveis. Exemplo:

Hora extra é proibido nesta empresa.

Com sujeito precedido de artigo – ou palavra equivalente –, a concordância, contudo, é obrigatória. Exemplo:

A hora extra é proibida nesta empresa.

II.2.5 Palavras sempre variáveis

Os adjetivos apresentados a seguir concordam em gênero e número com as palavras determinadas a que se referem:

a) "Anexo", "incluso":

Seguem **anexos os documentos.**

Vai **inclusa a procuração**.

A expressão "em anexo", contudo, é invariável, e bastante frequente entre os usuários da língua. Exemplo:

Os documentos seguem **em anexo**.

b) "Mesmo", "próprio":

Elas mesmas realizarão a correção.

Eles próprios estarão à frente do processo.

c) "Leso" – vem do verbo "lesar", no sentido de "prejudicar", mas é forma adjetiva:

Burlar essas leis constitui crime de **lesa-pátria**.

d) "Obrigado", "agradecido", "grato":

"Muito **obrigadas**", agradeceram **elas**.

Nós todos estamos **agradecidos** por sua colaboração.

As assistentes estavam **gratas** pela ajuda recebida.

e) "Quite":

Nós estaremos **quites** depois desses acertos.

f) "Tal qual" – "tal" concorda com o termo anterior, e "qual", com o posterior:

Os funcionários são **tais quais seus chefes.**

Os resultados são **tais qual o planejamento**.

II.2.6 Palavras sempre invariáveis

As seguintes expressões não constituem adjetivos propriamente ditos, mas expressões invariáveis:

a) "Menos":

Acredito que agora elas estejam **menos** ocupadas.

b) "Alerta":

Estamos todos **alerta**.

c) "Salvo" – no sentido de "exceto", "com exceção de":

Salvo prescrições contrárias ao acordo, tudo ocorrerá como havíamos previsto.

d) "Pseudo" e "todo" – quando usados em termos compostos:

Acabamos descobrindo que eles eram **pseudoespecialistas**.

e) "A olhos vistos" – significa "visivelmente":

Ela definhava **a olhos vistos**.

f) Substantivos adjetivados – alguns substantivos podem ser usados na caracterização de outros substantivos. Nesse caso, permanecem invariáveis:

Compramos novos uniformes **vinho**.

g) Adjetivos adverbiados – alguns adjetivos costumam ser usados não em referência a substantivos, mas como advérbios, para modificar verbos, adjetivos ou outros advérbios. Têm, assim, o mesmo sentido de advérbios terminados em "-mente":

Ela falou **sério**. = Ela falou **seriamente**.

II.2.7 Palavras variáveis ou invariáveis

Algumas palavras e expressões da língua ora possuem valor adjetivo, concordando, pois, com os substantivos e os pronomes substantivos a que se referem, em gênero e número, ora apresentam valor adverbial, modificando verbos, adjetivos ou outros advérbios, devendo permanecer, portanto, invariáveis.

Vejamos algumas delas a seguir:

Quadro 18
Palavras com valor adjetivo e adverbial

Exemplos	Valor adjetivo	Valor adverbial
bastante	"**Bastantes pessoas** estão presentes."	"Já trabalhamos **bastante** por hoje."
muito	"**Muitas pessoas** estão preocupadas com a situação."	"Essas cópias ficaram **muito** boas."
pouco	"**Poucos documentos** precisarão de revisão."	"Falar **pouco** é apropriado nessas circunstâncias."
meio	Expressando "metade de". Ex.: "Comi apenas **meia porção** no almoço."	No sentido de "mais ou menos". Ex.: "A porta está **meio** aberta."
caro	"**Esta reforma** já está muito **cara**."	"Esses erros vão nos custar **caro**."
barato	"**Os fichários** são **baratos**."	"Pagamos **barato** a nova construção."
longe	"Já percorremos **longes caminhos** para chegar aqui."	"Ainda estamos **longe** de alcançar nossos objetivos."
só	"**Elas** estão muito **sós** naquela sala."	"**Só** precisamos de um pouco mais de paciência."

"Possível"

A palavra "possível", quando empregada com expressões superlativas, como "o mais", "o menos", "o melhor", "o pior", fica no singular, afastada ou não dessas expressões. Exemplo:

Quero materiais **o menos possível** caros./
Quero materiais **o menos caros possível.**

Vai para o plural, contudo, quando o artigo vier no plural. Exemplos:

Dei-lhe **as** respostas mais espontâneas **possíveis**.

Alcançaremos **os** resultados mais altos **possíveis**.

A expressão "quanto possível" é invariável. Exemplo:

Proporcionou-lhe informação **quanto possível**.

"Um ou outro", "nem um nem outro" e "um e outro"

Com as expressões "um ou outro" e "nem um nem outro", o substantivo sempre aparece no singular, tal qual o verbo, quando essas expressões assumem papel de sujeito. Exemplos:

Um ou outro estagiário será o responsável por esta árdua tarefa.

Nem um nem outro operário aderiu à greve.

Com a expressão "um e outro", o substantivo é usado no singular, mas o verbo poderá aparecer no plural ou no singular quando essas expressões funcionarem como sujeito. Exemplo:

Um e outro problema podem ser facilmente **resolvidos**./
Um e outro problema pode ser facilmente **resolvido**.

Se as expressões "nem um nem outro" e "um e outro" se referirem a nomes de gêneros diferentes, é mais comum o emprego de substantivo no masculino, contudo, cada núcleo da expressão pode concordar com o termo referido. Exemplo:

Quando contratamos **Pedro e Marta**, não sabíamos quanto **um e outro** seriam importantes para a empresa./
Quando contratamos **Pedro e Marta**, não sabíamos quanto **um e outra** seriam importantes para a empresa.

II.2.8 Adjetivos compostos

Nos adjetivos compostos de dois ou mais elementos que se referem a nacionalidades, a concordância em gênero e número com o termo determinado só ocorrerá no último adjetivo do composto. Exemplo:

A cultura de negócios **anglo-germânica** é muito diferente da nossa.

Com adjetivos compostos que designam nomes de cores, o mais comum é deixar o primeiro adjetivo invariável – no masculino e no singular – e estabelecer a concordância do segundo com o determinado. Exemplo:

Havíamos escolhido **folhas** de papel **verde-escuras**.

II.2.9 Particípios verbais

Os particípios verbais concordam com o determinado. Exemplos:

Terminados os preparativos para a vistoria, só restava a todos aguardar.

Todas as notas já foram **pagas** pela área contábil.

As palavras "dado" e "visto" são particípios e, desse modo, devem concordar com os termos por eles determinados. Exemplos:

Precisamos manter a calma, **dada a gravidade** da situação.

Vistas as circunstâncias, devemos agir com rapidez.

Em um tempo composto na voz ativa, contudo, o particípio fica invariável. Exemplo:

Os diretores já **tinham iniciado** a reunião quando chegamos.

II.2.10 Concordância ideológica

A concordância ideológica ou **silepse** é aquela que se dá não com a forma gramatical das palavras, mas com seu sentido.

Podemos listar os seguintes tipos de silepse:

a) De gênero:

A dinâmica e populosa São Paulo sofre com as enchentes (leia-se: cidade de São Paulo).

Vossa Majestade está **preocupado** (tratando-se de um rei).

b) De pessoa:

Infelizmente, **os brasileiros** não **comemoramos** a vitória da seleção (leia-se: nós, os brasileiros).

c) De número:

***Os sertões* conta** a guerra de Canudos (leia-se: a obra *Os sertões*).

II.2.11 Gênero gramatical: a polêmica

Línguas, como organismos vivos, nascem, modificam-se e, eventualmente, morrem. Foi o que aconteceu com a língua latina, que deu lugar às línguas neolatinas ou românicas, entre elas a língua portuguesa.

Muitas das mudanças registradas nas línguas são o resultado de anos e anos de transformações que, inclusive, legitimaram como novas normas o que já havia sido considerado erro em algum momento de seu passado.

Recentemente, temos testemunhado, principalmente em textos escritos, o uso crescente de uma nova desinência de gênero em língua portuguesa para expressão não discriminatória de composições de elementos do gênero natural ou biológico – masculino + feminino – ou mesmo para expressão de outras variantes do mesmo gênero biológico, que não se identificam semanticamente com as terminologias binárias "masculino" ou "feminino": a "desinência "-x".[6] Ex.:

Tudo está sendo preparado para receber **xs** alun**xs** com segurança.

Parece-nos que essa prática demanda algumas reflexões. Comecemos com o seguinte questionamento: o que determina, em cada língua, o gênero gramatical das palavras? Por que a palavra "flor" é feminina na língua portuguesa, mas masculina na latina? Por que o vocábulo "sangue" é masculino em latim e em português, mas feminino em espanhol?

Apesar de a determinação de gênero gramatical nos parecer arbitrária em várias situações em que não existe a óbvia analogia com o gênero biológico, a história das línguas revela que, na origem das palavras, muitas dessas relações se desdobraram a partir de diversas visões de mundo e de aspectos culturais associados aos gêneros naturais.

---

[6] Nessa mesma linha, outras variações também são registradas, como o uso de "-e", "-i", "-u" ou mesmo "-@" na mesma função desinencial, por exemplo.

Na língua latina, por exemplo, nomes de rios – porque passam pela terra e fertilizam os solos – são masculinos; em contrapartida, nomes de árvores – porque geram frutos – são femininos. Os frutos, por sua vez, pertencem a um gênero gramatical do qual a língua portuguesa só possui poucos vestígios em alguns pronomes, como "isto", "isso" e "aquilo", o neutro. A relação com o gênero biológico, nesses casos, é clara.

Contudo, para além do reflexo de características reprodutivas associadas a homens e mulheres, a língua latina também nos revela indícios de fortes valores culturais, próprios da cultura patrilinear e bélica de um povo que construiu o maior império que o mundo ocidental talvez já tenha conhecido.

Nesse sentido, uma das diferenças principais entre a I e a II declinações latinas – conjuntos de palavras que possuíam mecanismos flexionais próprios e diferenciados – era o gênero das palavras a elas pertencentes. A primeira incluía palavras, na maioria, femininas, enquanto a segunda, palavras masculinas. Exceções existiam e – em virtude do argumento aqui defendido – não eram aleatórias. Assim, nomes de profissões consideradas de pouco prestígio na sociedade romana, como *nauta* (marinheiro) ou *auriga* (cocheiro), além de palavras de origem estrangeira, como *poeta* (que vem do grego), por serem desempenhadas apenas por homens, eram masculinas, mas incluíam-se na I declinação – a declinação feminina. Por outro lado, nomes de países e cidades, como *Aegyptus* (Egito) ou *Corinthus* (Corinto), associados ao significado de "terra-mãe", eram femininos, mas incluíam-se na II declinação – o grupo das palavras masculinas. Coincidência?

Reconhecemos, pois, que a gramática natural da língua portuguesa é herdeira – como não poderia deixar de ser – de inúmeros mecanismos e estruturas gestados em meio a fatores culturais, sociais e históricos que dificilmente se coadunam com as justas discussões sobre o politicamente correto impetradas pela contemporaneidade, o que talvez explique (ainda que não justifique) a regra básica dos processos de concordância nominal em português, que legitima a prevalência do masculino plural se as palavras determinadas forem de gêneros diferentes e o determinante for um predicativo:

Alunos e alunas devem ser **respeitados**.

Feitas essas considerações, voltemos ao "-x" da questão. Parece-nos extremamente artificial – assim como vários outros mecanismos normativos da língua padrão que obstaculizam a progressão natural da língua – a inclusão obrigatória de novas desinências de gênero na língua.

Para além da óbvia impossibilidade do uso de "x" como elemento vocálico (como se pronunciariam essas palavras?), parece-nos que a imposição da construção gramatical como alternativa a um dialeto binário, opressor e excludente, frente à ineficácia do esforço normativo, enfraquece e prejudica a relevância de uma questão socialmente legítima.

No âmbito linguístico, parece-nos que outras batalhas, com mais possibilidades de vitória, aguardam na fila para serem iniciadas. Podemos e devemos evitar o preconceito linguístico e sermos inclusivos, estando atentos a palavras e expressões que não mais se coadunam com os direitos já gratamente reconhecidos por diversas parcelas da sociedade, por exemplo.

Já falamos das relações entre língua e poder, claramente refletidas na oposição que se estabelece entre gramática natural, que reproduz o falar livre e espontâneo de seus usuários e a gramática normativa, que zela pela variedade culta padrão. Não sabemos se, no futuro, construções como "todxs", "todes" ou "tod@s" refletirão essa espontaneidade e acabarão sendo naturalmente reconhecidas como norma. Certamente, contudo, entendemos que o contrário – estabelecer arbitrariamente a norma, por meio de políticas reguladoras, antes de sua adoção espontânea pela comunidade linguística que dela se serve, não constitui prática de uma linguística inclusiva.

Se estamos em uma guerra, nela é preciso lembrar que é a cultura que determina a língua, e não o contrário. Escolhamos, pois, as armas com as quais vale a pena lutar.

Autoavaliação 2

QUESTÃO 1:

A presença do leitor faz com que, ao escrever, o autor de um texto expresse sentimentos e ideias que não experimentaria se não as escrevesse ou as dissesse a alguém.

Nesse contexto, podemos dizer que o leitor construtor é aquele que:

a) É capaz de inventar o que o texto não diz.
b) É incapaz de atingir as intenções do autor do texto.
c) Tem sempre em mente a integralidade das informações veiculadas.
d) Desconsidera informações prévias para prever informações contidas no texto.

QUESTÃO 2:

Leia o texto a seguir:

O texto apresenta uma ambiguidade, ou seja, mais de uma possibilidade de leitura. Isso se deve ao seguinte fato:

a) A utilização do verbo "acertar" no imperativo.
b) A utilização indevida da expressão "horário de verão".
c) O uso do verbo "acertar" em dois sentidos diferentes.
d) A não compreensão da mensagem recebida pelo personagem.

QUESTÃO 3:

Leitores construtores e analisadores possuem características diferentes. Ao contrário do leitor construtor, o leitor analisador é:

a) Mais rápido.
b) Mais atento.
c) Mais criativo.
d) Mais ousado.

QUESTÃO 4:

Em regra geral, com sujeitos compostos, o verbo vai para o plural, mas há exceções.

Leia a declaração apresentada a seguir e assinale "falso" ou "verdadeiro", considerando os casos especiais de concordância verbal em se tratando de sujeitos compostos:

"Podemos afirmar que a frase: "Medo e receio nos machucam o coração." é compatível com a norma culta."

a) Falso.
b) Verdadeiro.

QUESTÃO 5:

Concordância verbal é aquela que se estabelece entre os verbos e os diferentes elementos que praticam as ações por eles expressas – sujeitos.

Das frases que se seguem, aquela em que o verbo deveria estar no plural concordando com o sujeito é:

a) Faltava um visto e uma assinatura.
b) Avaliou-se mal os objetivos do projeto.
c) Hoje faz dois meses que nos conhecemos.
d) Atendeu-se a todos que aguardavam na fila.

QUESTÃO 6:

Junto a verbos transitivos diretos, a partícula "se" possui valor apassivador.

O item **incompatível** com a variedade culta da língua no que se refere à concordância verbal é:

a) Fizeram-se novas chaves.
b) Confirmaram-se as informações.
c) Trocaram-se as demais mesas da sala.
d) Procederam-se aos cálculos mais urgentes.

QUESTÃO 7:

Observe a imagem apresentada a seguir:

Figura 15
Campanha de arrecadação de recursos para enfrentar a fome e a miséria

FUNDO BRASIL. Página inicial. [S. l.], 2021. Disponível em: <www.fundobrasil.org.br/fundo-brasil-une-esforcos-a-campanha-tem-gente-com-fome-da-de-comer/>. Acesso em: jan. 2022.

A opção que apresenta um verbo retirado do texto da imagem e a correta justificativa para sua concordância é:

a) "comer" – apresenta sujeito simples: "gente".
b) "dá" – possui sujeito implícito na desinência verbal: "você".
c) "enfrentar" – concorda com o sujeito composto: "a fome e a miséria".
d) "tem" – construção popular que equivale a "haver" no sentido de "existir".

QUESTÃO 8:

Com as expressões que indicam quantidade aproximada, como "mais de", "menos de", "perto de", "cerca de", há casos em que o verbo poderá aparecer no singular ou no plural.

A opção que apresenta uma concordância verbal correta com essas expressões é:

a) Restava menos de dois quilômetros.
b) Perto de 10 funcionários compareceu.
c) Mais de uma pessoa assistiu à apresentação.
d) Cerca de duas páginas foi traduzida incorretamente.

QUESTÃO 9:

O verbo "ser" segue regras especiais de concordância.

O item que apresenta uma concordância do verbo "ser" compatível com a variedade culta da língua é:

a) São meio-dia e meia.
b) Os culpados são nós.
c) Os filhos era a alegria do pai.
d) É uma hora e cinquenta e nove minutos.

QUESTÃO 10:

A expressão "um dos que" exige atenção especial no processo de concordância verbal.

Leia a declaração apresentada a seguir e assinale "falso" ou "verdadeiro", considerando a concordância verbal em se tratando da expressão "um dos que":

"Podemos afirmar que a frase: "Ele é um dos que conhecem o problema a fundo." é compatível com a variedade culta da língua."

a) Falso.
b) Verdadeiro.

QUESTÃO 11:

As expressões numéricas que assinalam tempo e distância implicam cuidados especiais de concordância.

A opção **incorreta**, considerando a variedade culta da língua no que diz respeito a essas expressões, é:

a) Vinte por cento dos cargos será extinto.
b) Doze dias é suficiente para você trazer a encomenda.
c) Eram duas horas e cinquenta minutos quando acordei.
d) No próximo dia 12, faz cinco anos que entrei na empresa.

QUESTÃO 12:

A concordância com pronomes de tratamento demanda cuidados especiais.

Leia a declaração apresentada a seguir e assinale "falso" ou "verdadeiro", considerando a concordância com esses pronomes:

"Podemos afirmar que a frase: "Vossa Excelência é muito perspicaz e sábia." é incompatível com a norma culta.

a) Falso.
b) Verdadeiro.

QUESTÃO 13:

A concordância nominal em língua portuguesa demanda atenção especial em vários casos.

A frase que se completa, corretamente, com a indicação entre parênteses é:

a) Oh! Perdi ______ óculos. (seu)
b) Agora há ______ coisas para fazer. (menas)
c) Nossa! Já é meio-dia e ________! Como estou atrasada! (meio)
d) Procurem por ________ pessoas habilitadas para o cargo! (quaisquer)

QUESTÃO 14:

Alguns nomes ora possuem valor adjetivo, ora apresentam valor adverbial.

A opção que, segundo a variedade culta da língua, mostra a correta flexão de uma forma adjetiva é:

a) Nós lhes rogamos que não as deixem sós.
b) Quero esta ferramenta! Ela está muito barato!
c) Aquelas mulheres são bastantes competentes!
d) Se ficarem pronto os relatórios, não cancelaremos a reunião.

QUESTÃO 15:

No processo de concordância nominal, frequentemente, algumas formas flexionáveis causam confusão para os usuários da língua.

Segundo os padrões cultos da língua, a opção incorreta por apresentar uma concordância nominal inadequada é:

a) Vão anexas as notas fiscais de compra.
b) Os documentos vão apensos ao processo.
c) Finalmente, doutor, ficamos quite com o senhor.
d) Enviamos, em anexo, os panfletos que você pediu.

QUESTÃO 16:

No processo de concordância nominal, devemos sempre atentar para expressões que nunca variam na língua, distinguindo-as das questões variáveis.

Leia a declaração apresentada a seguir e assinale "falso" ou "verdadeiro", considerando as regras de concordância nominal na língua portuguesa:

"A frase: "Por prudência, estamos sempre alerta." é compatível com a norma culta."

a) Falso.
b) Verdadeiro.

QUESTÃO 17:

Quando mais de um determinante está caracterizando uma única palavra determinada, temos duas possibilidades de concordância.

Considerando essa informação, a opção correta segundo a variedade culta da língua é:

a) Comprei duas pastas: a verde e branca.
b) As gramáticas inglesa e espanhola são facílimas.
c) Gostaria muito de aprender o idioma francês e chinês.
d) A língua alemã é mais difícil que as línguas portuguesa e a russa.

QUESTÃO 18:

As expressões formadas com adjetivos mais verbo "ser" exigem cuidados especiais na língua portuguesa.

A opção que apresenta uma dessas expressões em um processo de concordância nominal adequado é:

a) Comida italiana é muito boa.
b) Até agora, é bom os resultados.
c) É proibida comida e bebida neste local.
d) Era permitida a entrada de qualquer pessoa naquela área.

QUESTÃO 19:

A expressão "tal qual" exige atenção especial no processo de concordância nominal.

A opção que indica uma concordância incorreta segundo os padrões cultos da língua é:

a) Os filhos são tais qual o pai.
b) As regras eram tal qual a previsão.
c) Um grupo social é tal quais as leis que imperam na sociedade.
d) As expectativas das pessoas são tais quais as promessas que lhes são oferecidas.

QUESTÃO 20:

A palavra "possível" apresenta mais de uma possibilidade de concordância na língua portuguesa.

A opção que apresenta uma concordância nominal correta com essa palavra é:

a) A empresa necessita de respostas as mais precisas possível.
b) Espero contratar pessoas o mais possíveis comprometidas.
c) As dúvidas não poderiam deixar de ser as mais variadas possíveis.
d) Precisamos encontrar, com urgência, locais o menos caros possíveis.

CAPÍTULO 3

O texto

Neste capítulo, veremos o que caracteriza a ampla noção de texto, que vai além da utilização apenas do código linguístico, ainda que nos centremos nas diferenças entre o que falamos e escrevemos, as quais implicam estratégias diferenciadas de construção de textos orais e escritos.

Identificaremos, ainda, os diferentes tipos de texto, enfatizando o texto argumentativo, haja vista a importância, nos processos de comunicação empresarial, da construção e da seleção de bons argumentos.

Em seguida, analisaremos os elementos que diminuem a eficácia comunicativa na produção textual, identificando os fatores que podem tornar um texto incoerente, o que inviabiliza o compartilhamento de sentidos e, consequentemente, desestabiliza o processo de comunicação.

Finalmente, analisaremos a coesão textual, isto é, as relações que se estabelecem entre os elementos linguísticos que funcionam na superfície do texto e que determinam seu sentido.

3.1 Textualidade

Nem sempre nos comunicamos com palavras. Já dissemos que a comunicação também pode-se dar por meio de sinais, gestos, sons musicais, imagens... No caso das linguagens verbais, a língua é o código principal. Entretanto, podemos utilizar outros códigos bastante eloquentes, organizados a partir de cores, formas, movimentos...

Importa saber que cada um desses códigos apresenta especificidades próprias. Não existe, por exemplo, uma equivalência exata entre palavras e notas musicais, enunciados e imagens...

Não podemos ser, ao mesmo tempo, observadores e leitores, ou seja, ver e ler simultaneamente.

Quando lidamos com formas, linhas e cores, estamos *vendo*, mas quando lidamos com letras, palavras e frases, estamos *lendo*.

Cada código demanda uma interpretação específica de seu interlocutor e disso dependem as possibilidades interpretativas de cada mensagem.

Apesar disso, os exemplos apresentados possuem **textualidade**, isto é, constituem-se como diferentes tipos de textos, que, como dissemos, não se limitam apenas às composições que utilizam a palavra como código, ainda que estejamos mais acostumados àqueles feitos de palavras – os textos verbais.

Textualidade é o conjunto de características que fazem com que um texto seja inteligível.

Vamos, pois, focar nossa atenção sobre o conceito de texto e, mais especificamente, sobre os textos verbais, a seguir.

3.1.1 Conceito de texto

A palavra *texto* deriva do verbo latino *texere*, que significa "tecer", "entrelaçar".

No nosso dia a dia, quando ouvimos a palavra "texto", remetemos sempre a algo escrito, que se apresenta de maneiras diferentes, em circunstâncias diversas. Contudo, como confirma a etimologia da palavra, texto é um tecido, ou seja, uma composição que não necessariamente precisa ser escrita.

Vale dizer, portanto, que o texto é um objeto histórico e dotado de significação, porquanto seja constituído de mecanismos que o constituem como uma totalidade de sentidos que cabe a nós – quando vemos, ouvimos ou lemos – desvelar.

3.1.2 Formalidade *versus* informalidade

A comunicação verbal ocorre de duas formas: pela expressão oral e pela expressão escrita. A oralidade é, por natureza, a maneira informal de se utilizar a língua para empreender a comunicação. Essa informalidade, contudo, não deve ser confundida com o abandono de algumas regras ou com uma postura inevitavelmente descontraída.

Figura 16
Comunicação verbal

Dizemos que a comunicação oral pressupõe informalidade porque ela atende à necessidade imediata do falante de interagir com seus interlocutores, dispensando, dessa forma, a necessidade de formalizar, por escrito, aquilo que deseja expressar. Quando se fala de língua, portanto, formalidade e informalidade correspondem, respectivamente, à expressão escrita e à expressão oral.

Além disso, a comunicação oral conta com uma série de fatores coadjuvantes que auxiliam o emissor, como gestual, expressões faciais e postura corporal. Esses elementos devem ser levados em conta no momento em que a comunicação oral é colocada em prática.

É importante lembrar que, ao nos comunicarmos oralmente, podemos fazê-lo de diversas formas, dependendo da situação em que nos encontramos. Assim, a formalidade e a informalidade, não mais com a acepção utilizada para estabelecer a diferença entre língua falada e língua escrita, mas com o sentido em que empregamos essas palavras normalmente, devem ser utilizadas de forma adequada.

Uma situação informal é aquela em que o emissor se comunica em um ambiente integrado por pessoas com as quais mantém uma relação de proximidade, que lhe permite utilizar uma linguagem descontraída e lançar mão de gestos e posturas que lhes são característicos, sem correr o risco de se tornar inadequado.

É o caso, por exemplo, do ambiente de trabalho em que estejam presentes apenas os colegas próximos, em conversas que não envolvam situações de decisão e de informações relevantes ligadas à atividade profissional. É também, claro, o caso de encontros sociais entre amigos próximos, família, pessoas do relacionamento diário.

A situação passa a ser considerada formal quando a fala do emissor é dirigida a pessoas que fazem parte de um grupo específico, ligado por interesses comuns, sejam eles profissionais, sociais, ideológicos, etc. Nesse tipo de situação, a fala do emissor deve ser planejada com antecedência, de modo a tornar seu discurso claro, objetivo e, principalmente, eficaz. O gestual, assim como todos os recursos corporais que se utilizam durante a fala, deve ser estudado e adequado tanto ao discurso quanto ao público.

Podemos considerar formal uma reunião de trabalho, ainda que composta por colegas de mesmo nível hierárquico, pois trata-se de uma situação que pressupõe clareza nas informações para garantir maior precisão nas decisões. Quando uma reunião de trabalho conta com participantes de níveis hierárquicos superiores, a formalidade torna-se patente, e a fala dos participantes deve ser objetiva, focada na pauta e adequada, em termos de uso vocabular, à situação.

Também se considera formal uma palestra, por exemplo, ainda que, nesse caso, seja possível calibrar o nível de formalidade de acordo com o assunto e com o público. Podemos citar uma série de situações que pressupõem formalidade, como uma entrevista de emprego, um evento social que envolva rituais, como casamentos, por exemplo, uma comunicação a um grupo, entre outras.

CUIDADO!

A formalidade depende dos diferentes contextos comunicacionais, por isso, há situações em que devemos ser mais formais ao falarmos e podemos ser menos informais ao escrevermos.

Exemplos de como essas relações – entre comunicação escrita e formalidade, por um lado, e comunicação oral e informalidade, por outro – estão sendo descontruídas são as interações via redes sociais.

Já há algum tempo, tornou-se comum, entre os usuários dessas redes, a prática do que ficou conhecido como **internetês**: uma versão simplificada da língua, repleta de siglas e palavras abreviadas, sinais de pontuação para a expressão de emoções, repetições de letras para marcação de ênfase e uma diversidade de novas expressões que buscam a aproximação entre a comunicação escrita e a oral, via desconstrução dos elementos formais da língua.

Outra característica do internetês é buscar imprimir maior velocidade à escrita, o que representa mais um padrão de desconstrução de relações tradicionais na comunicação, dessa vez entre comunicação escrita e assincronia, já que emissor e interlocutor, muitas vezes, quando escrevem, comunicam-se em tempo real. Por muito tempo, apenas a comunicação oral possuía o privilégio de ser síncrona, mas a tecnologia está mudando também essa caracterização, como mostra o exemplo a seguir:

FIGURA 17
Internetês

3.1.3 Texto oral

O que você entende do provérbio latino abaixo?

VERBA VOLANT, SCRIPTA MANENT
AS PALAVRAS FALADAS VOAM, AS ESCRITAS PERMANECEM

Ele valoriza as palavras escritas, porque o que se diz é facilmente esquecido ou ele valoriza as palavras faladas, enaltecendo o valor da memória?

Esse antigo provérbio latino – *Verba uolant, scripta manent* – costuma ser erroneamente interpretado em vários contextos. A interpretação mais comum do provérbio – ainda que incorreta – entende a ação de voar como a de perder-se, ou seja, as palavras orais (*uerba*) seriam aquelas que facilmente são esquecidas, enquanto as palavras escritas (*scripta*) permaneceriam para sempre.

No contexto, contudo, da filosofia platônica, o sentido do provérbio é justamente o oposto: preocupado com o perigo da escrita para a memória dos homens, Platão considerava que os grafes, as letras, estariam para os sentidos assim como o corpo estaria para a alma: uma prisão, um cárcere, que imobilizaria e aprisionaria as *uerba* – palavras –, impedindo-as de que voassem livres, aladas que sempre foram, incentivando e valorizando a memória dos homens para a conservação do passado, dos valores, da cultura e das tradições para a posteridade.[7]

> Segundo Platão, as palavras escritas são imóveis, imutáveis, enquanto as orais são aladas, voam por toda parte, sua natureza é divina!

Para o homem moderno, cercado de tecnologias que facilitam o registro escrito, entender essa realidade é muito difícil, mas vale lembrar que a comunicação oral sempre gozou de grande privilégio em nossa cultura.

Estratégias para apresentação oral

A grande dificuldade da comunicação oral, contudo, não está, como se pode pensar, na preparação do discurso ou na escolha das palavras: ela reside, principalmente, no fato de o emissor ter de falar... Esse é um receio bastante comum entre as pessoas. Estar diante de um público e falar com esse público pode-se transformar em um grande pesadelo para a maioria das pessoas. O que muitos esquecem é que, na verdade, a grande exposição está na comunicação escrita. Afinal de contas, uma vez escrito, um discurso se eterniza, está lá para ser lido e relido a qualquer momento.

Mas esse argumento não é consolo para aqueles que se retraem diante de uma plateia. Assim, para que se possa lançar mão da expressão oral de forma adequada, algumas estratégias podem ser adotadas:

- listar, previamente, os pontos a serem abordados no discurso;
- dedicar um tempo equilibrado a cada ponto, de modo a não ser rápido demais nem exceder o tempo;
- falar diante do espelho, para aferir o grau de adequação do gestual utilizado e para eliminar algumas expressões faciais inadequadas que, na maioria das vezes, não percebemos que utilizamos;
- procurar ser espontâneo na fala, ou seja, não ler nem dar a impressão de um discurso decorado;
- falar pausadamente;
- fazer contato visual com o público, sem, contudo, deter-se especificamente em alguém;

---

[7] Cf. PLATÃO. A invenção da escrita. In: ______. *Fedro*. Trad. Alex Marins. São Paulo: Martin Claret, 2003, p. 118-119 (A obra-prima de cada autor, 60).

- utilizar, quando possível, recursos que ajudem o público a acompanhar a fala, como *slides*, vídeos, etc., mas apenas como auxílio, não como ponto central da comunicação.

A comunicação oral permite recursos que não existem na expressão escrita. Um dos mais importantes é a possibilidade de reelaborar determinados pontos do discurso, de acordo com a recepção do público, que, por ser imediata, transmite a noção da necessidade dessa reelaboração. A interação com o público no momento da comunicação é também prerrogativa do discurso oral. Essa interação é valiosa para a eficácia daquilo que se pretende comunicar.

Estratégias para elaboração de apresentações

Para que você se sinta mais seguro antes de uma apresentação oral, procure seguir os sete passos listados a seguir.

- **Passo 1 – Controle do medo e da insegurança**

Desenvolva sua autoconfiança. Para isso, acredite em sua predisposição ao sucesso, desconsidere a possibilidade de erro, mantenha sua atenção no discurso presente, no objetivo de sua apresentação e em seu público-alvo.

Acredite naquilo que você se propõe a dizer. Não podemos convencer os outros se nós mesmos não estivermos convencidos do que vamos defender ao falar. Só assim você se sentirá motivado a realizar uma preparação rigorosa de sua exposição.

- **Passo 2 – Preparação da exposição**

Para estabelecer intimidade com o tema que será apresentado, realize pesquisas para selecionar dados e informações. Treine previamente sua fala, procurando simular os tópicos de sua apresentação bem como os de discussão sobre o tema, mas não tente decorar seu discurso: só na espontaneidade e no domínio do tema você se sentirá seguro. Para isso, concentre-se nas ideias, e não nas palavras. Delimite e ordene as ideias principais de sua exposição, estabelecendo entre elas um encadeamento.

- **Passo 3 – Introdução do discurso**

Concentre-se no objetivo da introdução, com vistas a captar a atenção do expectador, prática conhecida desde a antiguidade com o nome de *cap-*

tatio benevolentiae. Nesse sentido, investir em uma explanação direta, clara e curta é sempre uma boa estratégia.

Além disso, para cultivar a simpatia de possíveis opositores, não inicie sua exposição com afirmações polêmicas, antes da devida argumentação que lhes dará suporte, evitando assim a indisposição com segmentos da plateia. Ao invés disso, faça um convite à reflexão conjunta, sem lançamento de perguntas diretas à plateia no início da elocução.

Defina suas estratégias: procure utilizar exemplos de forma equilibrada durante sua apresentação. Desse modo, selecione situações, casos ou experiências pessoais que criem empatia com a plateia.

Adequar sua linguagem a seu público-alvo também é muito importante. Não utilize vulgarismos ou chavões e adote vocabulário claro, objetivo e não sofisticado.

Usar uma proposição inicial na abertura do discurso com um resumo antecipado do tema e do objetivo da exposição dá sempre bons resultados. Ademais, comece sua fala sem desculpas ou justificativas, evite, pois, o anúncio de barreiras ou possíveis falhas do processo de comunicação que se inicia.

- **Passo 4 – Desenvolvimento da argumentação**

O próximo passo é o planejamento do preâmbulo. Para isso, você deve disponibilizar, de forma concisa, dados ou informações para a contextualização ou fundamentação do tema, visando à verificação prévia dos conhecimentos da plateia sobre o assunto da exposição.

Além disso, é preciso preparar a defesa de seu ponto de vista, o que significa administrar o tempo de sua exposição, enfatizar o(s) aspecto(s) principal(ais) do tema que será abordado por você, organizar as ideias em ordem sequencial, planejando os exemplos e as ilustrações a serem utilizados e selecionando os principais argumentos para o fim da apresentação.

Por fim, no fechamento de sua linha argumentativa, não se esqueça de prever os argumentos dos adversários e de se preparar para a refutação desses argumentos.

- **Passo 5 – Conclusão da exposição**

Ao final de sua exposição, uma boa estratégia é convocar a plateia à reflexão, com a intenção de fortalecer a ideia principal do discurso. Para isso, não é necessário que você repita toda a linha argumentativa utilizada, mas, ao contrário, que você desenvolva toda a sua objetividade e concisão.

Você pode também encerrar sua exposição com a utilização de um epílogo, que pode vir expresso na forma de uma citação, um caso, uma reflexão, um fato histórico, uma frase bem-humorada, enfim, um fecho que melhor destaque o tom de sua apresentação.

- **Passo 6 – Aproveitamento das técnicas de exposição oral**

Ao longo de sua apresentação, tome cuidado com a impostação de sua voz: emita as palavras de forma articulada, controle sua respiração, fale de maneira natural, preste atenção ao volume da voz (visualize o ouvinte mais distante de você) e regule a velocidade de sua fala, equilibrando as pausas e as acelerações no discurso, evitando a monotonia da elocução.

Atenção também à postura corporal: mantenha postura ereta e relaxada, mas não displicente; equilibre o gestual, sem denúncia de humildade excessiva ou arrogância; procure o contato visual com a plateia em todas as direções; ajuste sua expressão fisionômica ao conteúdo de sua fala. Investir na aparência, selecionando vestimenta adequada ao evento em que se dará a apresentação, também é importante.

- **Passo 7 – Utilização de recursos audiovisuais**

Além dos cuidados supracitados, vale lembrar a você mais algumas dicas acerca da utilização de recursos audiovisuais durante sua apresentação. Manusear corretamente o microfone, por exemplo, é uma delas. Verifique a distância entre o aparelho e você, em função da altura de sua voz, e cuide do ajuste de possíveis pedestais.

Caso sua apresentação seja feita diante de câmeras, preocupe-se com a vestimenta: roupas claras em um cenário com fundo claro não funcionam bem. Verifique também, previamente, a posição das câmeras.

Se você optou pela utilização de quadro (negro ou branco), cartazes, *flip chart*, folhetos, modelos e objetos, retroprojetor, vídeos ou painel de projeção (*data show*), tome cuidado na produção de texto e imagens a serem apresentadas pelo recurso selecionado, tendo em vista a recepção delas pela plateia. Verificar a qualidade da rede, no caso da necessidade de acesso à *web*

também é importante. Opte pela utilização dos recursos audiovisuais em caso de comparações numéricas, dados estatísticos, destaque de informações essenciais, exposição de dados técnicos ou científicos, demonstração de novos produtos ou serviços, melhor fixação das informações, esclarecimento de conceitos ou ideias, orientação do raciocínio, visualização de objetos, instalações, técnicas ou procedimentos, além de apresentações de organogramas e fluxogramas.

Vamos sintetizar esses passos, para facilitar sua consulta.

Quadro 19
Passo a passo da exposição oral

Passo 1: Controle do medo e da insegurança	• Desenvolvimento da autoconfiança. • Crença no tema.
Passo 2: Preparação da exposição	• Estabelecimento de intimidade com o tema, via pesquisa. • Treinamento prévio do discurso. • Procura da espontaneidade. • Concentração nas ideias, e não nas palavras.
Passo 3: Introdução do discurso	• Concentração no objetivo da introdução, *captatio benevolentiae*. • Promessa de concisão. • Cultivo da simpatia com possíveis opositores. • Início de fala sem desculpas ou justificativas. • Utilização equilibrada de exemplos. • Convite à reflexão conjunta. • Adequação da linguagem. • Uso de uma proposição inicial.
Passo 4: Desenvolvimento da argumentação	• Planejamento do preâmbulo. • Defesa do ponto de vista e administração do tempo. • Fechamento da linha argumentativa.
Passo 5: Conclusão da exposição	• Convocação da plateia à reflexão. • Desenvolvimento de objetividade e concisão.
Passo 6: Aproveitamento das técnicas de exposição oral	• Cuidados com a impostação da voz. • Atenção à postura corporal. • Cuidado com a aparência.
Passo 7: Utilização de recursos audiovisuais	• Manuseio correto de microfone. • Apresentação apropriada diante das câmeras. • Cuidados no uso de quadro, *flip chart*, folhetos, modelos e objetos, *data show*.

Storytelling: a atratividade de uma boa narrativa

Ouvir e contar histórias é um hábito ancestral da humanidade. As narrativas orais atravessaram os tempos, sendo adaptadas e revisitadas pelos povos, como forma de garantir sua identidade cultural e a sobrevivência de seu legado, muito antes do aparecimento da escrita.

Na verdade, mais que um patrimônio cultural, as narrativas são parte da *psiquê* do ser humano, que aprende com elas e reproduz, de diversas formas, suas estratégias. Contar uma boa história é uma habilidade capaz de persuadir e trazer para perto o ouvinte.

Seja na infância, quando então as histórias que escutamos nos ajudam a construir uma série de pilares emocionais, seja ao longo da vida, em momentos diversos de nosso crescimento intelectual e emocional, estar em contato com a narratividade nos permite expandir nosso horizonte de expectativas e, consequentemente, enriquecer nosso mecanismo de geração de sentidos.

Partindo da efetividade desse mecanismo de aprender e ensinar, várias áreas de conhecimento vêm lançando mão da estratégia narrativa, que também pode ser chamada de *storytelling*.

O cinema e a televisão vêm utilizando essa fórmula há bastante tempo. Contudo, mais recentemente, o *storytelling* ganhou espaço nas empresas.

O que é, afinal, o *storytelling*, e como utilizá-lo para enriquecer a comunicação empresarial?

O termo *storytelling* pode ser traduzido por "contar histórias". Em um ambiente empresarial, há uma gama de atores envolvidos na comunicação e no funcionamento da empresa, com o objetivo de fazer com que sua missão e sua visão sejam tangíveis aos clientes. Nesse contexto, o *storytelling* é, portanto, a capacidade de contar histórias, tornando-as relevantes e atraentes ao público, com a incorporação, na maioria das vezes, de recursos audiovisuais.

Levando em conta que estamos sempre lidando, nessas circunstâncias, com pessoas, o *storytelling* tem sido visto como uma forma de se aproximar do cliente, a partir de narrativas com as quais ele possa se identificar ou que possam tocá-lo a ponto de fazê-lo querer conhecer mais sobre os produtos e serviços da empresa.

O primeiro passo para entender como se conta uma história é conhecer os elementos da narrativa. O texto narrativo conta uma sequência de fatos, reais ou imaginários, com personagens que atuam em um espaço específico e durante um tempo determinado. A narrativa oral conta com os mesmos elementos, mas possui um diferencial em relação ao texto escrito: o narrador enuncia o enredo, com todos os elementos coadjuvantes da comunicação oral: expressões faciais, gestuais, entonação, pausas. Assim, contar uma história oralmente dá ao narrador a possibilidade de enfatizar pontos que, na leitura, o próprio leitor enfatiza.

A estrutura narrativa tem, portanto, os seguintes elementos: enredo, personagens, espaço, tempo e narrador.

Para atrair a atenção do público-alvo, as empresas vêm incorporando ao *storytelling* a **jornada do herói**. O conceito, que parte de mitos e lendas ancestrais, foi estabelecido pelo antropólogo Joseph Campbell, em seu livro *O herói de mil faces*, publicado, pela primeira vez, em 1949, com várias reedições.[8]

Os mitos gregos, por exemplo, consagraram a natureza do herói como sobre-humana. Neles, o herói se destaca, por meio de sua *timé* (honorabilidade pessoal) e de sua *areté* (excelência) – virtudes distintivas que o elevam a uma posição superior à dos mortais. É nessa ambivalência – a encruzilhada entre o divino e o humano – que o herói se faz combatente. Movido por seu desejo de luta, o herói deve-se separar dos seus e, após longos ritos iniciáticos, começar sua trilha de aventuras, cumprindo proezas no mundo cotidiano, a fim de atingir uma região em que terá de enfrentar forças fabulosas e lutar contra monstros para provocar o esforço, a dominação do medo, o "heroísmo", até conseguir o triunfo final.

Em *O herói de mil faces*, Campbell defende a existência de uma estrutura narrativa comum a diferentes mitos – incluindo os gregos – que sobreviveram aos séculos em diversas culturas. Trata-se de uma forma cíclica de contar uma história, em que o protagonista – ou "herói" – precisa passar por uma série de desafios para atingir seu objetivo e justificar sua existência como uma figura exemplar para todos.

---

[8] Cf. CAMPBELL, Joseph. *O herói de mil faces*. São Paulo: Pensamento-Cultrix. 2015.

Nesse sentido, a jornada do herói representa uma difícil e necessária busca pelo autoconhecimento, que leva à "abertura e à liberação do fluxo de vida no corpo do mundo",[9] uma necessidade que se perpetua através dos tempos e pode ser encontrada até nos dias atuais.

As tragédias e as epopeias nos oferecem vários exemplos da saga do herói no cumprimento de seu destino. Vemos ainda esse percurso em diversos filmes, desde aqueles que se baseiam em heróis das narrativas ancestrais até os que se debruçam sobre as aventuras dos super-heróis contemporâneos.

A cultura pop revisita, portanto, Ulisses, Édipo, Antígona, ainda que seus consumidores sequer tenham lido nenhuma das obras em que esses personagens percorrem o caminho do herói.

Em seu livro, Campbell descreve as seguintes grandes etapas para a jornada do herói, por ele descrito como o "portador do destino de todos":

- **Estágio 1 – A partida**

  Trata-se do chamado à aventura, que se inicia com a saída do indivíduo do espaço comum, em virtude de um erro, aparentemente casual, revelador de um mundo insuspeito, que leva o herói a entrar em contato com forças que ele não compreende plenamente.

- **Estágio 2 – A iniciação**

  Fase que pressupõe um caminho de provas a que o herói terá de se submeter, sozinho ou com o auxílio de forças sobrenaturais, por ter aceitado o chamado à aventura e frente às quais deve sair vitorioso para poder sobreviver.

- **Estágio 3 – O retorno**

  Momento em que o herói, se vitorioso, tem ainda a árdua tarefa de levar o "prêmio" por ele conquistado em sua jornada de volta ao lar, reintegrando-se a seu mundo original.[10]

---

[9] CAMPBEL, op. cit., p. 22.

[10] Para assistir a um *storytelling* em que facilmente conseguimos identificar a jornada do herói, acesse o vídeo: "Richard Turere: Minha invenção, que fez as pazes com os leões", disponível em: <www.youtube.com/results?search_query=richard+turere+ted+talk>. Acesso em: jan. 2022.

Mas o que a jornada do herói tem a ver com o mundo empresarial?

A jornada do herói incorpora-se ao *storytelling* como uma ferramenta que possibilita reforçar seu caráter persuasivo.

Quando falamos de jornada do herói na comunicação empresarial, estamos falando não necessariamente de uma pessoa – podemos falar de um produto, de um empreendedor ou da própria empresa.

Nesse sentido, a adaptação desse modelo a uma história contada para um público específico – como o caso, por exemplo, de um cliente em uma empresa – deve levar em conta alguns fatores:

- basear a narrativa em um indivíduo ou produto inspirador;
- alinhar o objetivo e os obstáculos com as expectativas do cliente;
- enfatizar os obstáculos para valorizar o processo de busca;
- exemplificar a busca do objetivo com ações pessoais.

É importante, contudo, levar em conta que o *storytelling* pode ser elaborado de formas diversas, e, nesse sentido, a jornada do herói é apenas uma dessas formas. No entanto, seja qual for o tipo de *storytelling* escolhido, os quatro elementos que caracterizam essa técnica têm de estar presentes: mensagem, ambiente, personagem e conflito.

Para que se coloque em prática essa técnica, portanto, é necessário seguir alguns passos:

- **Coletar conteúdo**

Quanto mais informações sobre a empresa, mais subsídios a história a ser contada terá. A mensagem vai-se basear nesse momento da elaboração da narrativa.

- **Conhecer o público-alvo**

O direcionamento da narrativa fica mais preciso quanto mais claro é o público a quem ela se dirige. O conhecimento do público-alvo permite que se construa ou se eleja o **personagem** mais adequado às suas expectativas. O mesmo ocorre com o **ambiente**, que será criado de acordo com a forma como a mensagem será narrada, para quem e com que personagens.

- **Dar dinamismo à narrativa**

Quanto mais ação a narrativa trouxer, mais atraente ela será. Assim, trazer à tona as motivações que movem o personagem em direção a seu objetivo é uma estratégia eficiente para prender a atenção do ouvinte. É aqui que entra o **conflito**, que deve direcionar o personagem para um desfecho.

- **Enfatizar pontos relevantes**

O reforço em pontos relevantes da história é uma forma de direcionar a narrativa a seu público.

- **Utilizar dados e fatos**

A credibilidade é um dos pontos a serem levados em conta no momento de criar uma narrativa. Ao trazer dados e fatos para a história, aumenta-se sua credibilidade.

- **Respeitar o desenvolvimento da narrativa**

Independentemente da extensão da história, é imprescindível que ela tenha uma introdução, um desenvolvimento e uma conclusão. A introdução deve trazer os elementos que farão parte da história; o desenvolvimento pauta-se nas ações dos personagens e em suas consequências, direcionando a história para seu desfecho; a conclusão – ou desfecho – deve levar o público a pensar nas ações que deve empreender para que o objetivo buscado seja, efetivamente, atingido.

Várias campanhas publicitárias optantes pelo *storytelling* foram e são muito bem-sucedidas porque exploraram elementos subjetivos por meio da narratividade, conseguindo se conectar com seu público-alvo, de forma sensível ou bem-humorada, mas sempre poderosa, criando interações pessoais capazes de alavancar, indiscutivelmente, marcas, produtos e valores, ao transformá-los em “heróis”.[11]

---

[11] Para assistir a um exemplo interessante de uso de *storytelling* em campanhas publicitárias, assista ao vídeo “Dove: retratos da beleza”, disponível em: <www.youtube.com/watch?v=Il0nz0LHbcM>. Acesso em: jan. 2022.

3.1.4 Texto escrito

Já dissemos que a palavra *texto* vem do verbo *tecer* em latim. Texto é o tecido que se faz com palavras, que verbalizam as ideias. Por isso, escrever um texto exige um esforço maior que falar. É preciso saber o que se quer comunicar, escolher as ideias e os argumentos que serão utilizados para isso, organizá-los de forma clara, coesa e coerente, dar-lhes uma sequência lógica, tudo isso sem deixar de lado a norma padrão da língua.

Função da escrita

É certo que nem sempre escrevemos para ser entendidos. A escrita literária, por exemplo, principalmente após a revolução moderna, inaugurou uma estética baseada na intensidade, na veracidade e na sinceridade, que encontram na renúncia à clareza um contraponto perfeito.

Entretanto, fora dos limites literários, utilizamos a escrita para sermos compreendidos. Desse modo, se nos preocupamos com a capacidade de compreensão de nosso interlocutor, nosso esforço deve-se voltar para a produção de textos legíveis e transparentes.

O sujeito do discurso está subordinado a duas forças antagônicas da estrutura social:

1. a força que atribui autonomia a seu dizer;
2. a força que o torna responsável pelo que diz.

Figura 18
Limites do discurso

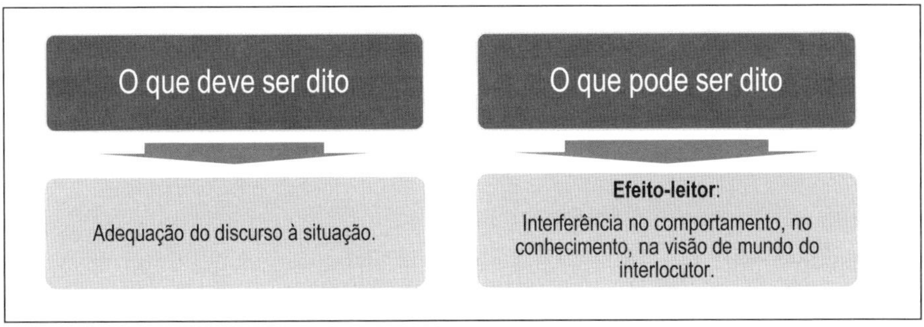

Figura 19
Qualidade do discurso

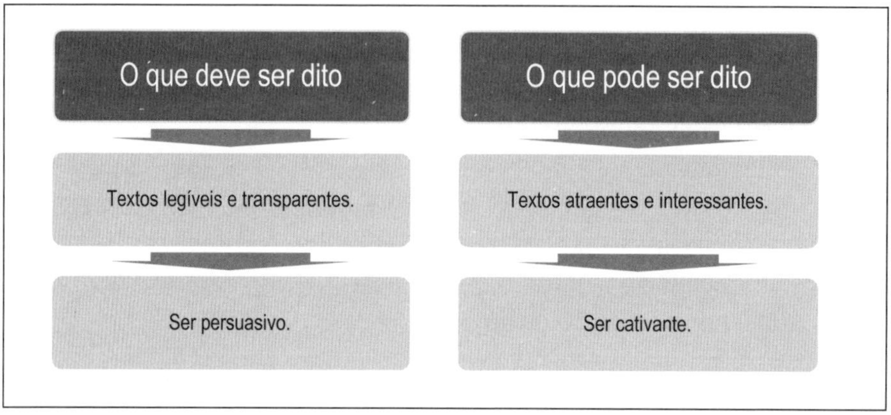

Adequar nosso texto a nossos interlocutores não significa dizer que devamos abrir mão de nossas opiniões pessoais.

Contudo, a defesa de pontos de vista pessoais não implica ou justifica que cada um de nós não tenha de respeitar padrões éticos que legitimam a comunidade da qual fazemos parte, e reconhecer tais coisas, certamente, fará com que, como autores, agreguemos valor a nosso trabalho.

Estratégias de escrita

Em linhas gerais, as estratégias implicadas no processo de escrita estão compreendidas nas seguintes etapas de produção textual:

- **Etapa intertextual**

  Uma vez estabelecido o tema sobre o qual se vai escrever, deve-se considerar o que se conhece sobre o assunto. Busque, na memória, as relações com o tema em várias instâncias – livros, artigos, peças, filmes – e faça uma lista em tópicos para refazer leituras e consultas.

- **Etapa contextual ou pragmática**

  Qual o objetivo do texto? Que ponto de vista se quer defender com ele? Quem vai lê-lo?

A partir dessas questões, deve-se delimitar o espaço ocupado pelo texto bem como o tom que se vai utilizar para tratar o assunto em pauta. Na maior parte das vezes, um texto dissertativo argumentativo é escrito em tom formal, levando-se em conta a norma padrão da língua.

É bastante produtivo fazer tópicos para elencar as ideias que se pretende transformar em argumentos. Com isso, é possível ter noção do número de parágrafos a ser utilizado.

- **Etapa textual**

Vamos, aqui, voltar àquela velha fórmula do texto com "início, meio e fim". Ainda que você já tenha ouvido isso várias vezes e não tenha clareza do que isso signifique, de fato, é assim mesmo que um texto deve ser construído. Vamos esclarecer melhor.

a) Comece expondo a questão sobre a qual vai falar.
b) Desenvolva a argumentação, escolhendo os tipos de argumento mais eficazes para seu objetivo.
c) Utilize exemplos para ilustrar sua argumentação. Lembre-se da célebre máxima: contra fatos não há argumentos. Se você estiver firmemente decidido a provar seu ponto de vista e usar exemplos concretos para ilustrá-lo, você limitará a contra-argumentação do interlocutor.
d) Retome a questão inicial para construir a conclusão.
e) Lembre-se de que cada parágrafo deve tratar de uma ideia, mas deve haver relação lógica entre os parágrafos.

É importante lembrar, ainda, que escrever bem não é escrever difícil. O bom texto é aquele que tem clareza, objetividade e correção.

3.2 Tipologia textual

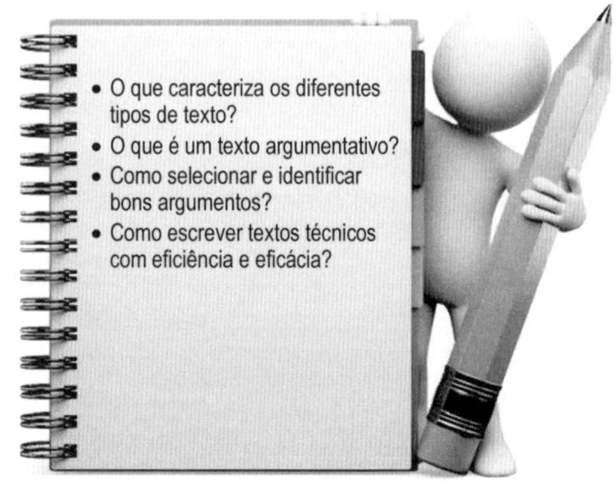

Em função de suas propriedades linguísticas, vale dizer que, da forma como um texto se apresenta, podem-se distinguir diferentes tipos. Essa tipologia, contudo, varia de autor para autor. Em geral, apontam-se os seguintes tipos de texto e suas respectivas funções principais:

Figura 20
Tipos de texto

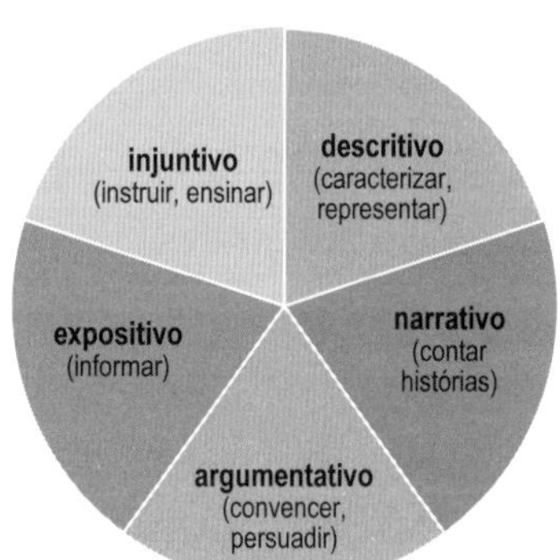

3.2.1 Tipos de texto e modos de organização discursiva

Melhor do que falarmos em tipos de texto seria nos referirmos a tipos de operações que estruturam o discurso e determinam sua organização, visto que operações características de um dado modo de organização podem aparecer em qualquer tipo de texto.

Assim, de acordo com o modo de organização do discurso e suas finalidades comunicacionais, existem quatro modos de organização:

- **Modo enunciativo**

  Este modo de organização está presente em qualquer texto, seja ele predominantemente descritivo, narrativo ou argumentativo, pois revela o tipo de relação que o enunciador terá com seu interlocutor, com o que é dito e com a realidade exterior. Por meio dele, podemos inferir se um discurso é mais ou menos subjetivo (conforme mais ou menos centrado na 1ª pessoa), mais ou menos objetivo (se mais ou menos centrado na 3ª pessoa) ou voltado para o diálogo ou a interlocução (foco na 2ª pessoa).

- **Modo descritivo**

  É aquele que faz surgir, por meio dos olhos de um observador, a realidade exterior tal como ela é ou parece ser (descrição objetiva) ou tal como o observador a sente (descrição subjetiva).

- **Modo narrativo**

  É aquele em que a descrição transforma as ações em atitudes finalizadas, tendo, portanto, como matéria o *fato*, que é constituído por *agentes* (personagens) que materializam suas *ações* em *circunstâncias*. Em síntese, quando contamos uma história, estamos utilizando estratégias de narração.

- **Modo argumentativo**

  É o modo que, em função de sua importância no contexto da comunicação empresarial, será visto com mais detalhes, nas seções a seguir.

3.2.2 Texto argumentativo

Quando se quer defender uma ideia, uma determinada posição, é necessário tomar uma postura crítica diante do tema. Para fazer isso em um texto, lança-se mão do modo de organização argumentativo.

O texto preponderantemente argumentativo, portanto, obedece a duas exigências básicas:

- O texto expor o que o autor pensa;
- Fazer a exposição por meio de argumentos.

Conceito de argumento

Em um texto argumentativo, o autor discute um determinado tema, com vistas a convencer o leitor de seu ponto de vista.

Argumento é o desenvolvimento crítico de uma ideia.

Em um texto argumentativo, um assunto é exposto e discutido, veiculando as opiniões do autor a respeito do tema. O raciocínio é conduzido no sentido de provar a validade do que se está discutindo – isso é argumentar.

Nesse exercício de argumentação, o autor pode ter duas metas: **convencer** ou **persuadir** o leitor.

Quadro 20
Metas da argumentação

Metas da argumentação	
Convencer • O interlocutor aceita o ponto de vista do emissor, em função das provas de sua consistência.	**Persuadir** • O interlocutor não só aceita o ponto de vista do autor mas também passa a adotá-lo, podendo até mudar sua atitude a partir do que leu ou ouviu.

Ideia *versus* argumento

Em geral, confunde-se o texto dissertativo com o argumentativo. Contudo, enquanto o objetivo do texto dissertativo é o de explorar determinado assunto sem, porém, incluir, necessariamente, um posicionamento ou uma opinião, o texto argumentativo visa, fundamentalmente, convencer ou persuadir seu interlocutor.

Figura 21
Texto dissertativo *vs.* texto argumentativo

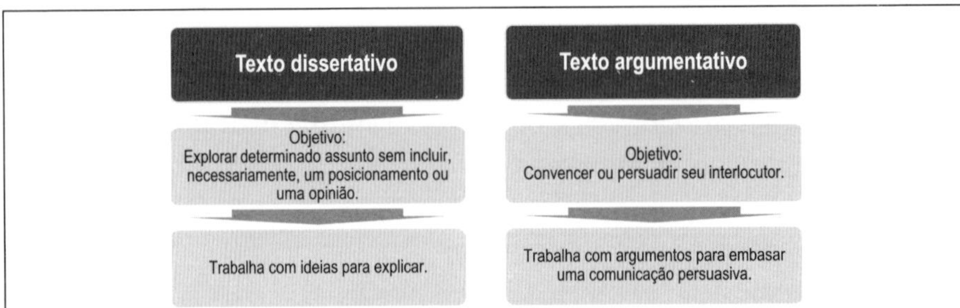

Tipos de argumento

Há vários tipos de argumentos que podem ser usados em um texto argumentativo. Vejamos alguns deles a seguir.

a) Empírico ou fatual

É aquele calcado na experiência vivida dos fatos e em suas implicações. Trata-se dos exemplos e das ilustrações. Exemplo:

> Pela experiência de nossos funcionários, sabemos que a equipe é capaz de finalizar o conserto em menos tempo do que o exigido pelo cliente.

b) Causal

Estabelece a relação de causa e efeito em um processo. Essa relação deve ser constante e regular para que se considere realmente uma causa como legítima. É comum haver mais de uma causa para explicar um fato. Exemplo:

> No Brasil, o êxodo rural decorre da má distribuição de terras e da falta de uma estrutura socioeconômica que fixe o homem do campo no ambiente rural.

c) *Ad consequentiam*

Tipo de argumento que, ao analisar as relações entre dada causa e sua consequência, interessa-se mais pela consequência, por isso, ao privilegiarem os efeitos, em geral, esses argumentos relegam valores éticos ou morais a um segundo plano propositalmente. Exemplo:

> A guerra levou à morte milhares de pessoas, mas consagrou os direitos universais de milhões de outras.

d) *Ad personam*

Seu objetivo é mostrar a contradição entre o que se sabe acerca de alguém e o que essa pessoa, de fato, diz ou faz. Exemplo:

> Ele incentiva a moderação, mas gasta rios de dinheiro com bens supérfluos.

e) De autoridade

É o que busca a aprovação de uma tese remetendo-a a um autor digno de credibilidade, com autoridade reconhecida no assunto. É muito comum nos textos científicos. Algumas vezes, pode o enunciador valer-se de sua própria autoridade, sua experiência, seus títulos ou realizações para validar a defesa de dada tese. Exemplo:

> Segundo Evanildo Bechara, "entende-se por **linguagem** qualquer sistema de signos simbólicos empregados na intercomunicação social para expressar e comunicar ideias e sentimentos, isto é, conteúdos da consciência".
>
> BECHARA, Evanildo. *Moderna gramática portuguesa*. 37. ed. ver. e ampl. Rio de Janeiro: Lucerna, 1999, p. 28.

f) Autofágico

É aquele que apresenta uma ideia autodestrutiva, pois mostra a incoerência de uma proposição, expondo seu enunciador. Exemplo:

> Vocês sabem muito bem que o problema de energia não será resolvido assim nesta região, simplesmente porque os reservatórios de água estão abaixo da média.

g) Analógico

Parte de uma analogia entre dois fatos para gerar uma conclusão. É utilizado em áreas específicas, como a Medicina, em que os diagnósticos são feitos a partir de casos semelhantes. Na literatura, usa-se a analogia metaforicamente. Exemplo:

> Amor é um fogo que arde sem se ver.
>
> CAMÕES, Luís Vaz de. *Sonetos*. 005. In: ______. *Sonetos*. São Paulo: A Biblioteca Virtual do Estudante Brasileiro. p. 6. Disponível em: <www.dominiopublico.gov.br/download/texto/bv000164.pdf>. Acesso em: jan. 2022.

h) Dilema

Consiste em levar o auditório a optar pelo menor mal. Exemplo:

> Meu candidato não tem chance alguma de ganhar, portanto votarei naquele que poderá impedir que o pior candidato, a meu ver, vença.

i) Por transitividade

Parte do seguinte princípio matemático aplicado a situações não matemáticas: se a=b e b=c, então a=c. Exemplo:

> Se o Flamengo ganhou do Botafogo e se o Botafogo ganhou do Fluminense, então o Flamengo ganhará do Fluminense.

j) Da regra da justiça

Parte do princípio da igualdade ou de que situações idênticas merecem tratamento semelhante, por isso, busca-se a solução de dado problema com base em soluções passadas. Exemplo:

> Parlamentares não deveriam ter direito à imunidade, pois trata-se de privilégio não concedido a todos os cidadãos.

k) Dos inseparáveis

Associa dois elementos de maneira inseparável. Um não pode existir sem o outro. Exemplo:

A política e a corrupção brasileiras estão inexoravelmente ligadas.

l) Probabilístico

É aquele fundado sobre a lógica quantitativa. Exemplo:

Mais de 70% dos usuários de internet com nível superior no Brasil acessam a *web* todos os dias com média de 5h41min/dia.

m) Manipulador

Trata-se da identificação de um agente com uma categoria qualquer, evocando certas conclusões sobre essa categoria e implicando a categoria na representação que fazemos de dado acontecimento, em geral chocante. Exemplo:

Policial atira em vítimas inocentes em confronto de rua.

Planejamento e desenvolvimento do texto argumentativo

Para que haja argumentação, é necessária uma estrutura específica, que pressupõe:

a) uma **tese** ou **proposição**, que é uma afirmação sobre a verdade de algum fato ou fenômeno, seguida de análise de seus termos essenciais, que possa estar sujeita a controvérsia;
b) uma **antítese**, ou seja, uma tese contrária, explícita ou implicitamente, à afirmação inicial sobre o mesmo fato ou fenômeno;
c) um **sujeito** engajado, que desenvolve um raciocínio problematizador na defesa de sua opinião para demonstrar uma posição de concordância ou discordância – total ou parcial – com a tese existente;
d) um **quadro de problematização**, que insere a argumentação do sujeito em dada perspectiva – social, política, econômica, científica, religiosa, moral, etc. – e expressa a orientação que o sujeito que argumenta deseja dar a seu discurso;
e) um **outro sujeito**, que se interessa pela mesma tese e constitui, no papel de interlocutor ou auditório, o alvo da argumentação;

f) a **formulação de argumentos** plausíveis para convencer ou persuadir o interlocutor e que está relacionada aos tipos de provas, à lógica dos raciocínios ou às explicações que fundamentam a tese.
g) uma **conclusão**, que constitui a dedução ou a inferência a que o sujeito que argumenta procura chegar a partir dos argumentos e do quadro de problematização apresentados.

Podemos perceber, portanto, que toda argumentação pressupõe debate e oposição. Justamente, por isso, podemos encontrar dois eixos fundamentais na base do discurso argumentativo: o eixo racional, que é bastante comum em textos técnicos, acadêmicos e científicos, e o eixo retórico, frequente em textos publicitários, político-eleitorais e de opinião. No primeiro caso, temos caracterizada a argumentação demonstrativa e, no segundo, a argumentação retórica:

Figura 22
Eixos do discurso argumentativo

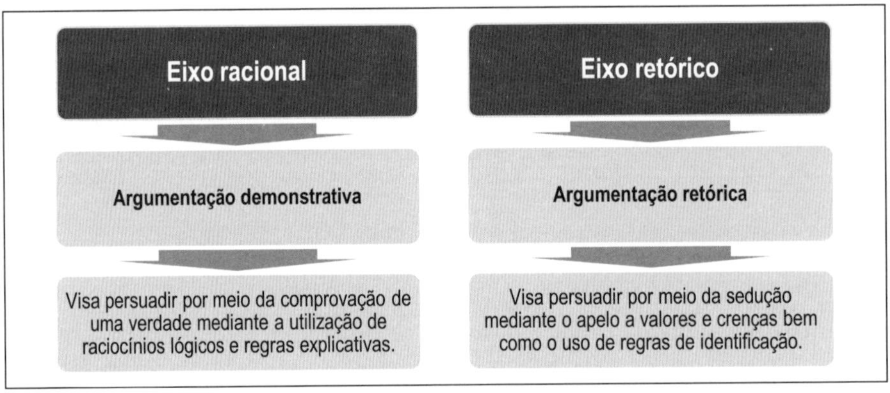

Duas operações lógicas são fundamentais na argumentação demonstrativa:

a) **Dedutiva** – é a operação de raciocínio que se desenvolve do geral para o particular, de modo que uma verdade que se aplica a um grupo é também aplicável a cada um de seus membros. Trata-se de um silogismo, que parte de uma premissa maior em direção a uma premissa menor, chegando à conclusão. Exemplo:

Se todos os homens são mortais e se eu sou um homem, necessariamente sou mortal.

b) **Indutiva** – faz o caminho inverso: parte do particular para o geral. Dessa forma, uma verdade constatada em um número significativo de componentes de um grupo passa a ser aplicada a todo o grupo. É uma forma de generalização. Exemplo:

> Vários descendentes dessa espécie apresentam uma síndrome congênita. Logo, o cruzamento entre membros dessa espécie gera descendentes portadores da síndrome.

Na produção de um texto argumentativo, procure adotar as seguintes etapas:

a) **Etapa 1 – Construção do projeto de texto**

- Defina o ponto de vista a ser defendido: é preciso realizar tomada de posição acerca da polêmica a partir da qual se desenvolverá a argumentação. O objetivo do texto argumentativo deverá ser convencer ou persuadir o interlocutor, levando-o a crer como plausível ou assumir o mesmo ponto de vista defendido pelo locutor.
- Defina o perfil do interlocutor: esboce as características determinantes do ponto de vista adotado pelo interlocutor de seu texto, incluindo os possíveis argumentos que poderiam ser utilizados por ele para a defesa de seu ponto de vista.
- Selecione e organize os argumentos a serem utilizados para persuadir o interlocutor: liste os argumentos que serão utilizados para desconstruir o ponto de vista do interlocutor e determine a ordem em que eles serão encadeados no texto.

b) **Etapa 2 – Desenvolvimento da linha argumentativa**

- Construa sua introdução – sua introdução deve conter saudação ao interlocutor e contextualização de seu texto, visando à interação comunicativa. A introdução deve estar encadeada com a abertura da linha argumentativa, adequando-se à apresentação de seu ponto de vista e de seu interlocutor.
- Estruture os argumentos – justifique o ponto de vista apresentado na introdução. Lembre-se de que você pode utilizar diferentes tipos de argumento e que ele pode ou não estar encadeado a um possível contra-argumento de seu interlocutor. Utilize parágrafos diferentes para cada uma das linhas de raciocínio utilizadas.

- Elabore sua conclusão – sua conclusão é o fechamento de sua linha argumentativa. A conclusão deve exortar seu interlocutor à credibilidade do ponto de vista defendido por você ou mesmo à mudança de opinião, em vista da problematização oferecida pela linha argumentativa.

Em síntese:

Quadro 21
Etapas da construção do texto argumentativo

Etapa 1: Construção do projeto de texto	• Definir o ponto de vista a ser defendido. • Definir o perfil do interlocutor. • Selecionar e organizar os argumentos a serem utilizados para persuadir o interlocutor.
Etapa 2: Desenvolvimento da linha argumentativa	• Construir a introdução. • Estruturar os argumentos. • Elaborar a conclusão. • Atentar para a forma do texto argumentativo.

De acordo com o formato do texto argumentativo – *e-mail*, relatório, carta de protesto, etc. – outros elementos característicos de cada um deles deverão estar presentes, como cidade, data, vocativo e despedida, por exemplo.

Vejamos as características de diferentes formatos nas seções a seguir.

3.2.3 Texto técnico

Em um contexto corporativo, a elaboração de textos técnicos é frequente e abrange a quase totalidade dos textos demandados de um profissional.

O texto técnico exige, basicamente, conhecimento da forma que cada tipo de suas variações deve assumir bem como do conteúdo que o caracteriza. É imprescindível lembrar que o texto técnico deve ser objetivo e conter somente informações imprescindíveis. Dessa forma, não se pode perder de vista qual a função do texto elaborado e a quem ele se dirige. É o que veremos a seguir.

Forma e estrutura

O texto técnico dever ser conciso, coerente, ordenado, impessoal e objetivo. Para isso, deve-se atentar para alguns procedimentos em sua estruturação.

Quadro 22
Forma do texto técnico

Forma
• **Clareza** – o texto técnico deve ser claro e objetivo; se o próprio autor do texto tiver dificuldade em compreendê-lo, é preciso reescrevê-lo.
• **Fluência** – é importante que o texto seja de fácil leitura. Deve-se procurar fazer algumas quebras, criar tópicos, para atingir esse objetivo.
• **Facilidade de consulta** – deve-se começar o texto com a informação relevante que ele veicula.
• **Padronização** – deve-se seguir o padrão preestabelecido e, se não houver um, deve-se criá-lo.

Quadro 23
Estrutura do texto técnico

Estrutura
• **Revisão** – deve-se sempre revisar, com cuidado, o que já foi escrito.
• **Prioridade** – devem-se apresentar, primeiro, as informações relevantes que afetam a todos para, só então, passar às informações específicas.
• **Objetividade** – cada informação deve ser descrita uma única vez assim como as ideias e os conceitos. Isso evita a prolixidade e a dispersão da leitura.
• **Paragrafação** – cada parágrafo deve conter uma única informação. É importante que o início do parágrafo – o tópico frasal – indique do que ele vai tratar.
• **Período** – cada período deve trazer informações independentes. Se for necessário trazer mais de uma informação, é preferível optar pela estrutura de tópicos. Os períodos devem também ser curtos.
• **Voz ativa** – deve-se preferir a voz ativa, pois esta é a ordem direta da fala, o que, por essa razão, facilita a compreensão.
• **Orações afirmativas** – devem-se priorizar as orações afirmativas, cujo processamento é mais imediato.
• **Seleção vocabular** – deve-se utilizar o sentido denotativo das palavras, de forma a evitar duplas interpretações. Gírias e expressões idiomáticas não devem ser utilizadas.

Uma vez que cuidemos da estrutura, devemos tratar das etapas que utilizamos para escrever qualquer texto, inclusive o técnico. As etapas são praticamente as mesmas que você já viu para o planejamento do texto argumentativo, apenas procuramos, aqui, adaptá-las mais estritamente ao texto técnico.

Planejamento e desenvolvimento do texto técnico

Antes de começar, propriamente, a escrever, é importante fazer um planejamento. Essa etapa consiste, basicamente em:

- definir o que vamos dizer;
- aprofundar nossos conhecimentos sobre o tema;
- organizar a exposição do assunto.

Depois de termos definido, dentro de um assunto, o que e como vamos dizer a respeito, é hora de colocar o planejamento em prática. Esse planejamento deve levar em conta as etapas de elaboração do texto.

O planejamento de qualquer texto é uma etapa que não deve ser deixada de lado, já que, ao planejar, é possível antever necessidades que não haviam sido detectadas antes do início da tarefa.

Um bom planejamento tem a seguinte estrutura:

FIGURA 23
Etapas da elaboração do texto técnico

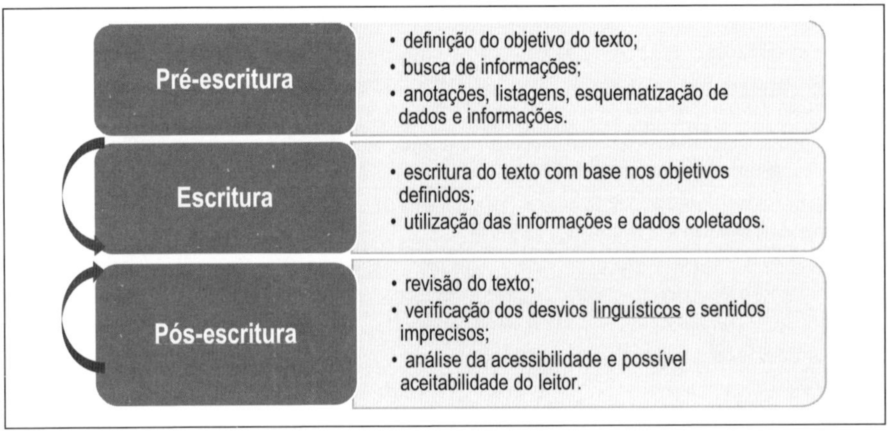

FIGURA 24
Planejamento do texto técnico

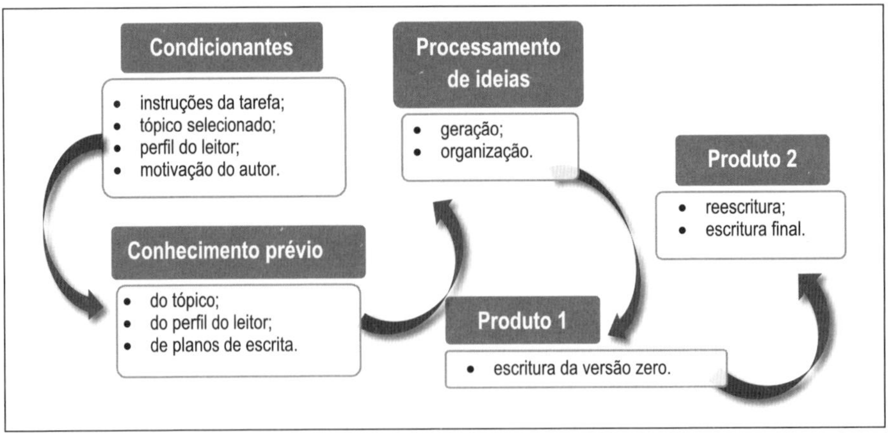

Outro aspecto de grande eficácia no momento de planejar a elaboração do texto é ter uma visão geral do que será o produto final do trabalho. Uma maneira de alcançar essa visão geral do texto que pretendemos escrever é considerar os seguintes passos:

- listar as informações que devem fazer parte do texto;
- elaborar um resumo com as informações;
- se o volume de informações for grande, segmentá-las em seções e fazer um resumo de cada seção.

É possível organizar as informações, de forma clara, da seguinte maneira:

Figura 25
Organização das informações no texto técnico

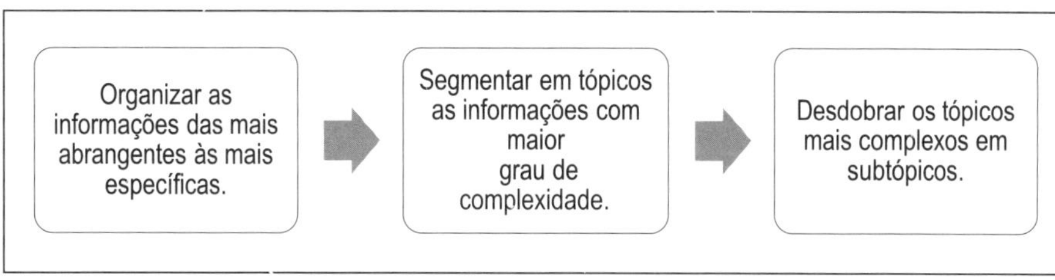

Para que haja coesão no texto, as informações devem ser encadeadas de forma lógica, mostrando, para cada fato, qual a causa e qual a consequência. É importante que cada informação seja tratada de forma independente, em um parágrafo dedicado somente a ela.

Já mencionamos as famosas "partes do texto" – introdução, desenvolvimento e conclusão. Apesar de parecer clichê, todo texto tem, de fato, de ser construído com essa estrutura, já que buscamos clareza, eficácia e resultado. Falaremos um pouco mais sobre cada uma delas, a seguir.

Partes do texto

O texto técnico tem uma estrutura básica, que vai sendo adequada a cada tipo de necessidade. De forma sintetizada, a estrutura de um texto técnico é a seguinte:

FIGURA 26
Estrutura básica do texto técnico

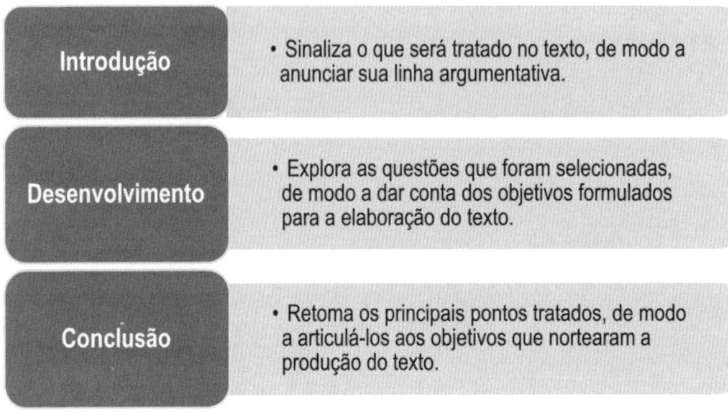

Cada uma dessas partes é elaborada a partir de determinados parâmetros.

a) Introdução

A introdução é o momento do texto em que captamos a atenção de nosso leitor. Nesse momento, interagimos com ele, com o tema de nosso texto e trabalhamos para que também o tema e o leitor interajam. Assim, precisamos, nesta etapa:

- despertar o interesse do leitor;
- deixar claros nossos objetivos;
- desenvolver o interesse do leitor pelo texto.

Em geral, a introdução é sucinta. Em textos técnicos, ela deve ser breve, porém, deve trazer o assunto de forma clara e atraente.

b) Desenvolvimento

O desenvolvimento é o texto propriamente dito. É no desenvolvimento que estão as informações que queremos expor. Por essa razão, em um texto técnico, é importante optar por estratégias que facilitem a leitura dessas informações. Uma delas consiste em segmentá-las.

Há algumas maneiras de se fazer essa segmentação:

- **método cronológico** – cria-se uma sequência cronológica de acontecimentos, utilizando-se uma linha temporal;

- **método lógico** – enumeram-se acontecimentos, estabelecendo entre eles vínculos lógicos – como causa e consequência, por exemplo;
- **método psicológico** – determina-se o ponto de maior interesse, colocando-o em destaque em relação aos demais;
- **método dramático** – enumeram-se questões, que levem à solução de um problema.

c) Conclusão

A conclusão tem o objetivo de sintetizar os pontos mais relevantes do que foi escrito. Para isso, deve-se retomar o objetivo principal do texto, articulando-o a tudo o que foi apresentado.

Há várias formas de se elaborar uma conclusão:

- **sumário** – consolidação das ideias apresentadas;
- **demonstração de aplicabilidade** – transformação das ideias apresentadas em ações;
- **ilustração** – utilização de exemplos para reforçar as ideias apresentadas;
- **resgate de pontos principais** – ênfase de ideias e objetivos apresentados.

d) Revisão

Não basta que o planejamento e a execução do texto sigam à risca os métodos preconizados pelos especialistas em construção textual. Um texto deve ser lido e relido antes de ser apresentado. Nunca é demais repetir: se nosso texto não ficou claro para nós, dificilmente ficará claro para o leitor.

A revisão de um texto não precisa ser, necessariamente, uma tarefa solitária. Pode-se solicitar que algum colega faça uma leitura prévia para, então, ajustar os problemas.

Além disso, não se pode deixar de lado a forma final do texto: diagramação, sumário, paginação correta, anexos, enfim, tudo quanto seja necessário para que possamos considerar que temos, em nossas mãos, a versão final do texto.

3.3 Falhas na comunicação

3.3.1 Conhecimento e poder

Já vimos que a eficácia de um processo comunicativo depende, entre outras coisas, da adequação de nossa fala e de nossa escrita ao contexto social em que elas se inserem. Isso significa que, para que essa adequação ocorra da forma como esperamos, devemos ter em conta que a eficácia de nossa comunicação está diretamente ligada a nossos papéis sociais – ou seja, às marcas sociais que carregamos, como gênero, escolaridade, grupos, classes. São espaços por nós ocupados, que delimitam e, em certo grau, estabelecem as relações, inclusive de poder, com que convivemos.

O poder é plural, como as diferenças individuais, e encontra-se em toda parte, inclusive no ato comunicativo.

Ao dominar o código linguístico de forma proficiente, o sujeito está munido de um instrumental que, nem sempre, está ao alcance de todos. Nesse sentido, é possível estabelecer relações de poder a partir do uso mais ou menos proficiente da língua, principalmente por conhecermos nossos papéis sociais.

É por essa razão que, quando queremos, de fato, que nossa intenção comunicativa seja convertida em uma comunicação eficaz, devemos produzir adequadamente nossos enunciados, sejam eles falados ou escritos.

Nesse sentido, devemos atentar para uma série de fatores que podem gerar obstáculos ao processo de comunicação. Os famosos ruídos da comunicação podem ser responsáveis por falhas que inviabilizam a efetivação desse processo. Lembremos que ruído é tudo aquilo que atrapalha ou mesmo impede a comunicação. Ele pode ser:

- **físico** – barulho no ambiente, odores, desconforto físico;
- **cultural** – diferenças vocabulares e socioculturais;
- **psicológico** – postura do emissor, incluindo falta de clareza.

Podemos afirmar, sem medo de errar, que, das naturezas de ruídos, as duas últimas – cultural e psicológica – são as que impactam de forma mais dura o processo comunicativo. Vamos retomar alguns pontos, para entender por que isso ocorre.

Sabemos que o domínio da informação está diretamente relacionado à construção de sentidos, o que equivale a dizer que nossos interlocutores devem ir além da simples decodificação daquilo que enunciamos: é necessário que eles disponham de condições suficientes para compreender, de forma plena, nossa intenção comunicativa e que possam gerar sentidos para aquilo que recebem. Assim, ao compartilhar com nosso interlocutor os sentidos que cada um gerou para o enunciado que está sendo comunicado, garantimos a plenitude do processo comunicativo.

Então, por que existem falhas de comunicação?

Em primeiro lugar, é preciso lembrar que o conhecimento não é único nem estático.

Cada um de nós tem uma história, uma gama de experiências, e esses fatores influenciam a forma como organizamos nosso pensamento e expressamos nossos conhecimentos.

Por isso mesmo, os conhecimentos veiculados em um processo de comunicação são assimétricos. Essa assimetria, que, em última análise, acirra as relações de poder, pode impactar os processos de interação e troca, próprios da comunicação. Identificar relações de poder, portanto, é fundamental para tornar possível a compreensão daquilo que queremos comunicar. Somente dessa forma nos tornamos capazes de transformar a comunicação em um legítimo processo de troca de conhecimentos e interação.

Em segundo lugar, temos de admitir que, muitas vezes, embora tenhamos claras as relações sociais que permeiam o processo de comunicação, acabamos por agravar a assimetria de conhecimentos com o emprego de um registro linguístico que nem sempre está disponível para nosso interlocutor.

Nesse caso, não estamos perpetrando uma relação de poder intencional, mas o resultado acaba sendo a impossibilidade de estabelecer a comunicação. Como forma de compreender, então, as razões que levam as falhas de comunicação a ocorrer, vamos ver algumas situações que podem contribuir para isso.

- **Não dominar o assunto sobre o qual se está falando**
  O domínio do conteúdo sobre o qual falamos é tão importante quanto o domínio do código linguístico. Quando tentamos falar sobre algo que não conhecemos bem, caímos na armadilha de "enrolar", e isso acaba gerando um discurso vazio que, é claro, não empreende nenhuma comunicação.

- **Não ser claro**
  A comunicação se efetiva quando o enunciador do discurso e o receptor desse discurso estão engajados em um mesmo esforço para atingir o objetivo de comunicar. Se não há clareza por parte de quem enuncia, dificilmente haverá entendimento por parte de quem recebe. A falta de clareza pode-se dar em diversos aspectos. Um deles, por exemplo, é o uso de gírias. A falta de conhecimento do vocabulário por parte de alguns falantes faz com que somente aqueles que conhecem o sentido dessas gírias consigam apreender plenamente o sentido do diálogo, gerando falta de clareza para os que não estão inteirados desse tipo de vocabulário.

- **Ser ambíguo**
  A ambiguidade pode ser um recurso no processo de comunicação, mas, de forma geral, ela funciona como obstáculo à eficácia comunicativa. Se o emissor construir um discurso ambíguo, corre o grande risco de ser mal interpretado, o que pode gerar não apenas falha na comunicação mas também mal-estar nas relações sociais.

- **Ser prolixo**

A eloquência é, muitas vezes, considerada uma virtude, mas prolixidade não é sinônimo de eloquência. Ser prolixo é dar voltas para dizer algo que poderia ser dito de forma muito mais simples. A consequência é o comprometimento da clareza e, por extensão, da eficácia comunicativa.

Veja um desafio relacionado a um dos problemas elencados neste tópico. Leia o texto a seguir e considere o que entendeu da mensagem:

> Após alguns anos de estudo, Alfredo entrou em um curso para estudar idiomas na universidade que queria aprender.
>
> Certo dia, enquanto estudava sozinho, Alfredo percebeu que devia dizer aos professores que seu saber não era suficiente para o que queria. Estava perdido nesses pensamentos quando viu o incêndio do laboratório.

- O que Alfredo queria?
- Que saber era insuficiente?
- Onde Alfredo estava no momento do incêndio?
- Onde era o incêndio?

Algumas possibilidades de entendimento são geradas pelo texto:

- Alfredo queria estudar idiomas ou queria aprender na universidade.
- O saber de Alfredo não era suficiente ou o saber dos professores não o era.
- Alfredo estava no laboratório ou estava em algum lugar de onde via o laboratório
- O laboratório incendiava ou o incêndio era próximo ao laboratório.

Na verdade, o texto dá margem a mais de uma resposta para cada pergunta. Isso ocorre porque sua construção gerou ambiguidade, um dos pontos que podem interferir na comunicação.

Os pontos mencionados são aqueles que mais frequentemente interferem na comunicação. É importante lembrar que existem algumas violações que não são intencionais, mas, ainda assim, impedem a comunicação. Essas violações são causadas, principalmente, por nossa inabilidade ao comunicar nossas intenções. Algumas vezes, quando essas falhas ocorrem, nosso interlocutor – se cooperativo – pode tentar recuperar as informações que estamos veiculando.

Com vistas à diminuição das possíveis falhas que podem afetar a eficácia do ato comunicativo, abordaremos, a seguir, dois tópicos fundamentais para construção de diferentes textos: coerência e coesão.

3.3.2 Coerência

Ser coerente implica explicitar uma ideia logicamente estruturada. Em contrapartida, ser incoerente significa inviabilizar o compartilhamento de sentidos e, consequentemente, desestabilizar o processo de comunicação.

A coerência do texto é mais complexa que a coesão. Ela está relacionada a duas questões que se situam no âmbito do receptor: a lógica entre os enunciados do texto e a adequação ao contexto.

O que pode gerar falta de coerência em um processo de comunicação?

Vamos ver algumas ocorrências que exemplificam a questão da lógica do texto e sua adequação ao contexto.

- **Quebra da continuidade temporal**

Meus primos tinham morado na Espanha durante mais de dez anos, mas ainda estavam morando lá.

- **Expectativa não respeitada**

Comeu tanto que acabou pedindo para repetir!

- **Conhecimento geral contrariado**

O professor explodiu!

- **Conhecimento prévio não respeitado**

Estávamos todos na praia, reunidos para participar da homenagem aos mortos na pandemia. Também fazem homenagem a músicos e artistas, que cobram muito caro por um show. A queima de fogos na praia, no Réveillon, também sai bem caro!

- **Falta de conhecimento prévio**

Os sinais mais claros detectados até o momento são de que a cepa tem de fato um escape vacinal mais significativo que o das suas antecessoras. Das 50 mutações que apresenta no total, quase o dobro das mutações da Delta, mais de 30 são na proteína spike, usada pelo vírus para invadir as células e que é alvo da maioria das vacinas contra a Covid.

- **Falta de conhecimento linguístico**

Le succès n'est pas la clé du bonheur. Le bonheur est la clé du succès.
Si vous aimez ce que vous faites, vous réussirez.

Até aqui, a coerência do texto foi obstaculizada por questões ligadas à lógica das informações enunciadas, como: a construção inadequada de sentenças que descrevem ações em tempos diferentes, o uso equivocado de conectivos, o emprego de expressões metafóricas nem sempre compreensíveis por todos, a falta de encadeamento lógico, com o uso de afirmativas que não têm ligação entre si, a menção de informações que nem todos compreendem e o uso de língua estrangeira, que não é, necessariamente, de domínio de todos.

A adequação do enunciado a um contexto é também fundamental para que haja coerência. Vejamos alguns exemplos:

- **Embasamento das informações no contexto**

No exemplo apresentado, os avôs identificaram na resposta do neto o uso da 1ª pessoa do singular do verbo "comer", quando, na verdade, a criança não tinha a menor ideia de como iria comer toda a verdura e estava realizando uma pergunta, com o advérbio "como".

- **Falta de contextualização das informações**

Nesse caso, as pessoas no escritório não devem ter entendido nada: quem é "ele"? O que essa pessoa "não vai conseguir"? Algumas vezes, por diferentes razões, acreditamos que o contexto está claro para todos, quando, na verdade, isso está longe de ser verdade.

- **Falta de foco**

Nesse exemplo, enquanto o primeiro colega está focado na realização de uma tarefa importante, o segundo introduz, em resposta, um assunto completamente aleatório, o que gera a postura crítica do terceiro participante da conversa.

- **Falta de conhecimento das referências intertextuais**

Para compreender a segunda fala da conversa, os demais participantes – assim como os leitores desse exemplo – teriam de associá-la a uma das mais conhecidas falas utilizadas na famosa série televisa *Game of Thrones*: "*Winter is coming*", traduzida por "O inverno está chegando", como um prenúncio de grandes dificuldades para todos.

- **Falta de identificação da intenção comunicativa**

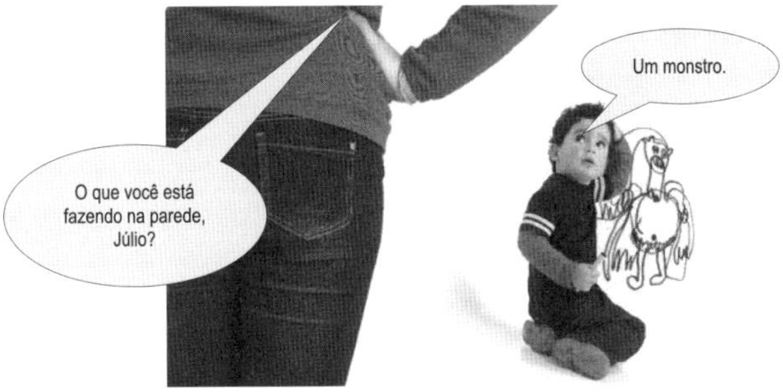

No exemplo apresentado, a pergunta da personagem tem a intenção de levar a criança a se explicar em virtude de uma falta grave, qual seja, sujar a parede. Contudo, fica claro que essa intenção não foi alcançada pelo menino, que, por não identificar nada errado em sua ação, interpreta a pergunta como um questionamento sobre a natureza do objeto por ele representado "artisticamente".

Dessa forma, a coerência pode ser quebrada pela intencionalidade do emissor. No texto formal, contudo, essa quebra não tem espaço. Nesse tipo de texto, as informações devem ser compatíveis umas com as outras, assim como os exemplos utilizados para comprová-las. Em outras palavras, não pode haver contradição – com isso, teremos um texto coerente.

3.3.3 Coesão

Os textos verbais são unidades linguísticas com propriedades estruturais específicas, ou seja, regularidades de organização que subordinam os elementos linguísticos em seu processo de inter-relacionamento.

Chamamos, pois, de coesão textual à relação ou à conexão entre as palavras, expressões e frases do texto – oral ou escrito. Ela é obtida por meio da utilização de elementos gramaticais cuja função é justamente estabelecer esses vínculos.

Relações coesivas são as que se estabelecem entre os elementos linguísticos que funcionam na superfície do texto e que viabilizam seu sentido.

Utilizamos esses elementos para obter a **coesão referencial** e a **coesão sequencial**. A primeira garante que o receptor não tenha dúvidas quanto ao elemento ao qual o texto está se referindo. A segunda, que ele possa acompanhar o texto em uma sequência lógica. Exemplificando:

Marina e Flávia vivem brigando. **Esta**, por ser teimosa, **aquela**, por ser medrosa.

No exemplo apresentado, os pronomes demonstrativos "esta" e "aquela" garantem a coesão referencial, pois sabe-se que Flávia é a teimosa e Marina, a medrosa. Vejamos mais um exemplo:

Primeiro, queremos agradecer a presença de todos; **em segundo lugar**, dizer-lhes que este evento é de grande importância para nós; **por fim**, gostaríamos de convidá-los a jantar conosco.

No exemplo dado, utilizou-se a sequenciação temporal, estabelecida pelos advérbios de tempo: "Em primeiro lugar", "em segundo lugar" e "por fim". Muitas vezes, deparamo-nos com textos em que o advérbio *primeiro* abre a fala, sem que, contudo, haja a sequência com a utilização dos demais advérbios que devem estar presentes para garantir a coesão sequencial.

São vários os elementos que concorrem para a garantia de coesão em um texto. Vejamos os conectivos que carregam consigo uma carga semântica responsável pela concretização de sentidos diversos no processo de coesão:

Quadro 24
Carga semântica dos conectivos

Carga semântica	Definição	Exemplo
Condição	Expressa condição entre as duas ideias que o conectivo une.	Não haverá evento **se** o orçamento não estiver preparado para isso.
Causa	Expressa a causa da ideia principal, unindo-a a ela.	**Já que** não estamos na lista, não contribuiremos para o presente.
Finalidade	Une duas orações – uma delas expressa o meio pelo qual será atingido o objetivo da outra.	**Para** ser classificado no concurso, ele estudou durante dois anos.
Disjunção	Expressa a ideia de exclusão ou inclusão entre as ideias ligadas.	Após o evento, todos ficarão para o almoço **ou** seguirão diretamente para o escritório.
Temporalidade	Expressa a relação de tempo entre as orações.	Avisarei de sua chegada **tão logo** tenha acesso ao diretor.
Conformidade	Expressa acordo, conformidade entre as ideias que o conectivo está unindo.	**Como** conversamos ao telefone, estou lhe enviando a lista de participantes.
Modo	Expressa a maneira como se realiza a ação.	Maria saiu **sem que** ninguém a visse.

Há, claro, diversos outros conectores que, entretanto, podem ser consultados a qualquer momento em bibliografia especializada. Nosso objetivo é mostrar que temos de compreender os mecanismos da língua a partir de suas relações semânticas. Memorizar uma vasta lista de conjunções não ajudará em nada se não formos capazes de utilizá-las adequadamente em sua função conectiva.[12]

Além dos conectores, a coesão se estabelece também por outros mecanismos responsáveis por articular as sentenças de um texto. Veja alguns deles:

- **Remissão** – ativa referentes (situações a que a mensagem remete) no texto. Veja um exemplo:

Paulo era mais agressivo, **Pedro** mais dissimulado, e, como **ambos** acabavam por comer a fruta das árvores, era um moleque que a ia buscar acima, fosse a cascudo de **um** ou com promessa de **outro**.

ASSIS, Machado de. *Esaú e Jacó*. São Paulo: A Biblioteca Virtual do Estudante Brasileiro, p. 21. Disponível em: <www.dominiopublico.gov.br/download/texto/bn000030.pdf>. Acesso em: jan. 2022.

[12] Para saber mais sobre as conjunções, veja a seção "Lógica e estruturação de períodos", no anexo gramatical 1 deste livro.

No exemplo apresentado, as palavras "um" e "outro" retomam, respectivamente, os substantivos "Pedro" e "Paulo". Além disso, a expressão "**ambos**" remete aos dois nomes, simultaneamente.

- **Inferência** – ativa o conhecimento de mundo registrado na memória do falante. Nesse caso, a coesão ocorre por meio de pistas que estão presentes na superfície do texto. Exemplo:

Figura 27
Inferência

A resposta dada pelo interlocutor da mensagem inicial bem como o *emoticon* presente ao final do texto indicam desconfiança frente à realização de uma confraternização durante um período pandêmico. Ou seja, o interlocutor lança mão de sua experiência pessoal para julgar como perigosa e, portanto, inadequada a aglomeração de muitas pessoas em situação de risco de contágio.

- **Justaposição – articula elementos sem o auxílio de conectivos.**

Acordou cedo. Lavou o rosto mecanicamente. Não tomou café. Abriu de imediato a tela do computador. Lá estava o resultado. Tinha sido aprovado no vestibular!

Nesse exemplo, percebemos que não são necessárias conjunções para que as orações possam formar uma sequência lógica e concatenada de ações: acordar cedo, lavar o rosto mecanicamente, não tomar café e abrir de imediato a tela do computador. Todas elas são indicativas da ansiedade do sujeito antes da apresentação dos fatos finais enunciados no texto: o resultado que se revela via tela do computador e sua importância: a aprovação no vestibular.

- **Marcação textual – sinaliza a ordenação das sentenças no texto.**

Primeiro, vamos listar as tarefas, **depois**, vamos priorizar, e, **por fim**, distribuir as responsabilidades entre os participantes.

No exemplo apresentado, "Primeiro", "depois" e "por fim" são marcadores que ordenam, temporalmente, as ações enunciadas no texto.

Apêndice Gramatical III

Neste apêndice, vamos enfocar os processos de regência em nossa língua, tanto a nominal quanto a verbal.

Esses mecanismos de regência implicam o uso ou não de preposições e, no primeiro caso, o conhecimento da preposição correta a ser empregada entre elementos dependentes no enunciado.

Alguns verbos e nomes costumam apresentar problemas de regência, porque o uso popular se encontra em desacordo com a norma culta. Outros, no entanto, costumam apresentar dificuldade, porque possuem mais de um sentido e, consequentemente, mais de uma regência.

O maior problema, contudo, quando se trata dos estudos de regência, é que a maioria das normas que regem esses processos são arbitrárias, ou seja, foram-se fixando ao longo da história da língua, e suas justificativas, quase sempre, passam despercebidas aos falantes de agora.

Por isso, a melhor maneira de fixar mecanismos de regência é acostumar-se à leitura de bons textos e não procurar decorar os exemplos apresentados. As seções **Regência de verbos que costumam provocar dúvidas** e **Regência de nomes que costumam provocar dúvidas**, que constam ao final deste livro, também foram disponibilizadas para eventuais consultas quando se fizer necessário.

III.1 Regência verbal

III.1.1 Regra geral

Regência verbal é a relação que se estabelece entre os verbos – termos regentes – e os elementos que os complementam – termos regidos.

O estudo da regência verbal analisa, portanto, como se processa a relação entre os verbos e seus termos regidos, o que pressupõe a compreensão da natureza dos diferentes tipos de verbos presentes na língua.

Verbos que necessitam de complementação ou caracterização podem aparecer na forma de:

a) Um termo regido sem preposição obrigatória:

Nem sempre **fazemos tudo** conforme as regras.

b) Um termo regido com preposição obrigatória:

Precisamos de sua ajuda aqui com urgência.

c) Um termo regido sem preposição obrigatória e outro com preposição obrigatória:

Oferecemos auxílio a todos.

d) Mais de um termo regido de preposições obrigatórias diferentes:

Rogue a Deus por nós.

Relação verbo/complemento

Algumas vezes, na relação entre o verbo e seu complemento, além da preposição, pode estar envolvida ainda uma conjunção, o que ocorre quando o verbo tem como complemento não apenas um termo, mas uma oração. Exemplos:

Nós **esperamos [que nossa presença não atrapalhe]**.

Não **se esqueça [de que ele virá logo]**.

Temos de nos preocupar, portanto, com a regência dos verbos que demandam termos regidos. Devemos diferenciar aqueles que precisam de preposição obrigatória e conseguir também determinar a preposição correta para os que estão nesse último caso.

III.1.2 Termos regidos sem preposição obrigatória

Alguns verbos que demandam termos regidos sem preposição obrigatória costumam ser alvo de construções incorretas com complementos preposicionados.

Devemos nos acostumar à consulta frequente a bons dicionários para esclarecer todo e qualquer caso de dúvidas acerca do uso ou não de preposição junto a eles.

Vejamos alguns exemplos:

Quadro 25
Termos regidos sem preposição obrigatória

Exemplos	Correto 👍	Incorreto 👎
Apreciar	**Apreciei o espetáculo.**	**Apreciei ao espetáculo.**
Estimar	**Estimamos** muito **a** ajuda deles.	Estimamos muito à ajuda deles.
Favorecer	Nós **favoreceremos os mais capazes.**	Nós **favoreceremos aos mais capazes.**
Namorar	Não é proibido a Pedro **namorar Maria.**	Não é proibido a Pedro **namorar com Maria.**
Prejudicar	Seu atraso **prejudicou toda a produção.**	Seu atraso **prejudicou a toda a produção.**
Ser	**Somos 30** nesta sala.	**Somos em 30** nesta sala.

Substituição por pronomes pessoais de 3ª pessoa

Termos regidos sem preposição obrigatória que se refiram à 3ª pessoa do discurso podem ser substituídos pelos pronomes pessoais "o(s)", "a(s)". Exemplo:

Encomendei **muitos livros novos** = Encomendei-**os**.

Nesses casos, o verbo – termo regente – ou o pronome podem sofrer algumas alterações, que buscam a melhor adaptação fonética de uma forma a outra. Isso ocorre quando:

a) o verbo termina em "-am", "-em", "-ão" ou "-õe" – os pronomes ganham um "-n" inicial:

Encontraram **uma nova bateria** = Encontrar**am** + **a** = **Encontraram-na**.

b) verbo termina em "-r","-s" ou "-z" – os pronomes ganham um "-l" inicial:

Fazer **os exercícios adequados** = Faze**r** + **os** = **Fazê-los**.

Os pronomes "lhe" e "lhes" só acompanham esses verbos para indicar, em relação a eles, ideia de posse, e não o complemento propriamente dito. Exemplos:

Precisamos entender-**lhe** as diretrizes = Precisamos entender as diretrizes (complemento) **dele**.

Uso não obrigatório da preposição

Algumas vezes, a preposição pode ser usada junto a verbos que, normalmente, não a demandariam, para manter a clareza da frase. Isso ocorre:

a) Para evitar confusão entre o sujeito e o complemento do verbo, quando há inversão dos termos na frase:

Convenceu ao chefe o funcionário = O funcionário **convenceu o chefe**.

b) Em expressões de reciprocidade:

As pessoas **convidavam-se umas às outras**.

Outras vezes, a preposição é utilizada para dar mais ênfase ou força de expressão a seus complementos. Vejamos os seguintes casos:

a) Com nomes de pessoas, principalmente na expressão de sentimentos:

Amamos a nossos pais antes de tudo.

b) Em construções em que antecipamos o complemento para enfatizá-lo:

Ao diretor é que não podemos **enganar**!

c) Em construções enfáticas, como "sacar do revólver", "puxar da espada", "cumprir com o dever", "pegar da pena":

Imagine nossa preocupação quando **soubemos do caso**!

Por fim, a preposição pode ser uma exigência obrigatória não do termo regente, mas do termo regido.

É o que ocorre com os pronomes pessoais "mim", "ti", "si", "ele", "ela", "nós", "vós", "eles", "elas" e com o pronome relativo "quem". Exemplos:

Parecia que ele **hostilizava** antes **a mim** do que **a proposta**.

Era um homem **a quem** todos **respeitavam**.

III.1.3 Termos regidos com preposição obrigatória

Verbos que demandam termos regidos de preposição obrigatória – com ou sem outro complemento não preposicionado – também costumam ser alvo de construções incorretas, seja ao serem utilizados sem preposição ou com preposição que não lhes é adequada.

Só a consulta frequente a bons dicionários pode esclarecer todo e qualquer caso de dúvidas acerca do uso ou não de preposição junto a eles.

Vejamos alguns exemplos:

Quadro 26
Termos regidos com preposição obrigatória

Exemplos	Correto	Incorreto
Antipatizar e simpatizar	**Simpatizo com o novo coordenador.**	**Simpatizo-me com o novo coordenador.**
Chegar e ir	**Chegamos à reunião** atrasados. **Vamos** sempre **aos encontros**.	**Chegamos na reunião** atrasados. **Vamos** sempre **nos encontros**.
Desobedecer e obedecer	Ele **desobedeceu às normas** propositalmente.	Ele **desobedeceu as normas** propositalmente.
Morar e residir	**Residimos na rua** Santa Sofia.	**Residimos à rua** Santa Sofia.
Preferir	**Prefiro planejamento à revisão.**	**Prefiro mais** planejamento **do que** revisão.
Responder	**Respondi a todas as questões.**	**Respondi todas as questões.**

Em geral, verbos que precisam de complementos com preposição obrigatória não podem ser usados na voz passiva. Atualmente, contudo, verificamos com alguns deles essa possibilidade. Exemplos:

Os sinais de trânsito **devem ser obedecidos** por todos, motoristas e pedestres.

Todas as perguntas **já foram respondidas**.

Substituição por pronomes pessoais de 3ª pessoa

a) Termos regidos com preposição obrigatória que se refiram à 3ª pessoa do discurso podem ser substituídos pelos pronomes pessoais "lhe" e "lhes", que não são preposicionados:

Obedeço a meus superiores sem qualquer contestação.

=

Obedeço-lhes sem qualquer contestação.

b) Os pronomes pessoais "ele(s)", "ela(s)" também podem funcionar como complementos. Nesses casos, virão sempre acompanhados de preposição, ainda que complementem verbos que não exijam preposição obrigatória. Exemplos:

Respondeu a eles com presteza = **Respondeu-lhes** com presteza.

Avistamos a ela na saída do prédio = **Avistamo-la** na saída do prédio.

Ausência da preposição

Algumas vezes, a preposição que é obrigatoriamente pedida pelo termo regente pode não ser usada. Parece estranho não? Como é que uma preposição obrigatória pode não ser usada?

Isso poderá ocorrer em alguns casos em que o complemento do verbo é uma oração. Contudo, a forma preposicionada sempre estará correta. Exemplos:

Todos **concordaram [que** a proposta era inviável].

=

Todos **concordaram [com** (ou **em**) **que** a proposta era inviável].

Não **lembrei [que** a reunião ocorreria mais cedo].

=

Não **me lembrei [de que** a reunião ocorreria mais cedo].

Os pronomes oblíquos "me", "te", "se", "nos", "vos" – como os pronomes pessoais de 3ª pessoa "lhe" e "lhes" – também não são preposicionados, mas podem substituir complementos regidos ou não de preposição. Exemplos:

Eles sempre **nos obedeceram** (verbo "obedecer", que exige complemento com preposição obrigatória).

Encontraram-me no local marcado (verbo "encontrar", que exige complemento sem preposição obrigatória).

III.1.4 Verbos com mais de um sentido e regências diferentes

Alguns verbos demandam mais de uma regência, dependendo do sentido em que sejam empregados. Vejamos alguns exemplos:

QUADRO 27
Termos que admitem mais de uma regência

Exemplos	Sentido 1	Sentido 2
Agradar	= fazer carinho **Agradou a criança** que chorava.	= satisfazer O resultado **agradou a todos**.
Aspirar	= inspirar, sorver **Aspirei um perfume** que nunca antes havia sentido.	= almejar O candidato **aspirava a uma posição** de destaque.
Assistir	= ajudar Uma junta de consultores **assistiu os contadores** da empresa.	= ver **Assistimos a uma excelente palestra**. = caber Isso não **assiste a você**.
Chamar	= convocar O chefe **chamou os funcionários**./ O chefe **chamou pelos funcionários**.	= dar nome **Chamou Pedro de incompetente**./ **Chamou Pedro incompetente**./ **Chamou a Pedro incompetente**./ **Chamou a Pedro de incompetente**.
Implicar	= acarretar Os altos custos **implicam cortes** na produção.	= amolar Ele não se cansa de **implicar com os** estagiários.
Proceder	= ter fundamento Suas queixas não **procedem**.	= originar-se de Sua desconfiança **procedia do** estranho comportamento de todos. = executar **Procederemos a** um inquérito.
Querer	= desejar **Queremos** um novo monitor.	= estimar, ter afeto **Quero** muito bem **a** você.
Visar	= mirar **Visávamos** o mesmo alvo. = dar visto Já **visei** todos os cheques.	= almejar **Visavam a** uma posição de mais destaque.

III.1.5 Verbos com um só sentido e mais de uma regência

Alguns verbos – apesar de não apresentarem mais de um significado – podem apresentar mais de uma regência válida segundo os padrões cultos da língua. Vamos a alguns exemplos:

a) "Esquecer" e "lembrar" – quando não pronominais, exigem complemento sem preposição; contudo, junto aos pronomes, pedem preposição "de" obrigatória:

Esqueci (lembrei) a data./Esqueci-me (lembrei-me) da data.

b) "Informar", "avisar", "certificar", "notificar" e "prevenir" – pedem dois complementos, um sem e outro com preposição. Além disso, admitem duas construções:

Informei a nota ao aluno./Informei o aluno da (ou **sobre a**) **nota**.

c) "Propor-se" – pode ser construído com ou sem a preposição "a", indiferentemente:

Nós **nos propusemos ajudá-lo**./Nós **nos propusemos a ajudá-lo**.

III.1.6 Expressões com dupla construção

Podemos utilizar de duas maneiras as seguintes construções:

a) "Dar-se ao trabalho"/"dar-se o trabalho" e construções equivalentes:

Não **nos demos ao trabalho** de rever suas anotações./
Não **nos demos o trabalho** de rever suas anotações.

Eles **se davam ao luxo** de ter duas pessoas para a mesma função./
Eles **se davam o luxo** de ter duas pessoas para a mesma função.

b) "Passar revista a"/"passar em revista":

Passei revista a tudo que havia sido feito./
Passei em revista tudo que havia sido feito.

III.1.7 Outros casos de regência verbal

Vamos a mais alguns verbos que merecem atenção especial:

a) "Custar" – No sentido de "ser custoso", "ser difícil", pede complemento regido da preposição "a" seguido de oração com verbo no infinitivo:

Custou a ele aceitar o fato.

Dessa forma, na linguagem culta, são consideradas erradas construções do tipo:

Ele **custou para aceitar** o fato.
ou
Ele **custou a crer que** o fato fosse possível.

b) "Pagar", "perdoar" – Quando têm por complemento uma palavra que denote coisa, não exigem preposição, mas, com uma palavra que denote pessoa, exigem preposição "a". Exemplos:

Perdoaste o pecado./ Perdoaste ao pecador./Perdoaste o pecado ao pecador.

Pagamos um preço justo./
Pagamos ao credor./
Pagamos um preço justo **ao credor**.

III.1.8 Considerações finais

Não devemos dar o mesmo complemento a verbos de regências diferentes. Dessa forma, devemos desmembrar as construções para evitarmos erros do tipo:

Entrou e saiu da sala.

O verbo "entrar" pede complemento regido da preposição "em", e o verbo "sair" necessita da preposição "de". Uma construção adequada poderia ser:

Entrou na sala e **dela saiu**.

Há verbos que exigem complementos regidos de preposição que, contudo, ainda que se refiram à 3ª pessoa, não admitem os pronomes pessoais "lhe" e "lhes".

Trata-se de verbos como "aspirar", "assistir" – no sentido de "ajudar" ou "presenciar" –, "visar", "aludir", "obstar", "carecer", "desconfiar", "duvidar", "gostar", "incorrer", "insistir", "pensar", "reparar", "concordar", entre vários outros.

Dessa maneira, construções com esses verbos só são possíveis com as formas dos pronomes pessoais preposicionadas "ele(s)" e "ela(s)". Exemplo:

Assisti ao espetáculo. = Assisti a ele.

Nunca poderíamos usar, porém, algo como "assisti-lhe", no sentido em que está sendo usado o verbo.[13]

III.2 Regência nominal

III.2.1 Regra geral

Regência nominal é a relação que se estabelece entre os nomes – termos regentes, que podem ser representados por substantivos, adjetivos ou advérbios – e os elementos que os complementam – termos regidos.

Nos estudos de regência nominal, devemos considerar que muitos nomes seguem o mesmo regime dos verbos que lhes são correspondentes. Dessa forma, se considerarmos, por exemplo, a regência do verbo "obedecer", veremos que essa mesma regência é seguida pelas palavras que lhe são cognatas, como o substantivo "obediência", o adjetivo "obediente" e o advérbio "obedientemente". Exemplos:

A **obediência às regras** é pré-requisito deste cargo.

Todos somos **obedientes às leis**.

Considerei agir **obedientemente ao regulamento**.

Algumas vezes, certos substantivos e adjetivos admitem mais de uma regência, ou seja, admitem construções com diferentes preposições. Exemplo:

Tinha muito **amor ao trabalho**./ Tinha muito **amor pelo trabalho**.

Veremos, a seguir, a regência de alguns substantivos, adjetivos e advérbios.[14]

---

[13] Na seção **Regência de verbos que costumam provocar dúvidas**, você encontrará uma lista com alguns dos principais verbos cuja regência, em geral, causa dúvidas aos usuários da língua.
[14] Na seção **Regência de nomes que costumam provocar dúvidas**, você encontrará uma lista com alguns dos principais nomes cuja regência, em geral, causa dúvidas aos usuários da língua.

III.2.2 Regência de substantivos

Quadro 28
Exemplos de regência de substantivos

Substantivos	**Preposições**	**Exemplos**
Admiração	a, por	Sua **admiração ao** chefe (**pelo** chefe) era grande.
Aversão	a, para, por	Tínhamos **aversão a** (**para/por**) mudanças.
Bacharel, especialista, mestre ou doutor	em	Fernando é **mestre em** linguística.
Capacidade	de, para	Sua **capacidade de** (**para**) se concentrar era imensa.
Devoção	a, para com, por	Nossa **devoção ao** (**para com o/pelo**) trabalho nunca foi questionada.
Dúvida	acerca de, em, sobre	Os auditores tinham **dúvidas acerca da** (**na/sobre a**) idoneidade dos balanços.
Horror	a	Nossa equipe tem **horror a** (e não **de**) retrabalho.
Medo	a, de	O **medo ao** (**do**) novo coordenador já era uma constante.
Ojeriza	a, por	Sua **ojeriza a** (**por**) esta tarefa já está refletindo em nosso trabalho.
Respeito	a, com, para com, por	Mostraram todo o **respeito à** (**com a/para com a/ pela**) diretora.

Em alguns casos, o uso de certas preposições pode gerar ambiguidades, por isso é bom ficar atento à seleção da preposição. Veja o exemplo a seguir:

O medo **do** novo coordenador já era uma constante.

O que está sendo entendido: trata-se do medo que era causado pelo novo coordenador ou do medo que esse coordenador tinha de alguma coisa? A dúvida ocorre porque a preposição "de" tanto pode indicar que o termo por ela regido (novo coordenador) seria o objeto (alguém tem medo do coordenador) ou o agente da ação de temer (o coordenador tem medo).

III.2.3 Regência de adjetivos

Vejamos alguns exemplos de adjetivos que exigem complementos regidos de preposição obrigatória:

Quadro 29
Exemplos de regência de adjetivos

Adjetivos	**Preposições**	**Exemplos**
Acessível	a	Os documentos estão **acessíveis a** todos.
Afável	com, para com	Ela se mostrou **afável com** (**para com**) os novos funcionários.
Alheio	a	Por motivos **alheios a** nossa vontade, não fechamos o contrato.
Ansioso	de, por	Estamos **ansiosos de** (**por**) novas tarefas.
Capaz	de, para	Todos eram **capazes de** (**para**) desenvolvimento de novas habilidades.
Compreensível	a	O enunciado não era **compreensível a** nenhum de nós.
Escasso	de	O depósito está **escasso de** materiais.
Generoso	com	Devemos ser **generosos com** nossos aliados.
Impróprio	para	Esse equipamento é **impróprio para** o serviço.
Indeciso	em, sobre	Estamos **indecisos na** (**sobre a**) cor mais adequada à tela.
Parco	de, em	Trata-se de um sistema de informações **parco de** (**em**) recursos.
Próximo	a, de	Estamos bem **próximos a** (**de**) nossa meta.
Rico	de, em	Esse novo ambiente é **rico de** (**em**) novas possibilidades de interação.
Seguro	de, em	Estamos **seguros desta** (**nesta**) escolha.
Útil	a, para	Essas anotações poderão ser **úteis ao** (**para o**) trabalho.

III.2.4 Regência de advérbios

Vejamos, agora, alguns exemplos de advérbios que exigem complementos regidos de preposição obrigatória:

Tabela 30
Exemplos de regência de advérbios

Advérbios	**Preposições**	**Exemplos**
Longe	de	Estarmos mais **longe de** nossos objetivos é impossível.
Perto	de	Muitos gostariam de estar mais **perto da** sede.
Terminados em "-mente"	Tendem a seguir o mesmo padrão dos adjetivos a partir dos quais são formados: "paralelo a"/"paralelamente a"; "fiel a"/"fielmente a"; "contrário a"/"contrariamente a", etc.	Agiu **contrariamente às** orientações propostas.

Autoavaliação 3

QUESTÃO 1:

Quando fazemos uso da linguagem, podemos objetivar convencer ou persuadir alguém.

Convencer e persuadir são elementos diferentes. Nesse sentido, podemos afirmar que:

a) Persuadir é mais do que convencer alguém.
b) Convencer é mostrar que há apenas uma verdade.
c) Convencer é ser capaz de fazer alguém mudar de opinião.
d) Persuadir é fazer alguém chegar à compreensão de seu ponto de vista.

QUESTÃO 2:

A fim de elaborarmos eficientemente nosso texto, temos de considerar dois aspectos extremamente importantes: nosso conhecimento sobre o assunto que iremos expor e nossa capacidade para adaptar esse assunto ao perfil do leitor de nosso texto.

Para isso, podemos contar com os seguintes procedimentos, com exceção de:

a) Consultar fontes específicas.
b) Interagir com outros especialistas.
c) Buscar escrever sobre temas novos.
d) Conhecer, previamente, o perfil de nosso interlocutor.

QUESTÃO 3:

Observe a peça publicitária apresentada a seguir:

FIGURA 28
Peça publicitária do Hortifruti

CASTILHO. Página inicial. [S. l.], 2008. Disponível em: <https://castilhopropaganda.wordpress.com/2008/02/27/hortifruti-aqui-a-natureza-e-a-estrela/>. Acesso em: jan. 2022.

Frequentemente, ao preenchermos as lacunas de um texto, precisamos realizar diferentes inferências, para que consigamos apreender significados mais profundos nele presentes.

Na peça publicitária apresentada, a intenção comunicativa só é alcançada mediante um fator de contextualização fundamental para a coerência do texto, que é a:

a) Focalização.
b) Informatividade.
c) Intertextualidade.
d) Argumentatividade.

QUESTÃO 4:

Leia, atentamente, o texto a seguir.

> O primeiro-ministro japonês fez, **neste sábado,** a primeira visita à região devastada pelo terremoto e tsunami, **enquanto** autoridades que lutam contra a pior crise nuclear desde Chernobyl disseram que podem ter descoberto a razão de a radiação estar vazando para o mar.

A coesão pode ser obtida pelo uso de diferentes recursos textuais.

Os termos grafados em negrito garantem a coesão do texto acima, que, nesse caso, é estabelecida pelo seguinte mecanismo:

a) Conexão.
b) Inferência.
c) Justaposição.
d) Marcação textual.

QUESTÃO 5:

Alguns verbos que demandam termos regidos sem preposição obrigatória costumam ser alvo de construções incorretas com complementos preposicionados e vice-versa.

Considerando essa afirmativa, marque (1) para as frases corretas e (2) para as incorretas.

( ) Pare de implicar comigo!
( ) Aspirei o ar perfumado das montanhas.
( ) O deputado aspira a presidência do partido.
( ) A atitude dele implicará em pesados encargos.

A sequência correta dos números nos parênteses é:

a) 1 – 1 – 2 – 2
b) 2 – 2 – 1 – 1
c) 1 – 2 – 1 – 1
d) 2 – 2 – 2 – 2

QUESTÃO 6:

Alguns verbos exigem dois complementos obrigatórios.

Considerando essa afirmativa, nas frases apresentadas a seguir, a opção que preenche, corretamente, as lacunas presentes em cada uma delas é:

1) Paguei ____ consulta ____ médica.
2) O juiz perdoou ____ afronta ____ré.

a) a – a – a – à
b) à – a – a – à
c) a – à – à – a
d) a – à – a – à

QUESTÃO 7:

Alguns verbos demandam mais de uma regência, dependendo do sentido em que são empregados.

Considerando essa afirmativa, nas frases apresentadas a seguir, a opção que preenche, corretamente, as lacunas presentes em cada uma delas é:

1) Decidido, visou ____ pássaro.
2) O funcionário visou ____ passaporte.
3) Ela visa ____ melhor cargo da empresa.

a) o – o – ao
b) ao – o – o
c) o – ao – ao
d) ao – ao – o

QUESTÃO 8:

O verbo "assistir" possui mais de uma regência de acordo com seu significado.

Considere a interação apresentada a seguir.

Tendo em vista as possibilidades de regência do verbo "assistir", pode-se dizer que, segundo a norma culta, ele foi empregado corretamente

a) Por ambos os personagens.
b) Por nenhum dos dois personagens.
c) Apenas pela personagem feminina.
d) Apenas pelo personagem masculino.

QUESTÃO 9:

Termos regidos sem preposição obrigatória que se refiram à 3ª pessoa do discurso podem ser substituídos pelos pronomes pessoais "o(s)", "a(s)". Nesses casos, o verbo ou o pronome podem sofrer algumas alterações, que buscam a melhor adaptação fonética de uma forma a outra.

A opção em que se constata erro na junção do pronome ao verbo regente é:

a) Fiz + as = fi-las.
b) Põe + as = põe-nas.
c) Entender + os = entendê-los.
d) Comprou + os = comprou-nos.

QUESTÃO 10:

A regência de determinados verbos é, muitas vezes, fonte de estranhamento para os usuários de nossa língua.

Considerando essa afirmativa, nas frases apresentadas a seguir, a opção que preenche, corretamente, as lacunas presentes em cada uma delas é:

1) Lembrei ____ cena da novela!
2) O médico assistiu ____ doente.
3) O delegado procedeu ____ inquérito.
4) Esqueci ____ problemas que me perseguiam.

a) a – o – o – os
b) a – o – ao – os
c) da –ao – o – dos
d) da – ao – ao – dos

QUESTÃO 11:

Algumas vezes, a preposição pode ser usada junto a verbos que, normalmente, não a demandariam, para manter a clareza da frase.

A opção em que o uso da preposição destacada não se justifica, especificamente, pela regência do verbo é:

a) Ao rapaz Pedro observava atentamente.
b) Ao trabalho todos costumam chegar cedo.
c) As pessoas visavam aos melhores resultados.
d) Preferíamos o excesso de trabalho aos períodos sem nada para fazer.

QUESTÃO 12:

Usamos diferentes pronomes pessoais de 3ª pessoa para substituir complementos de verbos transitivos diretos e indiretos.

Considerando essa afirmativa, nas frases a seguir, a opção que contém as formas pronominais que complementam corretamente as lacunas apresentadas é:

1) Você pagou a dívida? Sim, paguei ____.
2) Isto pertence a seus pais? Sim, pertence ____.
3) Você pagou ao cobrador? Não, ainda não ____ paguei.
4) Você ama este rapaz? Não tenho certeza de que ____ ame.

a) -a, -lhes, o, o
b) -a, -lhes, lhe, o
c) a ela, -lhes, o, lhe
d) a ela, -lhes, lhe, lhe

QUESTÃO 13:

Considere o período apresentado a seguir.

Este é o autor **cuja obra** conheço.

A opção que apresenta, corretamente, as alterações necessárias no complemento verbal acima destacado, quando o verbo da oração é substituído pelas seguintes opções, é:

1) Falamos sobre o autor gosto.
2) Falamos sobre o autor acredito.
3) Falamos sobre o autor procuro.
4) Falamos sobre o autor me refiro.

a) de cuja obra – cuja obra – cuja obra – cuja obra
b) cuja obra – de cuja obra – cuja obra – a cuja obra
c) cuja obra -- em cuja obra – por cuja obra – cuja obra
d) de cuja obra – em cuja obra – por cuja obra – a cuja obra

QUESTÃO 14:

Regência nominal é a relação que se estabelece entre os nomes – termos regentes, que podem ser representados por substantivos, adjetivos ou advérbios – e os elementos que os complementam – termos regidos.

Considerando essa afirmativa, nas frases apresentadas a seguir, a opção que preenche, corretamente, as lacunas presentes em cada uma delas é:

1) Ser fiel ____ amigos é uma arte.
2) Você é indigno ____ minha amizade.
3) O trabalho em excesso é prejudicial ____ coração.
4) Os médicos dizem que o vinho é útil ____ saúde.

a) aos – de – ao – à
b) a – a – para o – ao
c) com – da – para o – a
d) com os – da – ao – ao

QUESTÃO 15:

Leia, atentamente, o texto apresentado a seguir:

No texto apresentado, os nomes "dúvidas" e "ojeriza" admitem complementos regidos por mais de uma preposição.

As preposições que também complementam, de forma correta, cada um desses substantivos no sentido em que são empregados são, respectivamente,

a) de – a
b) em – com
c) acerca de – a
d) por causa de – de

QUESTÃO 16:

Vários adjetivos da língua portuguesa admitem mais de uma regência.

Considerando essa afirmativa, na frase apresentadas a seguir, a opção que preenche, corretamente, as lacunas é:

"Alheia ___ todos os riscos, a seção estava segura ___ decisão que havia sido tomada e acreditava estar próxima ___ resolução dos conflitos."

a) a – à – à
b) de – à – a
c) a – na – da
d) de – da – da

QUESTÃO 17:

A regência de verbos e nomes segue padrões estabelecidos pela variedade culta da língua portuguesa.

Assinale a opção que **não** contém erro de regência segundo os padrões cultos da língua:

a) Não fazemos entregas a domicílio.
b) Responderei a todas as dúvidas apresentadas.
c) O curso será oferecido a nível de pós-graduação.
d) Eles não residem mais à rua Jornalista Orlando Dantas.

QUESTÃO 18:

Nos casos em que dado nome apresenta possibilidades de regência diferentes, a seleção da preposição adequada deve considerar a eliminação de qualquer ambiguidade na frase.

Considerando essa afirmativa, assinale a opção em que o uso da preposição provoca ambiguidade na frase:

a) O respeito do diretor era grande.
b) O respeito às leis é dever de todo cidadão.
c) No trabalho, o respeito para com os colegas é fundamental.
d) Encontraram no respeito por seus valores a solução de seus problemas.

QUESTÃO 19:

"É compreensível ______ todos que o aumento de pessoal seja impróprio ______ empresa nas circunstâncias atuais."

A opção que apresenta propostas corretas, segundo os padrões cultos da língua, para o preenchimento das lacunas do enunciado acima apresentado é:

a) por – à
b) por – a
c) para – à
d) a – para a

QUESTÃO 20:

Considere o enunciado apresentado a seguir.

Devoção exagerada para com o trabalho não faz bem.

A opção que apresenta uma afirmação correta acerca da regência do substantivo "devoção", segundo os padrões cultos da língua, no enunciado acima, é:

a) A regência correta seria, exclusivamente, "devoção a".
b) A regência correta seria, exclusivamente, "devoção por".
c) A regência correta seria, exclusivamente, "devoção para com".
d) A regência está correta, e o adjetivo prevê ainda complementação com as preposições "a" ou "por".

CAPÍTULO 4

Modelos de escrita técnica

Neste módulo, apresentaremos e ilustraremos os principais modelos de escrita comercial e oficial.

Para isso, mostraremos as características e a funcionalidade de cada modelo, determinando suas diferenças e a importância do domínio dessas informações no âmbito profissional das instituições públicas e das empresas privadas.

Vale lembrar, contudo, que os modelos apresentados podem sofrer alterações em função de características específicas de diferentes áreas ou ainda estilos definidos por diferentes instituições.

4.1 Escrita comercial[15]

4.1.1 Atestado

Atestado é o documento em que solicitamos a uma pessoa credenciada o registro de um fato ou de uma determinada situação. Esse documento é constituído de:

- timbre do órgão ou da empresa que fornece o atestado (caso exista);
- finalidade do documento;
- título;
- texto;

[15] Para visualizar modelos dos diferentes tipos de escrita comercial aqui enunciados, consulte a seção de anexos.

- identificação do solicitante;
- local e data;
- assinatura;
- fato ou situação motivadora.

4.1.2 Declaração e termo

Declaração é um documento em que manifestamos uma opinião, uma observação ou uma resolução. Não raro, a declaração é bastante semelhante ao atestado.

O termo também é uma declaração, mas uma declaração registrada em um processo ou em um livro. Os termos podem ser de posse, nascimento, responsabilidade, inauguração.

4.1.3 Ata

Ata é o registro claro e fiel do que fizemos e dissemos em uma reunião. Normalmente, há um livro em que são registradas todas as atas de um órgão, de uma associação, de um conselho.

O livro de atas deve conter:

- termo de abertura – redigido por uma pessoa autorizada – em que registramos o propósito do livro;
- termo de encerramento, datado e assinado, ao término do uso do livro.

A ata propriamente dita é constituída de:

- cabeçalho;
- abertura;
- declaração da legalidade da reunião pela existência de quórum;
- lista dos nomes das pessoas presentes – caso haja muitos, indicamos somente a quantidade;
- aprovação da ata da reunião anterior;
- narração dos assuntos tratados;
- decisões e forma como estas foram tomadas;
- fecho.

4.1.4 Boletim

O boletim é utilizado por instituições públicas ou privadas, principalmente para notificações. Normalmente, os boletins são distribuídos aos setores pertinentes da instituição e fixados em locais visíveis para que todos possam deles tomar ciência.

4.1.5 Circular e memorando

Com a circular, transmitimos orientações, ordens, esclarecimentos. Da mesma forma que o boletim, a circular também é reproduzida e enviada a diferentes pessoas e instituições interessadas.

Já com o memorando, veiculamos mensagens pequenas e pouco formais: pedidos, consultas, informações breves.

O memorando pode ser:

- interno – também chamado de CI (comunicação interna), é utilizado para comunicação dentro da empresa ou do órgão;
- externo – utilizado para comunicação dentro da própria empresa ou entre a empresa e alguém de fora;
- interdepartamental – utilizado para comunicação entre os departamentos ou entre a matriz e uma filial da mesma empresa.

De um memorando, devem constar:

- timbre da empresa ou do órgão;
- a palavra "Ementa", seguida pelo processo ou pelo assunto do memorando;
- local e data;
- os anexos, caso haja;
- cumprimento final e assinatura;
- código do departamento emissor e número do memorando;
- nome do receptor do memorando e um texto sucinto.

4.1.6 Carta de cobrança

Utilizamos a carta de cobrança para cobrar um cliente inadimplente. Com isso, procuramos fazer com que o cliente quite sua dívida. Justamente por essa razão, devemos procurar manter com ele uma relação amistosa e cordial, tentando convencer o cliente de que acreditamos em sua boa-fé. Estamos aqui supondo que o cliente possa ter-se esquecido de pagar a dívida. Dessa forma, a carta de cobrança deve ser personalizada, e contatos telefônicos podem ajudar nesse processo. Devemos ainda emitir, após o vencimento da dívida, um aviso de rotina.

Caso o cliente inadimplente não pague a quantia que deve ou não responda ao aviso, devemos emitir uma segunda carta, ainda mais formal. Nessa carta, devemos mostrar-nos prontos para ajudar na solução do problema, mas não devemos nos esquecer de acrescentar a seguinte orientação: que o aviso seja desconsiderado caso a dívida já tenha sido quitada.

Na terceira carta, já podemos lembrar o cliente da importância de se ter crédito e podemos fazer ameaças judiciais já com data marcada. Entretanto, devemos continuar mostrando que estamos à disposição do cliente para um eventual auxílio. Em último caso, cumprimos a ameaça e acionamos o cliente, avisando-o de tal fato por mera gentileza.

4.1.7 Carta particular

A carta particular pode ser um meio para vários fins, como:

- candidatar-se a um emprego;
- recomendar alguém;
- pedir dispensa.

No primeiro caso, devemos apresentar, resumidamente, os dados pessoais e profissionais do candidato. Essa carta deve vir acompanhada de ficha de informações pessoais – *curriculum vitae* resumido – ou do próprio *curriculum vitae*.

Na segunda hipótese, uma carta de recomendação deve ser sintética e clara. Além disso, se a carta for entregue por meio de um conhecido, podemos escrever, no envelope, seu nome precedido pela expressão "Aos cuidados de". Nesse caso, o envelope deve ser fechado.

Caso o recomendado entregue a carta pessoalmente a uma pessoa do alto escalão da empresa, o envelope deve permanecer aberto, como sinal de que o portador é confiável.

No terceiro caso – pedido de dispensa –, podemos solicitar o desligamento da empresa onde trabalhamos.

4.1.8 Carta comercial

A carta comercial mantém o contato entre empresas, e entre estas e seus clientes. Ao redigirmos esse tipo de correspondência, precisamos estar atentos à forma como escrevemos. Devemos estar alinhados com as características e as metas da empresa que representamos, para que o receptor, ao ler a carta, tenha percepção de credibilidade.

Além disso, mesmo que seja difícil, devemos ser cordiais e delicados, e ter sempre em mente que a carta serve para informar, e não para impressionar.

A carta comercial é composta de:

- timbre da empresa;
- índice, como as iniciais do setor, por exemplo;
- número da carta e ano;
- local e data;
- receptor e seu endereço;
- referência, isto é, assunto da carta;
- invocação e texto;
- cumprimentos finais e assinatura;
- anexos, caso haja;
- iniciais do redator e do digitador, separadas por uma barra.

4.1.9 Mala direta e *e-mail* marketing

A mala direta é uma propaganda enviada a um determinado número de pessoas que possam ter interesse em dado produto e pode incluir brindes diversos. Pode ser também uma pesquisa para, entre outros fins, verificação da percepção de qualidade por parte dos clientes.

É bom lembrar, contudo, que as comunicações via correio eletrônico com fins de publicidade - os chamados *e-mail* marketing, ainda conhecidos por mala direta eletrônica - também são reguladas pela LGPG (Lei Geral de Proteção de Dados), por isso é importante estar atento às opções de *opt-in* (consentimento prévio do destinatário da mensagem para tratamento de seus dados) e *opt-out* (revogação desse consentimento pelo titular dos dados) nesse tipo de comunicação.[16]

---

[16] Para mais informações sobre o uso do *e-mail*, acesse o capítulo 5 deste livro: "Comunicação digital no ambiente corporativo".

4.1.10 Acordo, contrato e convênio

Acordo é um acerto. Dessa forma, quando acordamos algo, estamos concordando, estamos chegando a uma convenção comum.

O contrato é um documento que resulta de um acordo firmado entre duas ou mais partes, e pode ser de cinco tipos:

- unilateral – a obrigação recai sobre uma parte, e a outra, simplesmente, aceita o fato;
- bilateral – ambas as partes têm obrigações e direitos;
- comutativo – uma parte se obriga a fazer algo, a outra parte recebe e vice-versa;
- aleatório – o lucro é incerto e provável;
- social – faz-se entre um governante e seus governados.

Um convênio nada mais é que um pacto, um acordo entre duas partes, em que uma se predispõe a prestar determinado serviço à outra.

4.1.11 Convocação

A convocação intima, obriga o comparecimento do destinatário a uma reunião ou a um ato. Por isso, precisam fazer parte desse documento local e data em que o convocado deve comparecer. Já a finalidade da convocação pode ser ou não mencionada.

Para que a convocação seja bem-compreendida, o texto deve ser simples e objetivo.

4.1.12 Ordem de serviço

Ordem de serviço é uma liberação para execução de determinadas tarefas. Assim, como muitos adequadamente acreditam, ela tem relação com tarefas, e não com alocação de pessoal.

4.1.13 Procuração

Por meio de uma procuração, um órgão, uma empresa ou uma pessoa – mandante, outorgante ou constituinte – pode conceder poderes a outrem – mandatário, outorgado ou procurador.

A procuração pode ser:

- pública – lavrada pelo tabelião em livro de notas. Daí resulta o traslado, cópia do livro de notas que fica em poder do procurador;
- particular – sem registro no livro de notas;
- geral – o constituinte dá plenos poderes ao procurador;
- especial – o constituinte especifica, na procuração, os poderes do procurador.

A procuração deve conter:

- título, em letras maiúsculas;
- texto, em que o constituinte se identifica, identifica o procurador e designa poderes gerais ou especiais;
- local e a data;

a assinatura do constituinte;

- a identificação das testemunhas e suas respectivas assinaturas.

Lembramos também que uma procuração pode ser subestabelecida, isto é, o procurador pode nomear outro procurador. Entretanto, isso só será possível se previsto na procuração.

4.1.14 Regimento e regulamento

Regimento é um conjunto de regras que determina direitos e deveres. Regimento interno é o nome dado ao conjunto de regras de funcionamento e de serviços internos de órgãos públicos ou empresas privadas.

Regulamento pode ser um documento oficial que esclarece um texto legal, tendo como finalidade estabelecer o modo como uma lei deve ser cumprida. Pode ser, ainda, um conjunto de regras necessárias ao funcionamento de uma empresa ou à realização de um concurso.

4.2 Escrita oficial[17]

4.2.1 Ofício

O ofício é um documento de caráter oficial usado para a comunicação entre os órgãos públicos; por isso, deve ser sério, claro e natural, evitando, dessa forma, a linguagem rebuscada.

[17] Para visualizar modelos dos diferentes tipos de escrita oficial aqui enunciados, consulte a seção de *anexos*.

O ofício é constituído de:

- timbre e nome do órgão público;
- código do setor ou departamento que expede o ofício – caso haja dois com a mesma competência – e número do ofício, que zera a cada ano;
- local, data de expedição e assunto do ofício precedido pela palavra "Ementa";
- pronome de tratamento adequado e destinatário do ofício;
- texto, que pode conter o desenvolvimento da ementa – o apelo, caso queiramos persuadir o receptor, ou o impulso, que transforma predisposição em ação;
- cumprimento final, assinatura e anexos, caso haja;
- nome do destinatário precedido do tratamento adequado, seu endereço e seu cargo.

4.2.2 Requerimento e abaixo-assinado

O requerimento é o documento que utilizamos para solicitar ou pedir a um órgão ou a uma autoridade pública alguma coisa a que temos direito.

O fecho de um requerimento deve ser feito a partir de algumas siglas já estabelecidas:

- N.T., para "nestes termos";
- D., para "aguarda deferimento";
- E. D., para "espera deferimento".

Chamamos um requerimento coletivo de abaixo-assinado.

4.2.3 Diploma

O diploma é um documento oficial que certifica a conclusão de um curso, confere um cargo, dignidade ou privilégio a alguém.

4.2.4 Auto

O auto é uma narração detalhada e autenticada de um acontecimento ocorrido em uma determinada data. Normalmente, um auto é lavrado em um livro destinado a esse fim.

Como um auto tem grande importância em um processo, precisamos tomar alguns cuidados ao lavrá-lo, como inutilizar as linhas em branco para que o documento não seja alterado e escrever os números por extenso para evitar falsificações.

4.2.5 Apostila, manifesto e resolução

Utilizamos uma apostila para esclarecer, completar ou retificar o conteúdo de um contrato, uma portaria, uma certidão, isto é, de um texto já pronto. Assim, como a apostila não tem "vida própria", ela deve ser lavrada pela mesma pessoa que expediu o documento a que ela se refere.

O manifesto é uma declaração pública que justifica um ato e pode ser endereçada ao governo ou ao público em geral.

Resolução é um ato expedido por:

- órgãos colegiados – órgãos deliberativos que têm a finalidade de decidir sobre os mais diversos assuntos que lhes são passados;
- autarquias – entidades estatais autônomas, com patrimônio e receita próprios, criadas por lei para executar, de forma descentralizada, atividades típicas da administração pública, como, por exemplo, o Banco Central;
- grupos representativos – agremiações, conselhos, sindicatos, ordens, comitês, etc. – que têm por função representar determinado grupo social ou profissional. Por meio dessas agremiações, um grupo social ou profissional pode criar a regulamentação de determinado procedimento. Por exemplo, a Ordem dos Advogados do Brasil (OAB) possui um exame que autoriza os bacharéis em direito à prática da advocacia;
- conselhos administrativos – órgãos deliberativos em matéria administrativo-financeira de uma instituição, nos termos da legislação em vigor;
- assembleias legislativas.

4.2.6 Ato

Os atos podem ser classificados da seguinte forma:

- ato administrativo – também chamado de ato governamental, é uma ação particular do Estado;
- ato atributivo – transfere um direito a alguém;
- ato autêntico – é munido de fé pública e é expedido por uma autoridade;

- ato formal – também chamado de ato solene, necessita de uma solenidade para adquirir validade;
- ato gratuito – provém de liberalidade ou dispensa encargos;
- ato jurídico – transfere, modifica, restringe ou extingue direitos;
- ato oneroso – implica encargos;
- ato resolúvel – também chamado de contrato resolúvel, contém o prazo de seu vencimento ou a condição que o resolve.

4.2.7 Carta oficial

Podemos utilizar a carta oficial para vários fins:

- retificação ou confirmação de uma resolução por parte do governo;
- nota de um diplomata;
- correspondência social da alta chefia de uma empresa.

Dessa forma, a carta oficial assume várias denominações, como:

- carta de autorização – também chamada de carta-patente ou, simplesmente, patente, concede uma autorização ou um privilégio;
- carta de chamada – solicita a entrada de imigrantes em um país;
- carta declaratória – por meio dela, o governo autoriza uma reforma ou alteração no estatuto de uma sociedade;
- carta-partida – também chamada de carta de fretamento, comprova o fretamento de uma embarcação;
- carta precatória – por meio desse tipo de carta, um juiz de uma circunscrição solicita a um juiz de outra circunscrição citações, inquirição de testemunhas ou outros atos judiciais necessários a um processo da circunscrição solicitante;
- carta testemunhável – recurso judicial que leva, ao tribunal competente, determinados recursos cuja interposição ou cujo segmento foram denegados pelo juiz inferior.

4.2.8 Certidão

A certidão é um documento que certifica algo extraído de assentamentos públicos, que são registros realizados por órgão público – ou sob sua autorização –, utilizados para cadastro e controle de processos de documentação. A partir desses assentamentos, podem ser emitidos documentos como certidões de nascimento ou óbito, registro de imóveis, carteiras profissionais, etc.

Ela deve conter os seguintes itens:

- timbre do órgão responsável pela expedição do documento;
- título e número da certidão, caso haja;
- texto, em linhas corridas, com a identificação da autoridade certificadora e da que ordenou a certificação, com o documento pertinente ao caso e com a narrativa do conteúdo que interessa ou a transcrição do documento;
- fecho, local, data e assinatura do certificante.

4.2.9 Despacho

À decisão de uma autoridade com relação a um pedido, damos o nome de despacho. Uma decisão pode ser deferida por algumas simples palavras, como, por exemplo, "aprovo", "defiro em termos", "de acordo", etc.

4.2.10 Exposição de motivos e exposição justificada

A exposição de motivos é um documento que sugere ou justifica a necessidade de expansão de um ato ou de uma providência.

De uma exposição de motivos, devem constar:

- síntese do assunto e das alegações, dos argumentos e dos fundamentos;
- considerações e razões do assunto;
- transcrição da legislação citada, quando necessário;
- parecer de conclusão claro e sucinto.

A exposição de motivos deve ser despachada por autoridade competente, com "aprovo", "aprovado", "expeça-se o ato", "arquive-se", "concordo" ou "sim".

Além da exposição de motivos, há a exposição da justificativa, que, normalmente, figura diluída em outros documentos, como o parecer, por exemplo.

Ademais, no fim do documento, devemos registrar o número do processo, caso haja, e as iniciais de quem a redigiu, separadas por uma barra das iniciais do digitador.

4.2.11 Nota e guia

Quando a nota diz respeito a uma comunicação oficial entre ministros de Estado, ela recebe o nome de diplomática. Quando diz respeito a uma comunicação feita por altas autoridades ou entidades de classe, a nota recebe o nome de oficial.

A guia é um formulário para pagamento de impostos ou de contribuições, para expedição de mercadorias ou correspondências, ou é, simplesmente, um comprovante. Normalmente, a guia faz parte de uma carta oficial.

4.2.12 Notificação

Com a notificação, podemos informar a uma pessoa ou a uma empresa uma norma para que um ato seja executado ou não, ou ainda podemos dar uma ordem.

4.2.13 Parecer

Ao emitirmos um parecer, estamos analisando um caso ou dando uma opinião. O parecer nos auxilia na tomada de decisões. Ele se diferencia da informação por emitir opiniões, e não somente fornecer dados. Quando o parecer está relacionado a um caso burocrático, recebe o nome de parecer administrativo. Nesse caso, a linguagem pode ser simples e objetiva.

Quando está relacionado a uma matéria específica, recebe o nome de parecer técnico. O parecer técnico é redigido por cientistas ou técnicos; por isso, sua redação é mais rebuscada e técnica.

Apêndice Gramatical IV

Este apêndice segue o pressuposto pelo Decreto nº 6.585, de 29 de setembro de 2008, que determina o cumprimento do Acordo Ortográfico da língua portuguesa, assinado em Lisboa, em 16 de dezembro de 1990, por Portugal, Brasil, Angola, São Tomé e Príncipe, Cabo Verde, Guiné-Bissau, Moçambique – com a adesão dos observadores da Galiza –, bem como o Segundo

Protocolo Modificativo a esse acordo, assinado em São Tomé, em 25 de julho de 2004.

Começaremos com as regras para acentuação gráfica e as que orientam o uso do acento grave para marcação da crase.

É preciso lembrar, porém, que nosso desafio é compartilhar com você o trabalho com a gramática para além dos limites da frase, partindo de suas necessidades práticas de leitura e interpretação de textos, de produção oral e escrita, ou seja, práticas comunicativas de interação com o outro, que caracterizam e definem nossa humanidade.

IV.1 Acentuação gráfica

IV.1.1 Acento gráfico

Parece mentira, mas, a princípio, os acentos gráficos sobre os quais temos tantas dúvidas são necessários para evitar certas ambiguidades em nossa língua. Entre "sábia" e "sabiá", por exemplo, o acento gráfico é o único elemento que estabelece a oposição entre as duas palavras: a primeira, que expressa que alguém ou alguma coisa no feminino tem sabedoria, e a segunda, que indica um pássaro de bela voz. Mas isso você já sabia, não?

Falando em saber, por que é que em "sabia" não há acento gráfico? Porque a maioria de nossas palavras têm mais força em sua penúltima sílaba - que se diz tônica -, ou seja, são paroxítonas. Além disso, em grande parte, elas terminam em "a", "e", "o".

Dessa forma, foi convencionado que as paroxítonas terminadas com essas vogais não são acentuadas graficamente. Exemplos:

- pla**ni**lha, cor**re**ta, copi**a**va, se**gun**da;
- expedi**en**te, coe**ren**te, **men**te, **sem**pre;
- au**men**to, abu**si**vo, **com**pro, **mui**to.

Já as palavras oxítonas - que têm a última sílaba tônica - terminadas em "a", "e", "o", seguidas ou não de "s", são sempre acentuadas graficamente. Exemplos:

alva**rá**, ca**fé**, pale**tó**.

O mesmo ocorre com as paroxítonas terminadas em "em" ou "ens". Elas não recebem acento gráfico. Exemplos:

- **que**rem, es**cre**vem, **jo**vem, **jo**vens, **hi**fens.

Só as oxítonas terminadas em "em" ou "ens" são acentuadas graficamente. Exemplos:

- arma**zém**, arma**zéns**, re**fém**, re**féns**.

IV.1.2 Paroxítonas e oxítonas

Já vimos que a maioria de nossas palavras são paroxítonas terminadas em "a", "e", "o" e que, por isso mesmo, elas não recebem acento gráfico.

Apenas as oxítonas com essas mesmas terminações – e que existem em muito menor número na língua – são acentuadas graficamente. Que bom, não?

Contudo, nossa língua também possui palavras paroxítonas com terminações mais raras. Nesses casos, elas são acentuadas graficamente, ao contrário das oxítonas com as mesmas terminações, ou seja, o jogo se inverte!

Observemos o quadro apresentado a seguir:

Quadro 31
Paroxítonas e oxítonas: terminações mais raras

Terminações	**Paroxítonas**	**Oxítonas**
"i"/"is"	**jú**ri, **jú**ris, **lá**pis, **tê**nis	a**qui**, ca**qui**, divi**di**, gen**tis**
"ons"	e**lé**trons	bom**bons**
"us"	**ví**rus, **bô**nus	uru**bus**, bam**bus**
"um"/"uns"	**fó**rum, **ál**bum, **ál**buns	co**mum**, co**muns**
ditongo	me**mó**ria, **fá**ceis, i**mó**veis, **ór**gão, **ór**gãos	be**beu**, par**tiu**
"ã"/"ãs"	**ór**fã, **ór**fãs, **í**mã	a**nã**, cam**peã**

Entre as paroxítonas, existem também aquelas terminadas em "ps", "r", "x", "n" e "l", que são acentuadas graficamente, ao contrário das oxítonas, caso apresentem essas terminações. É muito fácil guardar essas terminações. Basta que nos recordemos de **PS: RouXiNoL**.

Vejamos o esquema a seguir, que mostra que as paroxítonas terminadas nessas consoantes têm acento gráfico, enquanto as oxítonas, nas mesmas circunstâncias, não:

QUADRO 32
Paroxítonas e oxítonas: terminações em "ps", "r", "x", "n" e "l"

Terminações	Paroxítonas	Oxítonas
"ps"	**bí**ceps, **fór**ceps	–
"r"	ca**rá**ter, **már**tir, re**vól**ver	fa**lar**, memori**zar**, pata**mar**
"x"	**tó**rax, **ô**nix, **lá**tex	xe**rox**
"n"	**hí**fen, **pó**len, **mí**cron, **pró**ton	cati**on**
"l"	**fá**cil, a**má**vel, inde**lé**vel	pas**tel**, a**nel**, to**nel**

IV.1.3 Maiores e menores: proparoxítonas e monossílabos

Além das paroxítonas e das oxítonas, a língua portuguesa apresenta ainda palavras proparoxítonas, que possuem a antepenúltima sílaba tônica.

Por serem raras na língua, todas as proparoxítonas levam acento gráfico. Exemplos:

- **lâm**pada, pa**rá**frase, **lês**semos, **pên**dulo.

Palavras de uma única sílaba - monossílabos - podem ser tônicas ou átonas.

Todos os monossílabos tônicos terminados em "a", "e", "o" - seguidos ou não de "s" - são marcados com acento gráfico. Exemplos:

- **pá, pé, nó, pás, pés, pós** (substantivos), **lê, vê, dê, hás, crês** (verbos).

Contudo, as formas átonas não são acentuadas graficamente. Exemplos:

- **nas, mas, de** (preposição).

IV.1.4 Acentos diferenciais

O acento diferencial é utilizado para demarcar, graficamente, na língua, uma diferença entre algumas formas gramaticais foneticamente semelhantes, mas com sentidos diferentes, como em:

a) "pôr" (igual a "colocar"), que é diferente de "por" (preposição):

Não iremos **pôr** novas máquinas nas salas.

Não trocaremos essas máquinas **por** outras.

b) "porquê" (igual a "motivo"), que é diferente de "porque" (igual a "pois", antes do fim da oração):

Não sei o **porquê** dessa atitude.

Está aqui **porque** foi convocado.

c) "pôde" (3ª pessoa do singular do pretérito perfeito), que é diferente de "pode" (3ª pessoa do singular do presente do indicativo):

A empresa não **pôde** realizar a entrega no prazo.

Ele não **pode** nos tratar assim.

d) "tem" e "vem" (3ª pessoa do singular), que são diferentes de "têm" e "vêm" (3ª pessoa do plural):

Ele nos **tem** escrito várias cartas./Ele **vem** sempre aqui.

Eles nos **têm** escrito várias cartas./Eles **vêm** sempre aqui.

Os verbos derivados de "ter" e "vir" – todos tônicos – levam acento agudo na 3ª pessoa do singular e acento circunflexo na 3ª pessoa do plural do presente do indicativo: "retém" e "intervém" (3ª pessoa do singular) que são diferentes de "retêm" e "intervêm" (3ª pessoa do plural). Exemplos:

O departamento sempre **retém** parte das verbas./
Ele **intervém** durante as reuniões quando é necessário.

Os departamentos sempre **retêm** parte das verbas./
Eles **intervêm** durante as reuniões quando é necessário.

Atenção! Não utilizamos mais o acento diferencial em pares como:

- "pára" (verbo) e "para" (preposição). Exemplo:

Você não **para** de falar!

- "pêlo" (substantivo) e "pelo" (contração de preposição e artigo). Exemplo:

Os **pelos** do meu gato são castanhos.

- "pólo" (que significa "extremidade") e "polo" (que significa "gavião"). Exemplo:

Ficarei no outro **polo** da região.

IV.1.5 Trema

Usamos o trema somente em palavras derivadas de nomes próprios estrangeiros, como *mülleriano*, de *Müller*. Portanto, segundo o Novo Acordo Ortográfico da Língua Portuguesa, não há mais trema em palavras que antes grafavam-se com "güi", "güe", "qüi" e "qüe", tais como:

- lin**guí**stica, a**gue**ntar, tran**qui**lo, conse**quê**ncia.

IV.1.6 Dupla possibilidade

Os verbos terminados em "-guar", "-quar" e "-quir" admitem duas diferentes pronúncias em algumas formas do presente do indicativo, do presente do subjuntivo e do imperativo. Vejamos em que circunstâncias isso ocorre:

a) Quando pronunciados com "a" e "i" tônicos, essas formas devem ser acentuadas graficamente:

- enxáguo, enxáguem, oblíquas, oblíque, delínqua, delínques.

b) Contudo, quando pronunciados com "u" tônico, não recebem acento gráfico:

- enxa**gu**o, enxa**gu**em, obli**qu**as, obli**qu**e, delin**qu**a, delin**qu**es.

No Brasil, a pronúncia mais comum é a que considera o "a" e o "i" tônicos.

IV.1.7 Observações finais

Agora, para nos libertarmos, definitivamente, dos corretores ortográficos – que, aliás, muito deixam a desejar –, só falta estarmos atentos para mais algumas possibilidades de acentuação. Vamos a elas:

a) As formas verbais terminadas em "a", "e", "o" tônicos seguidas de "-lo", "-la", "-los", "-las" também são acentuadas como as palavras paroxítonas ou oxítonas:

- a**má**-lo, di**zê**-lo, re**pô**-lo, **fá**-lo-**á**, **pô**-lo, com**prá**-la-**á**.

b) Acentuamos os ditongos de pronúncia aberta "eu", "ei" e "oi" apenas nas palavras oxítonas:

- **céu**, cha**péu**, he**rói**, pa**péis**, tro**féus**.

c) Nas palavras oxítonas, usamos acento agudo nas vogais "i" e "u" tônicas que estiverem em posição final – ou seguidas de "s":
- tuiui**ú**, tuiui**ús**, Piau**í**.

d) Nas palavras oxítonas e paroxítonas, as vogais "i" e "u" levam acento agudo quando tônicas e quando sozinhas na sílaba ou seguidas de "s", desde que não sejam precedidas por ditongo ou seguidas de "nh":
- ba**í**a, ci**ú**me, ego**ís**mo.
- Por isso, cuidado! Não usamos acentos gráficos em palavras como "ideia", "joia", "feiura", "juiz", "rainha", etc.

e) Também não mais se acentuam, graficamente, os hiatos finais "eem" e "oo(s)".
- cr**ee**m, l**ee**m, v**ee**m, abenç**oo**, enj**oo**, v**oo**s.

IV.2 Crase

A palavra "crase" significa fusão, junção.

Em língua portuguesa, a crase é a fusão das vogais idênticas "a" + "a", indicada por meio do acento grave "à".

Pode ocorrer a fusão da preposição "a" com:
- o artigo feminino "a" ou "as". Exemplo:

Fui a + a reunião = Fui **à** reunião.

- o "a" dos pronomes "aquele(s)", "aquela(s)", "aquilo". Exemplo:

Fui a + aquele lugar = Fui **àquele** lugar.

- o "a" do pronome relativo "a qual" e flexão ("as quais"). Exemplo:

A cidade a + a qual nos referimos fica longe.
=
A cidade **à** qual nos referimos fica longe

- o pronome demonstrativo "a" ou "as" (= "aquela", "aquelas"). Exemplo:

Esta caneta é semelhante a + a que você me deu.
=
Esta caneta é semelhante **à** que você me deu.

IV.2.1 Regra geral

Já dissemos que haverá crase sempre que o termo anterior exigir preposição "a" e o termo posterior exigir artigo "a" ou "as". Exemplo:

Eu me referi a + a diretora = Eu me referi **à** diretora.

Nesses casos, é fácil descobrir se haverá ou não crase. Se, ao trocarmos o termo posterior por um masculino correspondente, obtivermos "ao", constataremos a presença da preposição "a" e do artigo "o" e, por tanto, da crase antes dos termos femininos. Exemplo:

Eu me referi **ao** diretor.

Desse modo, para que ocorra crase, é necessário que o termo anterior exija a preposição "a" e o termo posterior exija o artigo "a". Se um desses fatos não ocorrer, evidentemente, não haverá crase. Exemplo:

Eu conheço **a** diretora.

O verbo conhecer não pede a preposição "a". Exemplo:

Eu me refiro **a** ela.

O pronome pessoal ela não pede o artigo "a".

Trocando pelo masculino, percebemos que não existe o encontro "ao". Exemplos:

Eu conheço **o** diretor.

Eu me refiro **a** ele.

IV.2.2 Casos de crase obrigatória

Sempre haverá crase:

a) Na indicação de horas, desde que, ao trocarmos esse número por "meio-dia", obtenhamos "ao meio-dia". Exemplo:

Chegou **à** uma hora em ponto./Chegou **ao** meio-dia em ponto.

b) Diante da palavra "moda" – na expressão "à moda de" –, mesmo que essa expressão esteja subentendida. Exemplo:

Fez um gol **à** Pelé./Fez um gol **à moda de** Pelé.

c) Nas expressões adverbiais femininas. Exemplos:

Chegaram **à noite**.

Agia **às escondidas**.

Nas expressões adverbiais femininas, já se consagrou, na língua, o uso do acento grave sem que tenha ocorrido a crase, isto é, a fusão de duas vogais idênticas. Exemplo:

Vendi **à vista** o relógio.

Substituindo pelo masculino, teríamos: Vendi a prazo o relógio, o que não justificaria o uso do acento gráfico. Por esse mesmo motivo – ausência de crase –, em várias expressões adverbiais femininas, não usamos o acento gráfico. Exemplo:

A educação **a distância** apresenta uma nova proposta de ensino e aprendizagem.

Nas expressões adverbiais femininas de instrumento, não costumamos usar o acento grave. Exemplos:

Eles escreveram **a máquina**.

Saíram em um barco **a vela**.

d) Nas locuções conjuntivas e prepositivas formadas por palavras femininas, também se emprega o acento indicativo da crase. Exemplos:

À medida que caminhava, ficava mais longe de casa.

À proporção que estuda, sua nota vai melhorando.

IV.2.3 Casos de não utilização da crase

Nunca haverá crase:

a) Diante de palavras masculinas. Exemplo:

Não assisto **a filme** de terror.

b) Diante de verbos. Exemplo:

Estou disposto **a estudar**.

c) Nas expressões formadas por palavras repetidas. Exemplo:

Ficamos **frente a frente.**

d) Quando um "a" – sem o "s" de plural – ficar diante de palavra feminina plural – nesse caso, temos apenas a preposição. Exemplo:

Refiro-me **a pessoas** interessadas.

e) Diante de pronomes que repelem o artigo. Exemplos:

Dirijo-me **a Vossa Excelência**.

Isto não interessa **a ninguém**.

Evidentemente, se o pronome admitir artigo, haverá crase, como em:

Dirijo-me **à senhora**, dona Lurdes, contando com seu apoio.

Fiz alusão **à mesma aluna**.

IV.2.4 Casos de crase facultativa

Em algumas circunstâncias, podemos optar por usar ou não o acento grave, pois a crase pode ou não ocorrer. São elas:

a) Diante de nomes de pessoas do sexo feminino. Exemplo:

Ele fez referência **a (à) Sandra**.

b) Diante de pronomes possessivos femininos. Exemplo:

Obedeço **a (à) minha** consciência.

c) Depois da preposição "até":

Fomos **até a (à)** sala de reuniões.

IV.2.5 Outros casos

Vejamos agora outros casos de emprego do acento grave para a marcação da crase:

a) Diante de nomes de lugar – para verificar se um nome de lugar aceita ou não o artigo "a", usamos o seguinte artifício: se, ao formularmos uma frase com um nome de lugar mais o verbo "vir", obtivermos a combinação "da", cabe o artigo. Se obtivermos, simplesmente, a preposição "de", claro está que não cabe o artigo. Exemplos:

Vou **à Itália**./ Venho **da Itália.**

Vou **a Roma**./ Venho **de Roma**.

Se o nome de lugar que repele o artigo vier determinado, passará a aceitá-lo e, por conseguinte, haverá crase, como em:

Vou **à Roma antiga**./ Venho **da Roma antiga**.

b) Diante das palavras "casa" e "terra" – não ocorre crase diante das palavras "casa" (no sentido de lar, moradia) e "terra" (no sentido de chão firme), a menos que venham especificadas. Exemplos:

Voltamos cedo **a casa**./ Voltamos cedo **à casa dos amigos**.

Os marinheiros desceram **a terra**./
Os marinheiros desceram **à terra das palmeiras**.

c) Diante dos pronomes demonstrativos "aquele(s)", "aquela(s)", "aquilo" – haverá crase com os demonstrativos "aquele(s)", "aquela(s)", "aquilo" sempre que o termo antecedente exigir a preposição "a". Exemplos:

Assisti àqueles filmes.

Aspiro àquela vaga.

d) Diante de pronomes relativos – poderá ocorrer crase com o pronome relativo "a qual" e sua flexão, "as quais". Exemplo:

A cidade **à qual** nos **dirigimos** possui praias **às quais** você **se referiu**.

Crase junto a pronomes relativos

É fácil constatar a crase no caso de pronomes relativos, utilizando-se o mesmo artifício de trocar os termos femininos por termos masculinos correlatos. Exemplos:

O país **ao qual** iremos possui problemas **os quais** desconhecemos.

A empresa **à qual** iremos possui características **as quais** desconhecemos.

Nunca ocorre crase diante dos relativos "quem" e "cuja". Exemplos:

Esta é a pessoa **a quem** obedeço.

Este é o autor **a cuja** obra me refiro.

Diante do pronome relativo "que", geralmente, não há crase, uma vez que ele repele o artigo. Exemplo:

Esta é a cidade **a que** iremos.

No entanto, ocorrerá crase antes do relativo "que" quando, antes dele, aparecer o demonstrativo "a" ou "as" (igual a "aquela", "aquelas"). Exemplo:

Sua caneta era igual **à que** comprei./Sua caneta era igual **àquela que** comprei.

Em caso de dúvida, podemos verificar se há ou não crase pelo recurso da substituição de termos femininos por masculinos. Exemplo:

Seu lápis era igual **ao que** comprei.

Autoavaliação 4

QUESTÃO 1:

A ata é um documento oficial em que se registram todas as ocorrências de uma reunião.

Podemos dizer, dessa forma, que o objetivo principal da ata é:

a) Constituir o livro de atas da empresa.
b) Aprovar as decisões tomadas nas reuniões.
c) Registrar o quórum das reuniões da empresa.
d) Registrar a memória das reuniões ocorridas na empresa.

QUESTÃO 2:

A principal diferença entre circular e memorando é:

a) A circular tem sempre um caráter assertivo, de ordem expressa, enquanto o memorando veicula mensagens de aviso.
b) A circular é sempre enviada a diversos setores e pessoas, enquanto o memorando é sempre interno, dirigindo-se a uma pessoa especificamente.

c) A circular veicula orientações e esclarecimentos, ao passo que o memorando é utilizado para mensagens mais breves e menos formais, como pedidos e consultas.
d) A circular é documento oficial, escrita em papel timbrado, e o memorando, por sua vez, é documento extraoficial, que prescinde da identificação oficial da empresa por meio de timbres ou logos.

QUESTÃO 3:

A carta comercial deve ser escrita de modo a demonstrar alinhamento com as metas da empresa.

O principal objetivo da carta comercial é:

a) informar o cliente, buscando impressioná-lo;
b) informar o cliente, demonstrando cortesia e credibilidade;
c) convencer o cliente, a partir da descrição detalhada da missão e da visão da empresa;
d) impressionar o cliente, ao utilizar um tom cortês e demonstrar conhecimento das metas da empresa.

QUESTÃO 4:

A procuração é um tipo de texto que pode ser utilizado em situações diversas. Seu objetivo é outorgar a alguém poderes para determinadas circunstâncias.

Quando a procuração dá plenos poderes ao outorgado, dizemos que ela é:

a) geral;
b) pública;
c) especial;
d) particular.

QUESTÃO 5:

Regimento e regulamento são documentos oficiais que, embora se confundam, não têm as mesmas características e funções.

A diferença entre eles é:

a) O regimento é um documento interno, que lida com direitos e deveres dentro da empresa; o regulamento é utilizado na realização de concursos.

b) O regimento é um conjunto de regras que determina direitos e deveres; já o regulamento estabelece como as regras devem ser cumpridas.
c) O regimento é um documento oficial, reconhecido pela empresa; o regulamento é informal e tem como objetivo esclarecer as regras veiculadas no regimento.
d) O regimento e o regulamento possuem a mesma finalidade: elencar regras de comportamento e fazer conhecer os direitos e deveres de todos os componentes de um grupo.

QUESTÃO 6:

A carta oficial configura-se em documento no âmbito oficial e pode ter mais de uma aplicação.

Assinale a aplicação que não pode ser atribuída à carta oficial:

a) nota de diplomata;
b) desligamento de função;
c) confirmação de resolução;
d) correspondência entre a alta chefia da empresa.

QUESTÃO 7:

As palavras paroxítonas são aquelas que possuem, em sua penúltima sílaba, sua maior força, ou seja, seu acento tônico, que pode ser expresso graficamente ou não.

A opção em que todas as palavras paroxítonas foram acentuadas corretamente é:

a) dólar - ítens - tórax - hífen;
b) táxi - taxis - fórum - bônus;
c) secretária - secretaría - úteis - decência;
d) paranoia - apoio (verbo "apoiar") - estreia - ideia.

QUESTÃO 8:

As palavras oxítonas são aquelas que possuem, em sua última sílaba, sua maior força, ou seja, seu acento tônico, que pode ser expresso graficamente ou não.

A opção em que todas as palavras oxítonas foram corretamente acentuadas é:

a) será – você – freguês – cipó;
b) dividí – destruí – baú – saí;
c) elogiá-la – vendê-los – partí-lo – compô-las;
d) armazém – contém (3ª pessoa do singular) – deténs – detém (3ª pessoa do plural).

QUESTÃO 9:

As palavras proparoxítonas são aquelas que possuem, em sua antepenúltima sílaba, sua maior força, ou seja, seu acento tônico.

A série em que todas as palavras proparoxítonas foram corretamente acentuadas encontra-se em:

a) esplêndido – umido – estômago – pálido;
b) público – fêmea – area – desânimo (substantivo);
c) rapido – término (substantivo) – números – lógica;
d) fôssemos – discutíamos – falávamos – construíramos.

QUESTÃO 10:

Os monossílabos são palavras que possuem uma única sílaba e podem ser átonos ou tônicos.

A opção que encerra monossílabos corretamente acentuados é:

a) dô (de + o) – pó – há – hás;
b) véu – dói – têu – réis (moeda);
c) pá – más (adjetivo) – dô (de + o) – fez;
d) pés – dó (igual a "piedade") – mês – pôs.

QUESTÃO 11:

Os ditongos "ei", "eu" e "oi" possuem diferentes regras de acentuação em função de sua presença em palavras paroxítonas ou oxítonas.

A opção em que todos os ditongos foram corretamente acentuados é:

a) chapéu – céus – atêu – réu;
b) areia – jôio – comeu – anzóis;
c) herói – Niterói – corrói – destrói;
d) estreio – odisséia – idéia – epopéia.

QUESTÃO 12:

As vogais "i" e "u" seguem regras especiais de acentuação quando formam hiatos.

A sequência em que as vogais "i" ou "u" foram acentuadas corretamente é:

a) saíu - reúne - saída - país;
b) egoísta - raínha - caí - moinho;
c) saúde - ruím - sairmos - uísque;
d) juízo - saímos - proíbem - influí (pretérito perfeito do indicativo).

QUESTÃO 13:

O acento agudo (´) e o acento circunflexo (^) são os sinais gráficos da língua para marcação de acento tônico.

Observe o fragmento apresentado a seguir:

> Ve-se que, nos ultimos meses, temos adiado reformas imprescindiveis e que, agora, a falta de iniciativas vem pressionar nossa empresa, forçando-nos a rever tais mudanças mais atentamente. Para isso, e da maxima urgencia que obtenhamos os papeis necessarios para que possamos adquirir os itens listados no arquivo anexo.

No fragmento apresentado, não foi utilizado nenhum desses sinais de acentuação. A opção em que as palavras foram acentuadas corretamente é:

a) Vê-se - últimos - imprescindíveis - máxima - urgência - papéis - necessários.
b) Vê-se - últimos - imprescindíveis - vêm - máxima - urgência - papéis - necessários.
c) Vê-se - últimos - imprescindíveis - vém - máxima - urgência - papéis - necessários.
d) Vê-se - últimos - imprescindíveis - vêm - máxima - urgência - papéis - necessários - itens.

QUESTÃO 14:

A palavra "crase" significa fusão, junção. Em língua portuguesa, a crase é a fusão das vogais idênticas "a" + "a", indicada por meio do acento grave "à".

Considerando esse pressuposto, marque (1) para as frases corretas e (2) para as incorretas:

( ) Obedeça às leis do trânsito.
( ) O álcool é prejudicial a saúde.
( ) Daqui à alguns anos, estarei formado.
( ) Anexa àquela bagagem, havia uma carta.

A sequência correta dos números nos parênteses é:

a) 1 – 2 – 2 – 1
b) 2 – 2 – 1 – 1
c) 1 – 2 – 1 – 1
d) 2 – 2 – 2 – 2

QUESTÃO 15:

Para que ocorra crase, é necessário que o termo anterior exija a preposição "a" e o termo posterior exija o artigo "a".

Assinale a opção em que a crase foi corretamente demarcada pelo uso do acento grave:

a) Todos se referiram à mesma opção.
b) A equipe se dedicou à todas as tarefas.
c) As pessoas respeitam à suas próprias leis.
d) Nunca se obedeceu aqui à mais de uma regra.

QUESTÃO 16:

Os pronomes relativos exigem cuidados especiais no que se refere à crase. Observe as construções apresentadas a seguir:

- Esta é a casa ______ qual conheço.
- Esta é a carta ______ qual me referi.
- Esta é a revista ______ que me referi.
- Esta é a moça com ______ qual estudei no primário.

A opção que preenche, corretamente, as lacunas apresentadas é:

a) à – a – à – a;
b) a – à – a – a;
c) à – à – à – a;
d) a – a – à – à.

QUESTÃO 17:

Nossa língua apresenta valores diferentes para as formas "a(s)", "à(s)" e "há".

A construção em que uma dessas formas foi corretamente utilizada é:

a) A anos que o conheço.
b) A festa estará animada.
c) Daqui há pouco, vai escurecer.
d) Já está na hora de apagarmos às velas do bolo!

QUESTÃO 18:

Haverá crase com alguns pronomes demonstrativos sempre que o antecedente desses termos exigir a preposição "a".

A opção em que o uso da crase com pronomes demonstrativos **não** está correta é:

a) Na certa, não se deu a devida atenção àquele pronunciamento.
b) Dava-se àquilo mais importância do que, de fato, era necessário.
c) Na empresa, todos já haviam esquecido àqueles dias de dificuldade.
d) De todas as queixas, a comissão atendia às que pareciam ser mais urgentes.

QUESTÃO 19:

Em algumas situações, o uso da crase é optativo e, portanto, usá-la ou não está de acordo com a norma culta da língua portuguesa.

Das frases a seguir, a única **incompatível** com a norma culta está presente em:

a) Dedico-me a sua filha porque gosto de crianças.
b) Dedico-me à sua filha porque disponho de tempo.
c) Dedico-me a minha tia porque ela não tem ninguém.
d) Dedico-me à pescar porque não tive grandes oportunidades na vida.

QUESTÃO 20:

Algumas expressões adverbiais utilizam o acento grave diferencial.

Das construções apresentadas a seguir, a única **incompatível** com a norma culta é:

a) O ensino à distância tem muitas vantagens.
b) Comprei o carro a prazo, pois estava muito caro.
c) Finalmente, a tarde chegou! Tenho um compromisso urgente!
d) À tarde, chegou. Finalmente! Eu já não aguentava mais esperar!

CAPÍTULO 5

Comunicação digital no ambiente corporativo

Neste capítulo, abordaremos as mudanças trazidas pela tecnologia digital ao ambiente corporativo, tanto no que diz respeito à comunicação escrita, quanto ao que concerne à comunicação em ambientes virtuais de trabalho.

Falaremos sobre a importância da *digital literacy* e da *virtual literacy* como novas habilidades para a comunicação em meios digitais e da necessidade de se incorporar esse novo conhecimento ao trabalho cotidiano, sem deixar de lado aspectos relevantes para a condução adequada do processo comunicativo nesse novo contexto.

Mostraremos ainda como a comunicação digital é utilizada nas empresas, por meio do *e-mail* corporativo, do Whatsapp e das plataformas para trabalho remoto.

Por fim, traremos considerações e recomendações relacionadas à adequação do processo comunicativo a cada recurso e a seu uso em ambiente corporativo.

5.1 Digitalização

Nos últimos anos, a comunicação no ambiente de trabalho sofreu alterações importantes, com a incorporação das tecnologias digitais ao cotidiano dos trabalhadores. O que antes era informado, obrigatoriamente, por meio de documentos físicos ou em reuniões presenciais e telefonemas, pode ser facilmente comunicado a partir de correio eletrônico, videoconferência, mensagens instantâneas.

O ganho de tempo tornou-se um fato, com a possibilidade de se atingir um grande número de pessoas, de forma mais rápida, com respostas quase que imediatas.

A tecnologia digital permitiu que a comunicação no ambiente corporativo ganhasse agilidade, tanto no âmbito interno quanto no externo.

Por outro lado, a adesão a essas tecnologias trouxe uma série de cuidados que devem ser observados, para que o processo de comunicação permaneça eficaz, além de levar em conta fatores relacionados à privacidade dos usuários.

A nova LGPD – Lei Geral de Proteção de Dados –, que entrou em vigor em setembro de 2020, a partir de mudanças realizadas na versão anterior, de 2018, e passou a aplicar penalizações em agosto de 2021, é um ponto importante a ser observado.[18]

---

[18] Para saber mais sobre a nova LGPD, acesse: <www.serpro.gov.br/lgpd/menu/a-lgpd/o-que-muda-com-a-lgpd>. Acesso em: jan. 2022.

Ao investir na comunicação escrita, utilizando ferramentas digitais, os atores que participam do processo comunicativo precisam estar em dia com suas habilidades de leitura e escrita, além de dominar o uso dessas ferramentas. Mais do que nunca, *digital literacy* e *virtual literacy* se impõem como habilidades sem as quais o trabalhador do novo século não se insere no contexto da comunicação corporativa digital.

Esses conceitos vêm sendo definidos, estudados e aperfeiçoados ao longo do tempo, à medida que as relações entre comunicação e tecnologia se modificam – o que tem o potencial de ocorrer de forma contínua e dinâmica, levando em conta que tanto a língua quanto a tecnologia são, em si mesmas, processos dinâmicos.

Conheça os conceitos de *digital literacy* e *virtual literacy*:

- *Digital literacy*:

> O conceito de usabilidade é convergente ao de letramento digital: é o conjunto de conhecimentos que permite às pessoas participarem das práticas letradas, estabelecendo contatos socioculturais mediados por computadores e por outros artefatos tecnológicos.
>
> O indivíduo possuidor de letramento digital necessita de habilidade para construir sentidos a partir de textos que mesclam palavras conectadas a outros textos, por meio de hipertextos, *links* e *hiperlinks*.
>
> A competência digital está em saber utilizar esses recursos e aplicativos da tecnologia, com o objetivo de tornar acessível, ao usuário leigo, fácil acesso a eles, independentemente do nível de ambiência tecnológica que se tenha.
>
> PÉREZ, M. I.; BARROS, D. M. V.; SÁNCHEZ, I. O. *Diretrizes para uma metodologia de alfabetização digital na modalidade virtual.* Disponível em: <https://repositorioaberto.uab.pt/bitstream/10400.2/3345/1/resumen%20virtualeduca2008.pdf>. Acesso em: jan. 2022.

- *Virtual literacy:*

> Para explicar a maneira de uso da virtualidade de forma didático-pedagógica, definimos a *virtual literacy*, ou seja, competência na virtualidade. Tal competência é o uso dos aplicativos das tecnologias para transformar o conhecimento em informações, dados e imagem. Essa modificação do processo de construção do conhecimento para o ensino e a aprendizagem se estabelece pelos elementos que subsidiam a virtualidade, já destacados nesta pesquisa.
>
> A virtual *literacy* é um processo de comunicação que trabalha com a linguagem visual e suas novas propriedades dos códigos virtuais. Essa linguagem está inserida no desenvolvimento da competência em informação e no pensamento em rede.
>
> PÉREZ, M. I.; BARROS, D. M. V.; SÁNCHEZ, I. O. *Diretrizes para uma metodologia de alfabetização digital na modalidade virtual.* Disponível em: <https://repositorioaberto.uab.pt/bitstream/10400.2/3345/1/resumen%20virtualeduca2008.pdf>. Acesso em: jan. 2022.

5.1.1 Netiqueta

Nas comunicações que tramitam pela internet, também é de bom-tom seguir algumas regras da chamada "netiqueta".

A palavra "netiqueta" é um neologismo, formado a partir da junção das palavras *net*, que significa "rede", e "etiqueta", para expressar o conjunto de regras que devem ser respeitadas no processo de comunicação digital, visando à convivência democrática.

Nesse sentido, o alcance de um clima amistoso, marcado pela seriedade, delicadeza, sinceridade e simpatia, no ambiente *on-line* é o principal objetivo das regras de netiqueta.

Vejamos algumas dessas regras:

- **Não escrever palavras totalmente em maiúscula ou caixa alta**

Essa prática já se consagrou na rede como forma de registro de gritos ou irritação. Por isso, cuidado, na *web*, essa prática não confere qualquer tipo de destaque positivo ao que escrevemos e não queremos que nossas mensagens criem qualquer tipo de desconforto ao serem mal interpretadas, certo?

- **Tomar cuidado com as abreviaturas**

Já falamos acerca do internetês – a linguagem que abusa de abreviaturas, por exemplo, para tentar reproduzir, na escrita, a mesma velocidade da fala. O problema é que nosso interlocutor não necessariamente terá domínio sobre o código utilizado, o que poderá gerar falhas na comunicação. Ademais, lembre-se de que esse recurso só é admitido – com as devidas ressalvas já explicadas – em situações informais.

- **Não exagerar no uso de *emoticons***

As famosas "carinhas" que expressam emoções em algumas situações são de grande valia para reforçar a intenção comunicativa do emissor, contudo, em grande quantidade, poluem a tela e dificultam a comunicação. Da mesma forma, *gifs* animados em comunicações formais também devem ser evitados.

- **Compartilhar *spams* e notícias em geral**

Spams são comunicações não solicitadas, enviadas em massa pela internet ou por qualquer sistema de mensagens eletrônicas.

É muito importante que, nos ambientes *on-line* corporativos, evite-se o envio coletivo de mensagens veiculadas nas redes sociais, mesmo as de utilidade pública. Ainda assim, mesmo que isso ocorra, é absolutamente necessário verificar a veracidade da informação e a validade da fonte para que não propaguemos mensagens falsas, as chamadas *fake news*.

Da mesma forma, compartilhamento de fotos ou informações desabonadoras de pessoas ou empresas pode gerar muitos problemas. Lembre-se de que a LGPD definiu regras bastante rigorosas sobre o compartilhamento de dados na rede e que somos responsáveis por aquilo que divulgamos na *web*. Ademais, postar repetidamente conteúdos irrelevantes em fóruns da internet ou redes sociais corresponde a uma prática rejeitada por quase todos e que tem até nome: *flood*, forma em inglês do verbo "inundar".

- **Postar muitas mensagens contínuas e incompletas**

Evite também dar "enter" em um texto antes de finalizar a frase. Essa prática é bastante comum em algumas redes sociais. Contudo, isso pode ser bastante incômodo para o receptor da mensagem, principalmente em função dos sinais de alerta que registram o recebimento de novas mensagens nos diversos dispositivos.

Por fim, é sempre bom lembrar que, da mesma forma que o espaço físico, os ambientes *on-line* também são contextualizados. Uma sala de aula virtual é diferente de uma rede social particular, por exemplo, por isso é necessário adequarmos nossa linguagem e nosso comportamento aos diferentes ambientes pelos quais navegamos.

Assim, na era da comunicação digital, inclusive no ambiente corporativo, habilidades antigas e novas se mesclam em um mosaico que redefine o contexto das empresas. É preciso ter a habilidade de leitura, a de escrita, a familiaridade com o mundo digital e o conhecimento de como lidar com tudo isso ao mesmo tempo.

Vamos explorar alguns aspectos dessa nova realidade.

5.2 Uso do *e-mail* corporativo

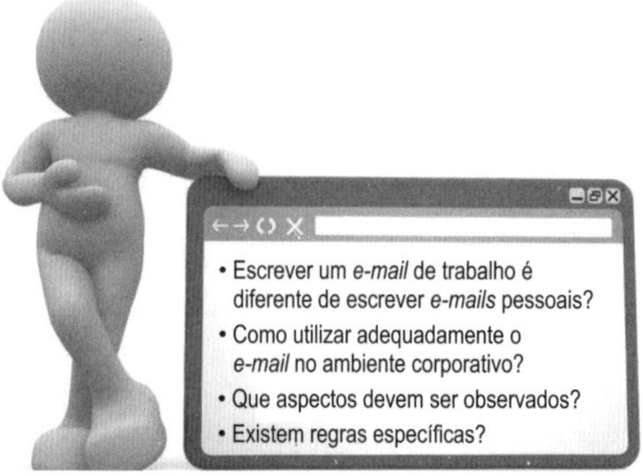

Umas das primeiras alterações no processo de comunicação das empresas se deu com a incorporação do correio eletrônico à sua rotina. Não se pode negar a vantagem da comunicação por via eletrônica, sobretudo em um contexto de competitividade crescente, em que se permanece por várias horas no local de trabalho.

Essa inovação, contudo, trouxe também a necessidade de se criar um modelo de texto a ser utilizado nas mensagens eletrônicas no ambiente corporativo. Surge, assim, mais uma modalidade de texto com que devemos lidar em nosso dia a dia. Como usar, então, o *e-mail* no ambiente de trabalho?

Antes de mais nada, é fundamental lembrar que o endereço de e-mail da empresa deve ser utilizado única e exclusivamente para assuntos de trabalho.

Assim, tanto quando se fornece um endereço de *e-mail* quanto quando se envia uma mensagem, deve-se preservar o endereço corporativo.

O endereço de *e-mail* de trabalho é para o trabalho. Mensagens de corrente, piadas, transações comerciais particulares, *slides* com mensagens poéticas – tudo isso é para o *e-mail* pessoal!

O uso do *e-mail* no trabalho é, de certa forma, determinado pelo fluxo estabelecido no próprio ambiente corporativo, por isso é preciso estar atento à política de uso e às restrições estabelecidas pela empresa.

Há empresas em que toda a comunicação é feita por *e-mail*. Em outras, o *e-mail* ratifica decisões tomadas em conjunto, em reuniões presenciais. Em outras, ainda, ele só é utilizado para comunicados importantes. De qualquer forma, é importante respeitar o processo estabelecido na empresa e adequar-se a ele.

Levando em conta que estamos falando de *e-mails* em ambiente de trabalho, é importante ter a sensibilidade de saber que tom utilizar nas mensagens. Isso depende:

- do posto ocupado pelo destinatário;
- do posto ocupado pelo emissor;
- do teor da mensagem;
- do objetivo da mensagem;
- de o *e-mail* ser interno ou enviado a um cliente ou colaborador externo.

De modo geral, é desejável que se adote um tom minimamente formal ao se enviar uma mensagem para colegas de trabalho. Lembremos que estamos escrevendo – tudo fica registrado!

Há, claro, sutis diferenças de tom entre uma mensagem enviada a um colega de mesma função e uma enviada ao diretor, por exemplo, mas o tom despojado não é adequado nesse contexto.

Tomando por base a realidade que se tem observado atualmente, em que o *e-mail* ocupa, a cada dia, um espaço maior no processo de comunicação das empresas, é importante estabelecer alguns parâmetros para as mensagens que enviamos.

Vejamos:

- **Objetividade**

Todos recebem muitos *e-mails* todos os dias. É importante que as mensagens sejam objetivas, para que o destinatário tenha a chance de lê-las e respondê-las.

Ademais, *e-mail* não é carta. Deve-se sintetizar a mensagem, de modo que a clareza do texto fique garantida.

Muitas vezes, não conseguimos fugir de uma mensagem mais longa, que comporta muitas informações. Quando isso acontece, é importante criar uma forma confortável de leitura. Os tópicos são uma ótima opção.

- **Prioridade**

  A informação mais relevante deve ficar destacada. Muitas vezes, lemos um texto enorme para encontrar, escondida no meio de várias considerações, a informação que realmente queríamos.

- **Neutralidade**

  A mensagem deve ser uma fonte de informação, e não um muro de lamentações. O relato deve ser isento, e as opiniões só devem ser externalizadas se isso for solicitado.

- **Assunto**

  É imprescindível colocar o assunto no campo a ele destinado. O assunto deve deixar claro o teor da mensagem.

- **Urgência**

  A palavra *urgente* tornou-se uma constante nos *e-mails*. Seu sentido já está esvaziado, pois tudo é sempre urgente. Entretanto, a urgência de uns nem sempre é a de outros. Só devemos sinalizar a urgência da mensagem em situações extremas, mesmo assim, evitando a palavra *urgente*.

- **Resposta**

  Só devemos responder a todos que estão na cópia se, de fato, as respostas tiverem relação com as pessoas. À medida que o assunto vai evoluindo, devem-se retirar da cópia as pessoas que já não estão mais envolvidas.

  Ademais, se uma discussão parece se prolongar excessivamente, mostrando que os *e-mails* são ineficazes, o melhor a fazer é agendar uma reunião com os envolvidos para resolver o problema.

  Outra dica importante: agradecimentos pessoais sugerem polidez e mantêm o bom nível das relações interpessoais no ambiente de trabalho. Contudo, não há nada pior do que abrirmos um *e-mail* de agradecimento que não se dirige especificamente a nós, mas a uma das demais pessoas da lista em que estamos copiados. Nas empresas, em geral, o fluxo de *e-mails* é grande; por isso, antes de agradecer, é bom retirar as demais pessoas da lista e direcionar a mensagem a quem, de fato, deve recebê-la.

É sempre necessário ter muito cuidado ao responder um e-mail com várias pessoas copiadas. Atenção para não enviar a todos alguma mensagem que nem todos poderiam receber!

- **Fonte**

Lembre-se de que a comunicação por via eletrônica busca, muitas vezes, incorporar alguns sinais que visam auxiliar o destinatário no entendimento do tom da mensagem. Por isso, há uma série de cuidados que devem ser tomados quando se escolhe a fonte, a cor, o tamanho. As maiúsculas, por exemplo, como já dissemos, são gritos! Cuidado. Não exagere, também, no uso dos *emoticons*. Eles podem ter o efeito contrário e poluir sua mensagem.

- **Vocativos**

É preciso ter cuidado, também – não só por questões hierárquicas ou sociais –, com o uso dos vocativos que encabeçam os *e-mails*. Não há nada pior do que vocativos do tipo: "Prezados" ou "Fulano de Tal". Adjetivos modificam substantivos e, portanto, devemos sempre ter um núcleo nominal preso ao adjetivo que qualifica os receptores: "Prezados colegas", "Caros senhores", etc. Do mesmo modo, o uso de adjetivos denota, desde comunicação respeitosa até afeição, e determina, muitas vezes, o tom da mensagem: "Prezada professora Maria da Luz" ou "Cara Maria" é muito mais conveniente do que, simplesmente, "Professora Maria da Luz".

- **Despedida**

O mesmo cuidado deve ser destinado às despedidas. É preciso adequar o tom do cumprimento final ao perfil do receptor ou dos receptores da mensagem. Em algumas situações, a inversão entre um cumprimento como "Atenciosamente" e outro como "Abraços" é decisiva para a eficácia do ato comunicativo.

- **Assinatura e demais elementos de formatação**

Quase todas as empresas possuem formatos padronizados para assinatura de *e-mail* de seus funcionários, o que costuma incluir logo da organização, cargo do colaborador, endereço, telefone, entre outras informações.

Ainda que essa padronização não exista, isso não significa que possamos utilizar imagens ou frases como as que costumam ser usadas nas redes sociais. A mesma observação vale para as opções de plano de fundo, cores, estilos e fontes. Neutralidade e sobriedade devem ser os referenciais das assinaturas automáticas no ambiente corporativo.

Enfim, o *e-mail* deve ser tratado com o mesmo cuidado que se utiliza para lidar com o texto técnico. Afinal, no ambiente de trabalho, é isso o que ele é, guardadas as devidas proporções, claro![19]

5.3 Uso corporativo do Whatsapp

Na esteira das inovações tecnológicas, a comunicação, de forma geral, ganha cada vez mais opções. A incorporação de diversos aplicativos compatíveis com a tecnologia dos *smartphones* ao cotidiano das pessoas vem trazendo facilidades de diferentes naturezas, como a realização, por meio de poucos cliques, de transações bancárias, compras, compartilhamento de arquivos e de mensagens.

Os aplicativos de mensagens instantâneas também permitem chamadas de voz e vídeo. O aplicativo mais conhecido, para essa função, é o Whatsapp. Lançado em 2009, com a função de troca de mensagens, a plataforma vem-se aperfeiçoando e já permite compartilhamento de arquivos, criação de grupos, além de chamadas de voz e de imagem, por meio de conexão com internet.

---

[19] Cf. o "Anexo 20 – Escrita comercial: *E-mail*".

A característica dinâmica desse tipo de comunicação aliou-se ao fato de que praticamente todos possuem acesso a um *smartphone*. A utilização do aplicativo é simples, o que permite que tal acesso se amplie cada vez mais.

Em ambientes corporativos, a utilização do aplicativo já é uma realidade. Criam-se grupos de trabalho, que podem ser temporários - durar apenas um tempo determinado, para um objetivo pontual - ou com duração indeterminada. No entanto, tal como ocorre com o *e-mail* corporativo, a utilização de aplicativos de mensagem instantânea como ferramenta para comunicação entre colaboradores de uma empresa deve levar em conta alguns aspectos importantes, no que diz respeito a regras de comunicação.

O primeiro ponto a ser levado em conta é: a linha e o aparelho nos quais o aplicativo será utilizado são próprios ou corporativos?

O segundo ponto que merece atenção: o aplicativo será utilizado em sua versão clássica ou na versão *business*?

Vamos, então, por partes.

Quando a empresa fornece ao colaborador um telefone para uso corporativo, é importante ter em mente que a finalidade dessa utilização deve ser respeitada.

Assim como não se deve utilizar o *e-mail* corporativo com fins pessoais, também não é recomendado instalar no telefone corporativo aplicativos que não tenham relação com sua utilização profissional.

Portanto, o objetivo precípuo do uso do telefone corporativo já limita a interação por meio do aplicativo de mensagens instantâneas. Se o telefone utilizado para comunicação entre colaboradores é privado, a criação de grupos específicos para a interação entre esses atores é altamente recomendada.

Com relação à versão do aplicativo, sabe-se que a versão clássica é, com certeza, a mais utilizada, tanto no que diz respeito ao uso privado quanto ao que se relaciona ao uso corporativo. A versão *e-business* tem uma utilização mais direcionada a pequenas empresas, já que traz a possibilidade de criar catálogos de produtos para interagir diretamente com os clientes. Ainda assim, é importante estar atento às regras de utilização da ferramenta.

Feitos esses esclarecimentos, é preciso levar em conta algumas questões relacionadas ao aspecto da comunicação e, também, da etiqueta a ser adotada nesse tipo de interação.

Tendo em vista que o objetivo da utilização de aplicativos de mensagem instantânea é agilizar a comunicação, ao optar por lançar mão desse recurso em ambiente corporativo, os colaboradores devem seguir alguns passos:

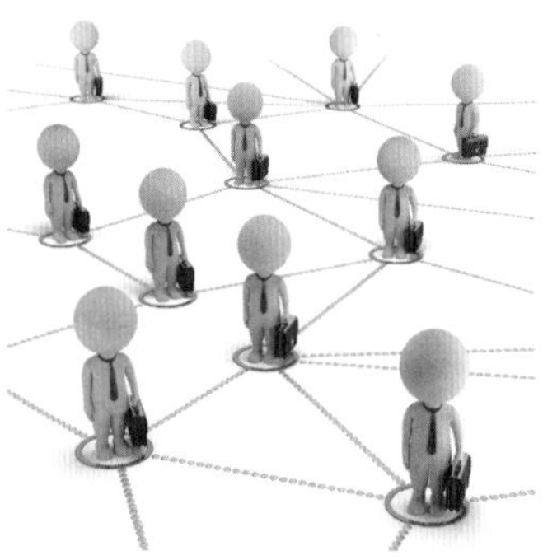

- **Criar um grupo específico**

  A criação de um grupo para tratar assuntos de trabalho pode agilizar enormemente a comunicação entre os envolvidos, sobretudo se não estão todos em um mesmo local. Para que não se perca o foco do grupo criado, é importante nomeá-lo de forma a que seja identificado de imediato pelos membros que dele fazem parte.

- **Limitar o número de participantes**

  Dentro do possível, o melhor é que o grupo tenha o número estritamente necessário de participantes. Caso haja muitos colaboradores a serem adicionados, recomenda-se criar grupos específicos para cada tipo de interação, e deixar um grupo para assuntos diversos, com todos os participantes.

- **Estabelecer regras de utilização**

  Como se costuma dizer, o combinado não sai caro! Por isso, estabelecer regras para a utilização de grupos, sobretudo os corporativos, permite que eventuais desvios sejam apontados, sem constrangimento.

  Algumas regras – que podem parecer óbvias, mas nem sempre são lembradas – são as seguintes: postar no grupo mensagens estritamente voltadas para o objetivo para o qual ele foi criado; não postar mensagens de cunho pessoal, religioso, político, etc.; não postar correntes, piadas, notícias sem relação direta com o foco do grupo.

Além disso, a maneira como as mensagens são elaboradas também devem seguir uma etiqueta, exatamente como se faz nos *e-mails* corporativos. Já dissemos que as empresas têm liberdade para criar regras ligadas a suas políticas internas e códigos de conduta. A orientação a respeito dessas políticas deve ser de conhecimento de todos os colaboradores. Para além das regras de cada empresa, a forma de se comunicar, ao elaborar as mensagens que serão veiculadas nos grupos, também deve inspirar alguns cuidados:

FIGURA 29
Cuidados no uso do Whatsapp corporativo

Linguagem – a linguagem utilizada nas comunicações escritas, de modo geral, deve ser respeitosa. Em um aplicativo, dada a natureza dinâmica da comunicação que ele propicia, é importante manter o tom respeitoso, ainda que seu texto seja mais aligeirado.

Imagens – os aplicativos de mensagem instantânea levam, naturalmente, ao uso de imagens que, por si sós, dão conta de comunicar. Afinal, é para dinamizar a comunicação que eles são utilizados. Em um grupo corporativo, lembre-se de selecionar cuidadosamente as imagens que for utilizar para substituir um texto verbal.

Respostas – um grupo com vários componentes pode gerar algumas sobreposições de mensagens. Enquanto você digita sua resposta, outras mensagens podem entrar, deixando, entre o texto que você queria responder e o que você respondeu, uma distância maior do que você desejaria. Assim, lembre-se de sempre reproduzir a mensagem à qual você está respondendo, para evitar ruídos na comunicação.

Utilizar a tecnologia a favor da comunicação será sempre um avanço, desde que não percamos de vista o objetivo que queremos atingir com os canais que se colocam à nossa disposição.

Não há dúvida de que os aplicativos de mensagem instantânea cumprem uma função importantíssima para agilizar os processos de interação. Devemos utilizá-los em todas as suas possibilidades, sempre cuidando das regras de ouro da comunicação.

5.4 Trabalho remoto: uso e adequação da comunicação digital

5.4.1 Contexto da pandemia

O uso do *e-mail* e do Whatsapp em ambiente corporativo já vinha sendo, como vimos, uma constante no processo de comunicação. Videoconferências também já faziam parte da rotina de grande parte das empresas e instituições, sanando dificuldades de se fazer reuniões presenciais, ainda que não as substituindo totalmente.

A pandemia de Covid-19, que tragou o mundo em 2020, estendendo-se por, pelo menos, 2021, exigiu a adoção de formas alternativas de trabalho – incluindo, claro, a comunicação, base das relações humanas.

Diante da impossibilidade de continuar trabalhando presencialmente, as empresas lançaram mão de recursos tecnológicos oferecidos por plataformas digitais de conferência remota para dar continuidade a seus negócios.

Os colaboradores tiveram de se adaptar ao trabalho remoto, ou seja, o trabalho feito a distância, e, no caso do contexto pandêmico, de casa – o *home office*.

Para que todos estivessem inseridos no contexto do *home office*, foi necessário criar novas rotinas de trabalho, o que levou, consequentemente, à utilização massiva de plataformas digitais para a realização de reuniões, palestras, além de interações pontuais entre os colaboradores.

5.4.2 Trabalho remoto e impactos na comunicação

O trabalho remoto vem-se mostrando bastante produtivo, contrariando as expectativas a esse respeito, logo quando foi necessário adotá-lo. É importante, contudo, levar em conta que exercer, em casa, atividades que sempre foram executadas no escritório pressupõe algumas condições, como:

- dispor de um ambiente tranquilo e adequado para o trabalho;
- ter recursos tecnológicos disponíveis, como computador, conexão de internet e *smartphone*;
- administrar o tempo, fazendo a gestão dos momentos de intervalo, atenção à família, etc.

Para muitas pessoas, o *home office* não foi tão produtivo quanto elas gostariam que fosse, já que não dispunham de algumas condições mínimas para isso. Para a maioria, entretanto, a solução foi e tem sido extremamente positiva, o que também ocorre com as empresas, que viram a produtividade de seus colaboradores se manter e, em diversos casos, até aumentar.

O desafio foi e continua sendo manter uma comunicação adequada, a distância, sem os recursos informais da conversa no café, do encontro no elevador, do almoço em que várias questões acabam sendo solucionadas em um diálogo simples.

A comunicação, nesse novo contexto, depende do conhecimento de recursos tecnológicos digitais, além, é claro, das habilidades de leitura e escrita. Não se trata de substituir o contato físico, mas de acrescentar ao processo comunicativo mais opções, que são fundamentais para o *home office*.

Assim como ocorre no uso do *e-mail* e do Whatsapp em ambiente corporativo, é necessário que a utilização das plataformas para encontros virtuais leve em conta alguns pontos de atenção, para que não haja nem prejuízo da eficácia comunicativa, nem falhas de outras naturezas, que podem, em casos extremos, prejudicar a imagem do trabalhador. É preciso, também nesse contexto, lançar mão da já conhecida "netiqueta".

Assim, é importante atentar para alguns pontos:

- **Preparação de material**

Ao ser convocado para uma reunião a ser realizada por meio de plataforma digital, verifique se há algum material que deve ser previamente lido. Se for fazer alguma participação, prepare seus pontos de fala, de acordo com a pauta apresentada para o encontro. Caso tenha de fazer uma apresentação, lembre-se de que ela será compartilhada e visualizada na tela dos computadores dos colegas – isso muda a configuração dos *slides*, que devem ser mais enxutos e utilizar fontes e imagens que não poluam a apresentação.

- **Elementos coadjuvantes**

A comunicação se dá por meio de uma série de fatores coadjuvantes ao texto verbal. Nossas expressões faciais e nosso gestual são parte do que queremos expressar. Lembre-se de ficar atento aos protocolos de comunicação de cada plataforma. Se sua câmera estiver aberta, não se esqueça de fechá-la caso precise se movimentar.

O mesmo vale para o microfone: ele deve ficar fechado para não poluir o som ambiente da reunião. Utilize as ferramentas disponíveis na plataforma de maneira adequada, como, por exemplo, pedir a palavra por meio da imagem relativa a essa ação.

- **Imagem**

Todos obedecemos a diversos códigos, em todos os âmbitos de nossa vida. No ambiente corporativo, cada instituição tem seus próprios códigos, inclusive, de vestimenta. O *home office* traz o conforto de poder vestir-se mais à vontade, contudo, ao interagir com colegas nas plataformas digitais, a vestimenta deve ser compatível com o código da empresa.

Ademais, também é preciso atenção ao cenário que aparece por trás de nós nas câmeras. Se o ambiente não for adequado ou houver pessoas transitando pelo espaço, melhor é utilizar um dos fundos virtuais que estão disponíveis pelas diferentes ferramentas ou foram produzidos pela própria empresa.

Gestão do tempo

O trabalho remoto evidenciou a importância da interação no ambiente de trabalho e, mais ainda, a necessidade da maioria das pessoas de se comunicar oralmente. Com isso, as reuniões virtuais se avolumam, e é im-

prescindível fazer uma gestão do tempo adequada para que se possa administrar essa realidade.

Ao participar de uma reunião, fique atento a sua duração, previamente estabelecida, para mensurar o tempo de suas falas. Se houver um tempo predeterminado, respeite-o, para que outros participantes não sejam prejudicados. Se houver pauta previamente divulgada, coloque seus pontos antecipadamente, de modo a permitir que todos os participantes estimem seu tempo de fala.

A comunicação pode ser impactada sempre que os atores envolvidos no processo deixam escapar algum aspecto importante. O trabalho a distância pode aumentar o risco de ruídos, já que pressupõe um volume grande de troca de mensagens escritas. Assim, para que os impactos do trabalho remoto na comunicação não sejam graves, é importante seguir algumas recomendações:

- **Gerenciamento das expectativas**

A interação a distância exige um investimento maior na busca pela clareza das informações. Em um contexto de trabalho remoto, é imprescindível mitigar riscos de ruídos na comunicação, deixando bem claro aquilo que se espera de cada um, evitando, dessa forma, que se façam suposições. Nesse caso, repetir a informação é recomendável, para garantir que tudo ficou bem claro, seja em textos escritos, seja em conversas orais.

- **Disponibilidade**

O trabalho remoto, em casa, dilui, inevitavelmente, a separação entre o horário de trabalho e o fim do expediente. É previsível que, sem se dar conta, as pessoas mandem mensagens, *e-mails*, façam ligações, a qualquer momento, por não haver a troca de espaço físico que, de forma concreta, estabelece a percepção de que saímos do trabalho e fomos para casa.

Ao mesmo tempo, é importante que dediquemos ao trabalho a carga horária que nos é atribuída quando trabalhamos presencialmente na empresa. Na realidade do *home office*, e com grande quantidade de reuniões, acabamos por ficar mais tempo realizando tarefas que ficaram para trás. Para não haver excessos nem mal-entendidos, o recomendável é acordar, com todos da equipe, horários de disponibilidade, em que temos convicção de que poderemos responder.

Outro ponto importante: antes de realizar uma chamada de voz que não tenha sido previamente agendada, não se esqueça de verificar - via aplicativo de trabalho remoto ou ferramenta de calendário, por exemplo - se a pessoa com quem você deseja falar está disponível. O ideal é o envio de uma mensagem - por *chat* ou Whatsapp, por exemplo - para verificar se você pode realizar a chamada naquele momento.

- **Tempo de resposta**

  Uma vez que estamos trabalhando totalmente conectados, o ideal é tentar responder o mais prontamente possível *e-mails*, chamadas e mensagens instantâneas. A informação pode ser urgente, e a resposta pode impactar o trabalho dos demais. A recomendação do ponto anterior, a respeito de disponibilidade, ganha relevo aqui, para que todos saibam que podem esperar interação imediata dentro do horário preestabelecido pelos membros da equipe. Caso não esteja disponível por algum período, não se esqueça de registrar essa indisponibilidade nas diferentes ferramentas destinadas a esse fim nos aplicativos disponibilizados pela empresa.

- **Treinamentos**

  As habilidades de leitura e escrita se aliam, em uma realidade de intensa interação digital, ao conhecimento de recursos dessa natureza. Estamos falando, mais uma vez, de *digital literacy* e *virtual literacy*. A comunicação plena, nesse novo contexto, depende do domínio dessas habilidades, razão pela qual é altamente recomendável oferecer aos colaboradores treinamentos relacionados a ferramentas, plataformas, aplicativos, *softwares* e todo tipo de tecnologia de que dependam a eficácia comunicativa e o sucesso do trabalho em equipe.

Assim, não só a netiqueta como também alguns procedimentos comportamentais ganham relevância no processo da comunicação empresarial, em um contexto dominado pelas relações mediadas pela tecnologia digital.

5.4.3 Plataformas digitais de comunicação no trabalho remoto

Plataformas digitais de conferência não são fruto da necessidade de trabalho remoto trazida pela pandemia de Covid-19, embora muitos só tenham passado a conhecê-las em função desse acontecimento. Antes mesmo de essas plataformas começarem a ser utilizadas em larga escala, a partir de 2020, ligações pelo Skype[20] já eram recurso do qual se lançava mão, na impossibilidade de encontrar presencialmente pessoas que, em diversas ocasiões, estavam em lugares diferentes. Embora a preferência fosse dada aos encontros presenciais, videoconferências já faziam parte da realidade das empresas.

Tomadas de surpresa pela gravidade da situação pandêmica, as instituições passaram a utilizar, praticamente de forma exclusiva, plataformas mais modernas para a comunicação e o trabalho remoto. Algumas dessas plataformas são as que aparecem com mais frequência no rol das que são adotadas pelas empresas mundo afora. No Brasil, podemos enumerar, entre outras:

- **Zoom**

Lançado em 2013, o Zoom era conhecido por um número significativo de usuários, sobretudo em ambiente corporativo. A plataforma foi-se aperfeiçoando, aumentando, por exemplo, a capacidade de usuários por videoconferência. Em 2020, desde o início do ano até meados de março, o uso do Zoom aumentou 67%, em função da adoção do trabalho e das aulas remotos, por conta da pandemia de Covid-19.

As funcionalidades do Zoom podem ser encontradas em <https://explore.zoom.us/pt/services-description/>.

- **Microsoft Teams**

Lançado em 2017, o Microsoft Teams é o *hub* do trabalho em equipe da Microsoft 365. No Teams, é possível não apenas interagir com pessoas e grupos de trabalho por meio de mensagens e chamadas de imagem e som, mas também utilizar recursos de colaboração de arquivos e dados, além de se integrar com outros aplicativos da Microsoft e de outras empresas, como, por exemplo, o *Planner*.

[20] Skype é um *software* que permite comunicação pela internet através de conexões de voz e vídeo, lançado no ano de 2003.

Para conhecer mais detalhes dessa plataforma, acesse <https://docs.microsoft.com/pt-br/office365/servicedescriptions/teams-service-description>.

- **Google Meet**

Lançado em 2017, em substituição ao Google Hangouts, o Google Meet também passou a ser um dos recursos utilizados por empresas e instituições de ensino, a partir de 2020. Suas funcionalidades são bastantes similares às das demais plataformas. Para conhecê-las, acesse <https://pt.wikipedia.org/wiki/Google_Meet>.

As regras de "netiqueta" que se aplicam à comunicação digital, de forma ampla, e às plataformas de que estamos tratando, de forma específica, já foram enumeradas anteriormente. Elas fazem parte de procedimentos comportamentais que, aliados a cuidados especificamente relacionados ao processo de comunicação, garantem a eficácia comunicativa no ambiente corporativo.

Como as plataformas digitais vêm sendo utilizadas, nas empresas, sobretudo para a realização de reuniões, consideramos importante transpor para essa realidade virtual alguns cuidados que devemos ter nessas situações. Embora muito próximos aos pontos que fazem parte da chamada "netiqueta", os que vamos abordar a seguir estão mais estritamente ligados à gestão da própria plataforma, sob a perspectiva da comunicação eficaz. Vamos ver alguns deles:

- **Conhecimento da plataforma**

Apesar de um número considerável de pessoas ter sido instado a utilizar as plataformas sem muito tempo para se familiarizar com elas, é importante conhecer a plataforma e suas funcionalidades, antes de começar a utilizá-la. Conhecer suas funcionalidades – como, por exemplo, geração de *link* para reuniões, compartilhamento de telas, modos de exibição do *grid* de imagem dos participantes, entre outras – otimiza o tempo do usuário durante uma reunião.

Além disso, é também importante testar a conexão antes de acessar o ambiente, assim como o vídeo e o áudio do dispositivo que será utilizado. Importante lembrar que essas plataformas possuem *design* responsivo, o que permite que sejam utilizadas a partir de diversos dispositivos – PC, *notebook*, *tablet* e *smartphone*.

- **Pautas**

Elaborar pautas para uma reunião é um procedimento recomendável em qualquer situação. Ele se mantém importante na realidade das reuniões virtuais, sobretudo em um momento em que os profissionais têm agenda sempre repleta. Como é muito comum que as pessoas se comprometam com diversas reuniões em um mesmo dia, a pauta deve trazer não apenas os pontos a serem abordados mas também uma estimativa de tempo para cada um, possibilitando, assim, um planejamento mais preciso por parte dos participantes.

- **Atas**

Assim como as pautas, as atas são importantes para que as decisões tomadas a respeito dos pontos debatidos nas reuniões fiquem registradas e sejam distribuídas a todos. As plataformas utilizadas para as reuniões virtuais permitem sua gravação, o que, por si só, já se configura uma "ata digital". Ainda assim, enviar a todos a ata formal continua sendo importante.

- **Gestão de participantes**

Muitas vezes, ao convocar uma reunião, convidamos todos aqueles que, a nosso ver, têm relação com o assunto. No decorrer do encontro, os assuntos vão sendo esgotados, e nem todos ali presentes estão diretamente relacionados aos pontos remanescentes.

Do mesmo modo como, no *e-mail*, devemos ir retirando da cópia da mensagem os destinatários que já não estão ligados ao tema, também é de bom-tom ir dispensando os participantes de uma reunião virtual, à medida que seus pontos forem sendo sanados. Isso os libera para dar continuidade a outras atividades e diminui o quórum da reunião, melhorando o foco de todos nos problemas a serem sanados. É claro que há diversos tipos de reunião, e esse procedimento vai-se mostrar mais fácil e eficiente em algumas reuniões do que em outras. Sempre que for possível, contudo, é interessante começar o encontro tratando os assuntos gerais, que dizem respeito a todos, e, aos poucos, ir direcionando o debate, mantendo na reunião apenas aqueles que têm relação com o assunto.

- ***Chat***

  Além da imagem e da voz, as plataformas ainda contam com um *chat* escrito, que fica visível a todos os participantes. O coordenador da reunião deve ficar atento a essas mensagens, para que todos os participantes tenham suas dúvidas sanadas.

A tecnologia digital vem trazendo velocidade a nosso já agitado ritmo de trabalho. A possibilidade de obtermos informações praticamente em tempo real nos leva a assumir um volume grande de responsabilidades e tarefas. São as características da sociedade digital. Mais do que nunca, lançar mão, de forma eficaz, das ferramentas que possibilitam o sucesso do processo de comunicação é elemento-chave nas organizações – e mesmo em nossa vida pessoal. Uma comunicação malsucedida pode ter consequências desastrosas.

Em nosso cotidiano, muitas situações embaraçosas são resultado de um processo de comunicação malconduzido. Seja qual for a circunstância, ficar atento a tudo quanto se refere ao processo comunicativo, incluindo o uso da tecnologia digital, garante-nos interações de qualidade e nos ajuda a valorizar um ativo cada vez mais escasso: o tempo.

Apêndice Gramatical V

Neste apêndice, vamos enfocar as regras que orientam a correção ortográfica segundo as normas cultas da língua portuguesa.

Abordaremos também algumas palavras e expressões que, geralmente, oferecem mais dificuldade de aplicação em nossa língua.

Veremos ainda as regras de utilização do hífen segundo o Novo Acordo Ortográfico da Língua Portuguesa.

Devemo-nos lembrar, contudo, de que apenas a leitura de bons textos e a prática escrita constantes são eficientes para a correção dos muitos problemas ortográficos que, em geral, assombram os usuários do português.

V.1 Correção ortográfica

V.1.1 Uso do "h"

Utilizamos a letra "h" na língua portuguesa:

a) Ao fim de algumas interjeições:
   - a**h**!, o**h**!

b) Quando a etimologia ou a tradição escrita de nosso idioma determina essa forma para o início de algumas palavras:
   - **h**ábito, **h**álito, **h**élice, **h**erança, **h**erói, **h**esitar, **h**iato, **h**ífen, **h**igiene, **h**onesto.

A letra "h" só aparece no interior dos vocábulos quando:

a) Faz parte dos dígrafos "ch", "lh" e "nh":
   - fe**ch**o, fo**lh**a, rai**nh**a.

b) Se faz presente nos compostos em que o segundo elemento se une ao primeiro com hífen:
   - pré-**h**istória, anti-**h**igiênico.

Devemos observar que, nos compostos sem hífen, eliminamos o "h" do segundo elemento. Exemplos:

- reaver, desabitado, desonra.

Por tradição, grafa-se com "h" o nome do estado "Bahia". Já o acidente geográfico é grafado sem "h": "baía de Todos os Santos".

V.1.2 Uso do "s"

Utilizamos a letra "s" na língua portuguesa:

a) Nos adjetivos terminados pelos sufixos "-oso", "-osa", indicadores de abundância, estado pleno:
   - form**oso**, horror**osa**.

b) Nos sufixos "-ês", "-esa", "-isa", indicadores de origem, título de nobreza ou profissão:
   - franc**ês**, duqu**esa**, poet**isa**.

c) Depois de ditongos:
   - **coisa**, m**aus**oléu.

d) Nas formas dos verbos "pôr" e "querer":
   - pu**s**, pu**s**er, pu**s**esse; qui**s**, qui**s**er, qui**s**esse.

e) Nos substantivos cognatos de verbos terminados em "-ender":
   - defe**s**a – de "defender" –, repre**s**a – de "prender".

V.1.3 Uso do "z"

Empregamos a letra "z" na língua portuguesa:

a) Nos sufixos "-ez", "-eza", formadores de substantivos abstratos a partir de adjetivos:
   - insensat**ez** – que vem de "insensato" –, magr**eza** – que vem de "magro".

b) Nos derivados em "-zal", "-zeiro", "-zinho(a)", "-zito(a)":
   - cafe**zal**, cafe**zeiro**, ave**zinha**, ave**zita**.

c) No sufixo "-izar", formador de verbo:
   - canal**izar** – que vem de "canal" –, atual**izar** – que vem de "atual".

d) Nos derivados de palavras cujo radical termina em "–z":
   - cruzeiro – que vem de "cruz" –, enraizar – que vem de "raiz".

Muito cuidado! Em palavras como "analisar" e "pesquisar", não ocorre o sufixo verbal "-izar". Exemplos:

- análi**s**e + ar = anali**s**ar;
- pesqui**s**a + ar = pesqui**s**ar.

Uso de "-inho" e "-zinho"

Os sufixos "-inho" e "-zinho" são utilizados na língua para a formação do grau diminutivo. Para formar o grau diminutivo com esses sufixos, devemos considerar a terminação da palavra primitiva, que deu origem ao grau diminutivo:

a) Se a palavra primitiva termina em "s" ou "z", basta acrescentar o sufixo "-inho(a)".

b) Se ela apresentar outra terminação, devemos acrescentar o sufixo "-zinho(a)":
   - pire**s** + inho = pire**s**inho, rai**z** + inha = rai**z**inha, pé + **z**inho = pe**z**inho.

V.1.4 Uso de "g"/"j"

Empregamos a letra "g":

a) Nas palavras terminadas em "-ágio", "-égio", "-ígio", "-ógio", "-úgio":
   - ped**ágio**, col**égio**, lit**ígio**, rel**ógio**, subterf**úgio**.

b) Nos substantivos terminados em "-gem", exceção feita a "pajem", "lajem" e "lambujem":

- verti**gem**, cora**gem**, ara**gem**.

Atenção! O substantivo "viagem" se escreve com "g", mas "viajem" – forma do verbo "viajar" – grafa-se com "j".

Empregamos a letra "j":

a) Em palavras de origem indígena ou africana:
   - pa**j**é, can**j**ica, **j**iboia.

b) Nos verbos terminados em "-jar" ou "-jear":
   - despe**j**ei, gor**j**eavam.

V.1.5 Uso de "x"/"ch"

a) Depois de ditongo, normalmente, empregamos "x":
   - am**eix**a, c**aix**a, f**aix**a.

b) Depois da sílaba inicial "en-" ou "me-", empregamos "x":
   - **enx**ame, **enx**oval, **enx**ada, **mex**er, **mex**icano, **mex**erica.

Os verbos "encher", "encharcar" e derivados, contudo, escrevem-se com "ch". "Mecha" e derivados também escrevem-se com "ch".

c) Palavras de origem indígena ou africana são grafadas com "x":
   - **X**angô, **x**ará, **x**ingar.

d) Palavras do inglês aportuguesadas trocam o "sh" original por "x":
   - **x**ampu – de *shampoo* –, **x**erife – de *sheriff*.

V.1.6 Uso de "e"/"i"

No que se refere ao emprego de "e"/ "i", devemos considerar que:

a) Os verbos terminados em "-uar" e "-oar" escrevem-se com "e" nas formas do presente do subjuntivo:
   - efet**uar** – efetu**e**s, efetu**e** –; abenç**oar** – abençoes, abençoe.

b) Os verbos terminados em "-uir", "-air" e "-oer" escrevem-se com "I" na 2ª e na 3ª pessoa do singular do presente do indicativo:
   - poss**uir** – possu**i**s, possu**i** –; c**air** – ca**i**s, ca**i** –; m**oer** – mó**i**s, mó**i**.

c) Nas palavras formadas com o prefixo "ante" – antes –, utilizamos "e":
   - **ante**cipar, **ante**diluviano.

d) Nas palavras formadas com o prefixo "anti" – contra –, utilizamos "i":
   - **anti**aéreo, **anti**tetânica.

V.1.7 Uso de "s"/"ç"/"ss"

No que diz respeito ao uso de "s"/"ç"/"ss", podemos afirmar que:

a) Verbos grafados com "-ced-", "-gred-", "-mit-", "-prim-" originam substantivos e adjetivos com "-cess-", "-gress-", "-miss-", "-press-":
   - **ced**er > **cess**ão, a**gred**ir > a**gress**ão, o**mit**ir > o**miss**ão, com**prim**ir > com**press**ão.

b) Verbos grafados com "-nd-", "-vert-", "-pel-" originam substantivos e adjetivos com "-ns-", "-vers-", "-puls-":
   - ascen**d**er > ascen**s**ão, preten**d**er > preten**s**ão, con**vert**er > con**vers**ão, ex**pel**ir > ex**puls**ão.

c) Verbos grafados com "-ter" originam substantivos grafados com "-tenção":
   - abs**ter** > abs**tenção**, con**ter** > con**tenção**.

V.1.8 Uso de "k"/"w"/"y"

Utilizamos "k", "w" e "y":

a) Em abreviaturas e símbolos de termos científicos:
   - **k**m - quilômetro -, **w** - watt -, **Y** - ítrio.

b) Em palavras estrangeiras não aportuguesadas:
   - **k**art, sho**w**, hobb**y**.

c) Em nomes próprios estrangeiros e derivados:
   - **K**ant, **W**agner, Holl**y**wood, **k**antismo.

V.1.9 Formas variantes

Há palavras que podem ser grafadas de duas maneiras, ambas aceitas pela norma culta. Exemplos:

- cota/**qu**ota, catorze/**qu**atorze, cociente/**qu**ociente, cotidino/**qu**otidiano, conta**ct**o/contato, ó**pt**ica/ótica, se**cç**ão/seção.

As regras de correção ortográfica segundo as normas cultas da língua não justificam todas as construções hoje a nossa disposição.

É importante lembrar sempre que as palavras - como organismos vivos - nascem e geram outras palavras antes de morrerem, permanecendo, portanto, sempre em transformação.

Conhecer as palavras, sua origem, sua história é o que determina o conhecimento - a cada momento - da correta grafia.

De fato, apenas a prática contínua da leitura de bons textos garante uma boa performance aos usuários da língua.

V.1.10 Uso do hífen

O hífen é comumente utilizado nas palavras compostas para ligação de elementos que mantêm unidade de sentido e acento próprios, tais como:

- arco-íris, decreto-lei, tenente-coronel, tio-avô, turma-piloto, norte-americano, azul-escuro, segunda-feira, guarda-chuva, mato-grossense, couve-flor, Grã-Bretanha, bem-estar, recém-nascido.

Também empregamos o hífen para ligar duas ou mais palavras que, ocasionalmente, combinam-se para formar encadeamentos vocabulares e não, propriamente, novos vocábulos. Exemplos:

- ponte Rio-Niterói, a relação Angola-Brasil.

Utilizamos o hífen, ainda, para marcação dos pronomes átonos em ênclise ou mesóclise. Exemplos:

- comprá-los, lê-la, veja-as, amá-lo-ei, atribuir-lhe-emos.

Para clareza gráfica, se, no final de uma linha, a presença de palavra composta ou a combinação de palavras coincidir com o hífen, o Novo Acordo Ortográfico da Língua Portuguesa recomenda que ele seja repetido na linha seguinte.[21] Exemplos:

- ex- -presidente, tranquilizá- -los, Rio- -Niterói.

O uso do hífen costuma oferecer dúvidas quando se trata da formação por prefixação ou sufixação. É o que veremos a seguir.

Hífen nas formações por prefixação e sufixação

Nas formações com prefixos, com elementos não autônomos, também conhecidos como "falsos prefixos", bem como com sufixos, só empregamos o hífen nos seguintes casos:

a) Diante de palavras iniciadas por "h":

- **anti-h**istórico, **sobre-h**umano, **super-h**omem.

Não se usa, porém, o hífen nas formações que contêm, em geral, os prefixos "des-" e "in-", nas quais o segundo elemento perdeu o "h" inicial. Exemplos:

- **desu**mano, **desu**midificar, **iná**bil, **inu**mano.

[21] Vale dizer, contudo, que essa prática ainda não foi bem-aceita no Brasil.

b) Quando o prefixo termina em vogal idêntica à do segundo elemento. Exemplos:
- ant**i**-**i**bérico, aut**o**-**o**bservação, micr**o**-**o**ndas, contr**a**-**a**taque, sem**i**-**in**terno.

Contudo, nas formações com o prefixo "co-", em geral, há a justaposição do prefixo ao segundo elemento, mesmo quando ele começa com "o". Exemplos:
- **coo**brigação, **coo**rdenar, **coo**peração.

c) Nas formações com os prefixos "circum-" e "pan-", quando o segundo elemento começa com vogal, "m" ou "n" – além, é claro, do "h":
- **circum**-escolar, **circum**-**n**avegação, **pan**-**a**mericano, **pan**-**m**ágico.

d) Nas formações com os prefixos "inter-", "hiper-", "super-" e "sub-", quando combinados com elementos iniciados por "r":
- **inter**-**r**acial, **hiper**-**r**equintado, **super**-**r**esistente, **sub**-**r**egião.

e) Nas formações com os prefixos "ex-", "sota-", "soto-", "vice-" e "vizo-":
- **ex**-presidente, **sota**-piloto, **soto**-mestre, **vice**-reitor, **vizo**-rei.

f) Nas formações com os prefixos tônicos "pós-", "pré-", "pró-", "além", "recém-", "aquém-", quando o segundo elemento tem vida à parte:
- **pós**-graduação (mas **pos**por), **pré**-determinado (mas **pre**ver), **pró**-africano (mas **pro**mover), **além**-túmulo, **recém**-chegado, **aquém**-mar.

g) Com os sufixos de origem tupi-guarani "-açu", "-guaçu" e "-mirim", quando o primeiro elemento acaba em vogal acentuada graficamente ou a pronúncia exige a distinção gráfica dos dois elementos:
- andá-**açu**, amoré-**guaçu**, capim-**mirim**.

Não utilização de hífen

Nas demais formações com prefixos, com elementos não autônomos, também conhecidos como falsos prefixos, bem como com sufixos, não empregamos o hífen. São elas:

a) Quando o prefixo ou o falso prefixo terminam em vogal e o elemento seguinte começa com "r" ou "s"– nesses casos, devemos duplicar essas consoantes:
- anti**rr**ábico, anti**ss**ocial, contra**rr**egra, micro**ss**istema, ultra**ss**om.

b) Quando o prefixo ou o falso prefixo termina em vogal e o segundo elemento começa por consoante diferente de "r" ou "s":
   - **ante**projeto, **auto**peça, **geo**política, **micro**computador, **semi**novo.

c) Quando o prefixo ou o falso prefixo termina em vogal e o segundo elemento começa por vogal diferente:
   - **antia**éreo, **autoa**valiação, **coa**utor, **aeroe**spacial, **anteo**ntem, **infrae**strutura.

d) Quando os prefixos "inter-", "hiper-", "super-" e "sub-" se unem a elementos não iniciados por "r":
   - **interm**unicipal, **hiperm**ercado, **superi**nteressante, **subt**ônico.

e) Quando as palavras já perderam a noção de composição:
   - girassol, madressilva, paraquedas, pontapé.

V.2 Palavras e expressões que oferecem dificuldade

No apêndice gramatical 1, quando abordamos a utilização de homônimos e parônimos, você já foi apresentado a algumas palavras e expressões cujo emprego costuma causar dúvidas aos usuários da língua.

Veremos mais algumas delas, a seguir.

V.2.1 "Que"/"quê"

Frente a várias construções da língua – de sons ou formas muito semelhantes –, é comum sentirmo-nos confusos.

Isso ocorre, frequentemente, com a palavra "que", que desempenha vários papéis na estrutura da frase, principalmente, quando acompanhada de preposição "por". Vejamos seus empregos mais frequentes:

a) Em final de frase, a palavra "que" sempre deve ser acentuada:

Você vive de **quê**?

Quê?! Vou ter de ficar aqui esperando?!

b) Quando a palavra "que" equivale ainda a "alguma coisa", "certa coisa", também é acentuada:

Havia um **quê** de apreensão em sua pergunta.

Há um **quê** bem interessante nessa questão.

c) Em quaisquer outras situações, a palavra "que" não se acentua:

Perguntaram (o) **que** iríamos fazer.

É preciso **que** todos tenham conhecimento do problema.

Quase **que** perdemos a proposta.

V.2.2 "Por que"/"por quê"

E por que será que existem tantos "por quês"? Escrevemos "por que" – preposição + pronome:

a) Quando equivale a "pelo qual" e flexões:

Este é o caminho **por que** passo todos os dias./
Este é o caminho **pelo qual** passo todos os dias.

b) Quando, depois dele, vier escrita ou subentendida a palavra "razão". Se ocorrer no final da frase, deverá ser acentuado:

Por que razão ele não compareceu?

Você não compareceu **por quê**?

Por que chegou atrasado?

Escrevemos "por que" – preposição + conjunção – quando ele equivale a "para que":

Esforçamo-nos **por que** todos possam trabalhar em equipe.

V.2.3 "Porque"/"porquê"

Vamos entender agora por que utilizamos "porque" junto:

a) Grafamos "porque" – junto e sem acento – quando se trata de uma conjunção explicativa ou causal. Geralmente, equivale a "pois" ou a "visto que":

Conseguimos alcançar a meta **porque** nos esforçamos bastante.

b) Escrevemos "porquê" – junto e com acento – quando se trata de um substantivo, que tem o mesmo sentido da palavra motivo. Nesse caso, virá precedido de artigo ou de outro determinante. Se ele vier no final de frase, também será acentuado:

Nem nós mesmos sabemos o **porquê** desse resultado.

Eis o **porquê**.

V.2.4 "Onde"/"aonde"

Empregamos "aonde" com verbos que dão ideia de movimento ou aproximação. Nesse sentido, a expressão equivale a "para onde" e se opõe a "donde", que indica afastamento. Exemplos:

Aonde nos leva tal rapidez?

Sabemos exatamente **aonde** queremos chegar.

Naturalmente, com verbos que não expressam ideia de movimento, empregamos "onde". Exemplos:

Onde vocês estão?

Não sei **onde** encontrar você.

V.2.5 "Mau"/"mal"

"Mau" é sempre um adjetivo – seu antônimo é "bom" –; refere-se, pois, a um substantivo e pode variar em número, sendo usado também no plural. Exemplos:

Escolhi um **mau** momento para marcar as férias.

Todos nós passamos por **maus** momentos.

"Mal", por sua vez, pode ser:

a) Advérbio de modo – antônimo de "bem":

Estou me sentindo muito **mal**.

b) Conjunção temporal – equivale a "assim que":

Mal chegou, saiu.

c) Substantivo – quando precedido de artigo ou de outro determinante. Admite o plural "males":

Este **mal** não tem remédio.

Há **males** que podem ser remediados.

V.2.6 "A"/"há" na expressão de tempo

Na indicação de tempo já transcorrido, empregamos "há" - verbo "haver" no sentido de "fazer" - para assinalar tempo passado. Exemplo:

Há dois meses que ele não aparece no trabalho.

Por outro lado, utilizamos a preposição "a" para indicar tempo futuro. Exemplo:

Daqui **a** dois meses, ele aparecerá.

V.2.7 "Há cerca de"/"acerca de"

A expressão "há cerca de" significa um período mais ou menos determinado de tempo já transcorrido ou uma distância. Exemplo:

Há cerca de dois meses, fechamos o orçamento.

A mesma expressão pode ser usada no sentido de "existem aproximadamente". Exemplo:

Há cerca de dez contratos ainda sem revisão.

"Acerca de" é uma locução, utilizada com o mesmo sentido de "a respeito de" ou "sobre". Exemplo:

Ainda não temos notícias **acerca de** nosso aumento.

V.2.8 "Mas"/"mais"

"Mas" é uma conjunção adversativa, que indica, obviamente, uma contrariedade. Pode ser substituída, portanto, por outra conjunção adversativa - "porém", "contudo", "todavia", "entretanto". Exemplo:

Eu iria ao cinema hoje, **mas** tive de ficar até mais tarde no trabalho.

"Mais", por sua vez, é um advérbio de intensidade, que também pode dar ideia de adição. Invertendo o significado da frase, pode ser substituído por "menos". Exemplo:

Sem dúvida, é o **mais** dedicado do grupo!

V.2.9 "Ao encontro de"/"de encontro a"

"Ao encontro de" e "de encontro a" são expressões opostas. "Ao encontro de" significa "aproximar-se de", "ser favorável a". Exemplo:

Estamos de acordo. Sua proposta vem exatamente **ao encontro de** nossos interesses.

"De encontro a" tem o sentido de "choque", "oposição", "colisão". Exemplo:

As opiniões dele sempre vieram **de encontro às** nossas. Ele nunca nos ajudou!

V.2.10 "Afim"/"a fim"

"Afim" é um adjetivo, que indica "semelhante", "próximo". Exemplo:

Suas ideias sempre foram **afins**.

"A fim" corresponde a uma parte da locução "a fim de", que possui o mesmo significado de "para" na indicação da ideia de finalidade. Exemplo:

A fim de alcançar seu objetivo, não mediu esforços.

V.2.11 "Demais"/"de mais"

"Demais" é um advérbio de intensidade, que tem o mesmo sentido de "muito" e modifica adjetivos, verbos ou outros advérbios. Exemplos:

Seu interesse pelos resultados da empresa sempre foi grande **demais**.

Todos trabalhamos **demais** para finalizar este projeto.

Estou bem **demais** aqui para procurar outro emprego.

"Demais" também pode ser pronome indefinido e, nesse sentido, tem o mesmo valor de "outros", "restantes". Exemplo:

Cumpriremos as **demais** exigências dentro do prazo previsto.

"De mais" é o oposto de "de menos" e modifica sempre um substantivo ou um pronome. Exemplos:

Temos pessoas **de mais** para preencher esta vaga.

Nada **de mais** foi feito aqui.

V.2.12 "Senão"/"se não"

"Senão" tem o mesmo sentido de "caso contrário" ou "a não ser". Exemplos:

Temos de terminar o projeto, **senão** não receberemos no prazo.

Não tinha defeitos, **senão** a impontualidade.

"Se não" expressa uma condição negativa, equivalendo, portanto, a "caso não". Exemplo:

Se não mantivermos a calma, não conseguiremos resolver essa confusão.

V.2.13 "À medida que"/"na medida em que"

"À medida que" indica desenvolvimento gradativo e tem o mesmo valor de "à proporção que". Exemplo:

À medida que crescermos, agregaremos mais componentes à equipe.

"Na medida em que" indica relação de causa e tem o mesmo valor de "porque", "visto que". Exemplo:

Na medida em que os resultados não foram os esperados,
teremos de adiar o redimensionamento da equipe.

V.2.14 "Eu"/"mim"

O pronome pessoal de 1ª pessoa "eu" funciona como sujeito, enquanto o pronome pessoal "mim" assume a função de complemento, vindo sempre regido de preposição.

O problema se dá quando, em certas construções, temos o pronome "eu" como sujeito preposicionado, o que só ocorre com verbos no infinitivo. Observemos as seguintes construções em que os pronomes aparecem corretamente empregados:

Deu as ordens **para mim**.

Deu as ordens **para eu cumprir**.

Apesar da preposição, portanto, "para mim cumprir" seria uma construção inadequada.

Autoavaliação 5

QUESTÃO 1:

Atualmente, o uso do *e-mail* tornou-se uma das formas de comunicação mais frequentes nas empresas. Por essa razão, há uma série de cuidados a serem tomados na escrita desse tipo de mensagem.

Um dos cuidados que devemos tomar na escrita de *e-mails* é:

a) Evitar ser prolixo.
b) Descrever, detalhadamente, o assunto.
c) Esgotar o assunto em inúmeras mensagens.
d) Manter todos os destinatários copiados, até que a questão se esgote.

QUESTÃO 2:

O uso do *e-mail* deve pressupor o conhecimento da "netiqueta", ou seja, algumas regras aplicadas à comunicação via web.

É exemplo de má utilização da netiqueta:

a) O uso de emoticons.
b) A utilização de saudação de despedida.
c) A utilização de caixa alta em toda a mensagem.
d) A utilização de vocativo no início da mensagem.

QUESTÃO 3:

O uso de mensagens instantâneas como ferramenta para a comunicação corporativa é uma realidade. Assim como na utilização do *e-mail*, há regras importantes a serem observadas quando da adoção de aplicativos como o Whatsapp para grupos de trabalho.

Algumas dessas regras são:

a) Escrever mensagens longas e limitar o número de participantes.
b) Selecionar cuidadosamente imagens e expor sempre sua opinião.
c) Utilizar largamente emoticons e postar sempre notícias do cotidiano.
d) Criar grupos específicos e limitar as mensagens a conteúdos de trabalho.

QUESTÃO 4:

O trabalho remoto, adotado largamente com o advento da pandemia de Covid-19, iniciada em 2020, fez com que as tecnologias digitais e a comunicação calcada nessas tecnologias se tornassem fundamentais para as empresas.

Assim como ocorre com todos os recursos digitais já utilizados corporativamente, a adoção de plataformas para reuniões virtuais deve seguir algumas recomendações.

São diretrizes adotadas para o uso de plataformas digitais no trabalho remoto:

a) Linguagem coloquial e vestimenta formal.
b) Improvisação do discurso e leituras prévias.
c) Gestão do tempo e vestimenta descontraída.
d) Planejamento das reuniões e atenção aos recursos da plataforma.

QUESTÃO 5:

O Novo Acordo Ortográfico da Língua Portuguesa definiu novas regras para uso do hífen.

Assinale "falso" ou "verdadeiro", considerando o uso do hífen:

A infra-estrutura desta empresa não reflete a autodeterminação de seus dirigentes na adoção de medidas antiinflacionárias.

A construção correta seria

A infraestrutura desta empresa não reflete a auto-determinação de seus dirigentes na adoção de medidas anti-inflacionárias.

a) Falso.
b) Verdadeiro.

QUESTÃO 6:

Os sufixos "inho" e "zinho" são utilizados de forma distinta para a formação de diminutivos.

A palavra grafada corretamente com "inho" ou "zinho" é:

a) Cafezinho.
b) Lapizinho.
c) Pirezinho.
d) Perdisinha.

QUESTÃO 7:

A língua admite duas construções com o mesmo som, mas sentidos diferentes nas palavras "viagem" ou "viajem".

A opção em que essas palavras estão grafadas corretamente é:

a) Viajem? Agora? Não creio que terei dinheiro...
b) Quero que eles viagem logo, antes que as férias acabem!
c) Quando será essa viajem? Não sei se poderei acompanhá-los...
d) Que eles viajem, vá lá, mas eu não posso pensar em viagem nem tão cedo!

QUESTÃO 8:

A letra "x", em várias circunstâncias, pode apresentar o mesmo som expresso pelo grupo "ch".

Em: "sei_o"; "cai_a"; "_enile" e "fei_e", a opção que preenche, corretamente, as lacunas é:

a) x – x – ch – x
b) ch – x – x – x
c) ch – x – x – ch
d) x – x – ch – ch

QUESTÃO 9:

A letra "s", em várias circunstâncias, pode apresentar sons iguais ou semelhantes àqueles expressos pela letra "x".

Correlacione as colunas:

1) experto
2) esperto
3) expectador
4) espectador

( ) ativo, diligente
( ) perito, especialista
( ) testemunha, observador
( ) pessoa que tem esperança

A sequência correta dos números nos parênteses é:

a) 4 – 3 – 2 – 1
b) 2 – 1 – 4 – 3
c) 3 – 4 – 1 – 2
d) 3 – 4 – 2 – 1

QUESTÃO 10:

Várias palavras, na língua, podem ser grafadas, indistintamente, com "c" ou com o grupo "qu".

Leia o enunciado apresentado a seguir e assinale "falso" ou "verdadeiro", considerando o uso de "c" e "qu":

As palavras "quociente", "cotidiano" e "quatorze" estão grafadas corretamente; já as palavras "cociente", "quotidiano" e "catorze" não estão.

a) Falso.
b) Verdadeiro.

QUESTÃO 11:

A letra "g", em várias circunstâncias, pode apresentar o mesmo som expresso pela letra "j".

Considerando essa afirmativa, marque (1) para as palavras grafadas corretamente e (2) para as grafadas incorretamente:

( ) Jiló.
( ) Giboia.
( ) Genipapo.
( ) Majestade.

A sequência correta dos números nos parênteses é:

a) 1 – 2 – 2 – 2
b) 1 – 2 – 2 – 1
c) 1 – 2 – 1 – 1
d) 1 – 1 – 2 – 2

QUESTÃO 12:

Constitui erro bastante comum, na língua, a troca de "e" por "i" e vice-versa.

Leia o enunciado apresentado a seguir e assinale "falso" ou "verdadeiro", considerando o uso de "e" e "i":

A palavra "impecilho" significa "obstáculo" e grafa-se com "i" no início.

a) Falso.
b) Verdadeiro.

QUESTÃO 13:

"Mau" e "mal" são vocábulos que, frequentemente, são utilizados de forma incorreta pelos usuários da língua.

Considerando essa afirmativa, marque (1) para as frases corretas e (2) para as incorretas:

( ) Mau saiu, o visitante chegou.
( ) Sabe o J.J.? Está muito mau de vida.
( ) Você precisa corrigir esse mal hábito.

( ) Não fique perto dele: é um homem mau.

A sequência correta dos números nos parênteses é:

a) 1 - 2 - 2 - 2
b) 2 - 2 - 1 - 1
c) 1 - 2 - 1 - 1
d) 2 - 2 - 2 - 1

QUESTÃO 14:

"Onde" e "aonde" são advérbios que, muitas vezes, são utilizados de modo equivocado pelos usuários da língua.

Considerando o uso de "onde" e "aonde" nas frases apresentadas a seguir, a opção que preenche, corretamente, as lacunas presentes em cada uma delas é:

1) ________ você vai?
2) ________ você está?
3) ________ você mora?

a) Aonde - Onde - Onde
b) Onde - Aonde - Onde
c) Onde - Aonde - Aonde
d) Aonde - Onde - Aonde

QUESTÃO 15:

"Mas" e "mais" oferecem dificuldades aos usuários da língua.

Considerando essa afirmativa, marque (1) para as frases corretas e (2) para as incorretas:

( ) Você devia se divertir mas!
( ) Quero dormir, mais não posso.
( ) Coma mais! Você não comeu nada!
( ) Você não fez boa prova, mas passou.

A sequência correta dos números nos parênteses é:

a) 2 - 1 - 1 - 2
b) 2 - 2 - 1 - 1
c) 1 - 2 - 1 - 1
d) 2 - 2 - 2 - 1

QUESTÃO 16:

"Porque" e suas variações – junto ou separado e com ou sem acento – impõem dificuldades aos usuários da língua.

Considerando o uso dessas palavras, a opção que responde, corretamente, à pergunta presente na questão apresentada a seguir é:

– Por que você vai sair tão cedo?

a) – Porque tenho um compromisso e já estou atrasado.
b) – Porquê tenho um compromisso e já estou atrasado.
c) – Por que tenho um compromisso e já estou atrasado.
d) – Por quê tenho um compromisso e já estou atrasado.

QUESTÃO 17:

"A" e "há" são palavras com valores diversos na língua, apesar de apresentarem o mesmo som.

Considerando o uso de "a" e "há" nas frases apresentadas a seguir, a opção que preenche, corretamente, as lacunas presentes em cada uma delas é:

1) ______ anos que não nos falamos.
2) Não posso falar agora, daqui ______ pouco eu ligo.
3) Parece que foi ontem, não? ______ quanto tempo estamos casados?

a) Há – a – A
b) A – há – Há
c) Há – a – Há
d) Há – há – Há

QUESTÃO 18:

"Acerca de" e "há cerca de" são expressões que oferecem dificuldades aos usuários da língua.

Considerando o uso dessas expressões, a opção que preenche, corretamente, as lacunas apresentadas nas construções a seguir é:

1) Viemos a esta cidade ______ de dois anos.
2) ______ novas regras, nada mais temos a dizer.

a) acerca de – Acerca de
b) acerca de – Há cerca de
c) há cerca de – Acerca de
d) há cerca de – Há cerca de

QUESTÃO 19:

"Demais" e "de mais" possuem significados diferentes na língua, ainda que possuam o mesmo som.

Considerando essa afirmativa, marque (1) para as frases corretas e (2) para as incorretas:

( ) Falar de mais nem sempre é bom.
( ) Os demais candidatos não puderam comparecer.
( ) Este contrato é demais valor para nós que todos os outros juntos.

( ) Comunicaremos aos de mais interessados o adiamento da reunião.

A sequência correta dos números nos parênteses é:

a) 1 – 2 – 2 – 2
b) 2 – 2 – 1 – 1
c) 1 – 2 – 1 – 1
d) 2 – 1 – 2 – 2

QUESTÃO 20:

"Na medida em que" e "à medida que" são locuções que apresentam valores diferenciados na língua.

Considerando o uso dessas locuções, a opção que preenche, corretamente, as lacunas apresentadas nas construções a seguir é:

1) Ficávamos mais cansados ________ o trabalho aumentava.

2) ________ o tempo passava, as esperanças iam-se desvanecendo.

3) ________ tínhamos tempo, conseguimos escrever o projeto no prazo.

a) na medida em que – À medida que – À medida que
b) à medida que – À medida que – Na medida em que
c) à medida que – Na medida em que – À medida que
d) a medida em que – Na medida em que – À medida que

Anexos

Anexo 1 – Escrita comercial: Atestado

ATESTADO DE IDONEIDADE MORAL

Eneida Vasconcelos da Costa atesta, para fins de emprego, que conhece Guilherme Andrade Mercadino há quatro anos, que este é pessoa de alto conceito, digna de toda confiança, e que nada existe que possa comprometer sua idoneidade moral.

Por ser expressão da verdade, firmo o presente atestado.

Rio de Janeiro, 10 de janeiro de 2022.

____

Eneida Vasconcelos da Costa

Anexo 2 – Escrita comercial: Declaração

CIA. DE REFRIGERAÇÃO GELARE

DECLARAÇÃO

Declaramos, para os devidos fins, que o sr. Frederico Aurélio Souza e Pascoal, portador da carteira de trabalho nº 12.345, da série 6.789, foi nosso funcionário no período de setembro de 2013 a junho de 2020, exercendo a função de auxiliar administrativo. Informamos ainda que o referido empregado, durante o tempo em que aqui trabalhou, exerceu sua função a contento, não havendo nada que possa desaboná-lo.

Por ser a expressão da verdade, firmamos a presente declaração.

Rio de Janeiro, 20 de fevereiro de 2022.

____

Bruno Alencar de Vasconcelos
Gerente de Recursos Humanos

Anexo 3 – Escrita comercial: Termo

TERMO DE RESPONSABILIDADE

Eu, Emanuel Gomes de Miranda, brasileiro, solteiro, administrador, inscrito no CPF sob o nº 123.345.678-09 e no RG nº 01122344-5, residente na rua Jardins, nº 123, no bairro dos Alecrins, CEP: 12345-666, na cidade do Rio de Janeiro, RJ, comprometo-me a apresentar, para fins de ratificação da matrícula no curso de pós-graduação em Direito Empresarial oferecido pela Fundação Mais Saber, diploma com validade em território nacional, que comprove a conclusão de curso de graduação finalizado por mim até a presente data, no prazo máximo de 3 (três) meses, contados a partir de hoje, em complementação à declaração de conclusão de curso emitida pelo Colégio Nacional Santa Catarina, ora apresentada para realização de matrícula no curso supracitado.

Em 10 de janeiro de 2022.

____

Emanuel Gomes de Miranda

Anexo 4 – Escrita comercial: Ata

CONDOMÍNIO DO EDIFÍCIO MIRAMAR

ATA DA ASSEMBLEIA GERAL ORDINÁRIA, REALIZADA EM 15 DE FEVEREIRO DE 2022

Ata da Assembleia Geral Ordinária do Edifício Miramar, CNPJ 12.345.678/0001-22, situado na rua Ângelo Melo, nº 12, Tijuca, Rio de Janeiro, RJ, realizada no dia 15 de fevereiro de 2022.

Aos quinze dias do mês de fevereiro de dois mil e vinte e dois, às 20h, em segunda e última convocação, reuniram-se em Assembleia Geral Extraordinária, os senhores condôminos do Edifício Miramar, conforme assinaturas do Termo de Presenças, que passa a fazer parte integrante desta ata, regularmente convocados por cartas circulares enviadas a todos os proprietários, para legalmente deliberarem sobre a seguinte ordem do dia: a) leitura e aprovação da ata da última assembleia; b) aprovação de cobrança de cota extra referente a reparo de vazamento em coluna do prédio, no valor de R$ 9.000,00; c) assuntos gerais. O síndico, sr. Alexandre Marques, que convocou a assembleia, declarou-a instalada, solicitando a seguir a apresentação de candidatos para a presidência da mesa. Por unanimidade, foi eleita e empossada a sra. Melina Vieira (unidade 501), que convidou a sra. Fátima Alencar (unidade 302), para secretariá-la. Instalada a mesa, a sra. presidente realizou a leitura da ordem do dia, constante do Edital de Convocação. Ato contínuo, passou-se à discussão do 1º item da pauta. Foi dispensada a leitura da última ata, que foi aprovada por unanimidade. Passando-se ao 2º item, o sr. Alexandre fez um breve relato sobre o vazamento detectado na unidade 602, o que demandou consulta à empresa de engenharia ABL, responsável pelo laudo técnico que constatou que o vazamento estava sendo gerado pelo condomínio. Tendo em vista a urgência do reparo, solicitou a aprovação, em caráter emergencial, do valor de R$ 9.000,00 para realização da obra com a dispensa de realização de mais dois orçamentos, tendo em vista que a empresa ABL já havia sido contratada pelo condomínio, por menor preço, em outras três ocasiões anteriores. A proposta foi aprovada por unanimidade. Nada mais havendo a ser tratado em assuntos gerais pelos participantes, a sra. presidente da mesa deu por encerrados os trabalhos, às 21h30min, mandando lavrar a presente ata, que segue assinada por quem de direito.

Rio de Janeiro, 15 de fevereiro de 2022.

Melina Vieira Presidente	Fátima Alencar Secretária

Anexo 5 – Escrita comercial: Boletim

FMS FUNDAÇÃO MAIS SABER

BOLETIM 45

Licença-prêmio

Concedida a Sérgio Fortes da Silva Oliveira, a partir de 1 de fevereiro de 2022.

Designação

Para constituírem o Comitê de Avaliação Disciplinar, os docentes Inácio Lima e Diana Figueiredo da Costa.

Rio de Janeiro, 15 de dezembro de 2021.

Armando Salles
Diretor executivo de Recursos Humanos

Anexo 6 – Escrita comercial: Circular

CNSC

Colégio Nacional Santa Catarina
Rua Machado Valadares, 41, 12345-001

Rio de Janeiro – RJ – Tel.: (21) 2345-6789

CIRCULAR Nº. 10, de 12 de janeiro de 2022.

Ementa: reunião de pais

Senhor responsável:

Comunicamos, por meio desta circular, que realizaremos nossa tradicional reunião de pais no próximo dia 29, para tratarmos de assuntos referentes ao ano letivo que se inicia. Contamos com sua presença para o bom desenvolvimento de seu filho em nossa instituição.

Lembramos a todos que o uso de máscaras é imprescindível e que todas as medidas de biossegurança serão tomadas. Anote a data de nossa reunião em sua agenda. Estamos ansiosos, esperando por você.

Cordialmente,

____

Gisele Vieira Alencar
Coordenadora pedagógica

Anexo 7 – Escrita comercial: Memorando

CIA. DE REFRIGERAÇÃO GELARE

Rio de Janeiro, 10 de janeiro de 2022.

Memorando nº 32/CG
Do: Gerente geral
Ao: Departamento de Recursos Humanos
Assunto: Contratação de novo estagiário

Solicito, com urgência, a contratação para este setor de mais um estagiário do curso Engenharia de Produção, que esteja, no mínimo, no 3º período e, no máximo, no 5º período, para trabalhar em um regime de quatro horas diárias.

Atenciosamente,

Ronaldo de Assis Mascarenhas
Gerente-geral

Anexo 8 – Escrita comercial: Carta de cobrança

C&G
Clemente & Gouveia Ltda.

CGC 12.345.678/0001-90
Rua Marquês de São Francisco, 123
56789-110 – Rio de Janeiro – RJ

Rio de Janeiro, 12 de fevereiro de 2022.

Sr. Marcelo Garcia Ferreira Lopez
Rua das Sete Marias, 12
12345-678 – Rio de Janeiro – RJ

Até a presente data, não consta, em nossos registros, a quitação da última parcela, R$ 356,00 (trezentos e cinquenta e seis reais), do carnê 1.234/01, cujo vencimento se deu no dia 10 de agosto de 2021.

Embora não tenhamos obtido resposta às últimas cartas enviadas a V. Sa., esclarecemos que continuamos à disposição para qualquer acordo ou para auxiliar na solução desse problema, pois acreditamos que tal atraso tenha motivos realmente relevantes. Entretanto, não podemos deixar de lembrar a importância de se ter crédito no mercado e que os recursos judiciais cabíveis nesse caso são trabalhosos e constrangedores.

Estamos certos de que V. Sa. providenciará, o mais rápido possível, o pagamento dessa obrigação.

Caso já tenha efetuado o pagamento de tal importância, pedimos que ignore esta carta.

Atenciosamente,

____

Afonso Raimundo dos Anjos
Diretor financeiro

Anexo 9 – Escrita comercial: Carta particular

Rio de Janeiro, 21 de janeiro de 2022.

A/c diretor-geral

Prezado sr. Marcos Alencar,

Pela presente, venho comunicar minha decisão de deixar o cargo de coordenador de operações, por mim exercido na Inova Comunicações, desde janeiro de 2012.

Gostaria de agradecer a confiança que em mim foi depositada, além de declarar que esforcei-me enormemente para corresponder às expectativas da organização, desempenhando minhas atividades de forma ética, colaborativa e dedicada, durante os dez últimos anos.

Contudo, entendo que meu atual momento de vida demanda de mim novos caminhos que, infelizmente, apartam-se desta empresa, em virtude de desafiadoras oportunidades de desenvolvimento profissional.

Demito-me, pois, sem qualquer queixa ou insatisfação em relação a esta organização, colocando-me à disposição para cumprimento do período de aviso prévio de um mês, contado a partir da presente data.

Atenciosamente,

____

Frederico Dias Neves

Anexo 10 – Escrita comercial: Carta comercial

FV

Fischer Veículos Ltda.

CGC 12.345.678/0001-90

Rua da Esperança, 44,

Caixa postal 22, 12345-000

São José do Rio Pardo – MA

3/2022 São José do Rio Pardo, 12 de fevereiro de 2022.

Ilmo. sr. Edelmo Freire

Prefeito Municipal de São José do Rio Pardo

Rua do Arado, 56

23456-001 – São José do Rio Pardo – MA

Ref.: Inauguração de nova loja

Senhor prefeito:

Vamos inaugurar a nova loja da Fischer Veículos Ltda., na rua Bento Ribeiro, número 22, às 18h do dia 28 deste mês.

Sua presença na solenidade é muito importante e nos dará grande alegria.

Pedimos licença para sugerir a anotação dessa data e desse horário em sua agenda de compromissos para não esquecê-los e não nos privar de sua tão ilustre presença.

Atenciosamente,

____

Fernando Joaquim Kerk Moraes

Gerente-geral

fjkm/mcm

Anexo 11 – Escrita comercial: Mala direta

MGA S/A

Rua Bento Pinheiro, 234,
Jardim dos Guimarães
Rio de Janeiro – RJ, 23456-111
Tel.: (11) 2121-3434
E-mail: contato@mga.com.br

Caro cliente,

Esperamos que a carteira enviada junto a este comunicado seja de seu agrado, pois nunca é demais para nós destacar a importância de sua parceria. A carteira foi produzida com o novo padrão de couro vegetal criado especialmente para a linha *Classic*.

Aproveitamos a oportunidade para informar que estamos com novos preços e descontos para a linha de produtos *Classic*. Quanto maior for a compra, maiores serão os descontos e as vantagens. Confira alguns exemplos:

	Preço normal	**Preço para compras acima de R$ 5.000,00**	**Preço para compras acima de R$ 10.000,00**
Bolsa em couro vegetal	R$ 25,00	R$ 22,50	R$ 20,00
Bolsa em tecido	R$ 20,00	R$ 18,00	R$ 16,00
Cinto em couro vegetal	R$ 15,00	R$ 13,50	R$ 12,00
Cinto em tecido	R$ 18,00	R$ 16,20	R$ 14,40

Aguardamos o contato,

MGA S/A

Anexo 12 – Escrita comercial: *E-mail* marketing

De: MGA <contato@mga.com.br>
Enviada em: segunda-feira, 10 de janeiro de 2022, 09:15
Assunto: Novos preços e descontos

TODA A LINHA CLÁSSIC DE PRODUTOS COM DESCONTOS PROGRESSIVOS

	Preço normal	Preço para compras acima de R$ 5.000,00	Preço para compras acima de R$ 10.000,00
Bolsa em couro vegetal	R$ 25,00	R$ 22,50	R$ 20,00
Bolsa em tecido	R$ 20,00	R$ 18,00	R$ 16,00
Cinto em couro vegetal	R$ 15,00	R$ 13,50	R$ 12,00
Cinto em tecido	R$ 18,00	R$ 16,20	R$ 14,40

NÃO PERCA ESTA OPORTUNIDADE!

Tel.: (11) 2121-3434

contato@mga.com.br

Central de Ajuda – Política de Privacidade: Termos e Condições – Cancelar Assinatura

Anexo 13 – Escrita comercial: Acordo

C&G

Clemente & Gouveia Ltda.
CGC 12.345.678/0001-90
Rua Marquês de São Francisco, 123
56789-110 – Rio de Janeiro – RJ

Pelo presente acordo de trabalho, celebrado entre a firma Clemente & Gouveia Ltda., estabelecida nesta cidade, na rua Marquês de São Francisco, nº 123, de um lado, e seus empregados abaixo-assinados, de outro, fica estipulado o seguinte:

1º) os empregados trabalharão uma hora a mais às segundas, quartas e sextas-feiras, somando nove horas de trabalho nesses dias;

2º) os empregados receberão um aumento de 15% sobre o valor normal da hora por cada hora trabalhada a mais;

3º) o presente acordo pode ser desfeito por uma das partes mediante aviso prévio de 30 dias.

Com as duas partes de acordo, firmam o presente em duas vias de mesmo teor, perante as testemunhas Damiana Siqueira dos Santos e Guilherme Vieira Jacobina abaixo-assinadas.

Rio de Janeiro, 30 de janeiro de 2022.

1 ____________________________________
2 ____________________________________
3 ____________________________________
4 ____________________________________

____

Horácio dos Santos Almeida – pela empresa

Testemunhas:

____

____

Anexo 14 – Escrita comercial: Contrato

CONTRATO DE LOCAÇÃO RESIDENCIAL

LOCADOR PEDRO VASCONCELOS, brasileiro, casado, advogado, portador da carteira de identidade expedida pela Ordem dos Advogados do Brasil – Seção do Rio de Janeiro, inscrição nº 12.345 e inscrito no CPF sob o nº 123.456.789-01, residente nesta cidade, na Travessa do Sol, nº 1.200, ap. 201.

LOCATÁRIA ANA LUÍZA DOS SANTOS MAGALHÃES, brasileira, professora, portadora da carteira de identidade nº 23456789-0 expedida pelo DETRAN-RJ e inscrita no CPF sob o nº 345.678.901-23.

IMÓVEL Apartamento localizado na rua dos Alecrins, nº 123/301 – Catete – Rio de Janeiro – RJ.

CLÁUSULA PRIMEIRA

1.1 A presente locação terá a duração 30 meses, iniciando-se no dia 18 de fevereiro de 2022 findando em 18 de agosto de 2026, independentemente de notificação ou interpelação, devendo a locatária devolver o imóvel. O contrato se prorrogará por prazo indeterminado caso a locatária não devolva o imóvel no fim do prazo deste contrato.

1.2 Caso a locatária decida deixar o imóvel antes do término do prazo contratual, ficará obrigada ao pagamento no valor vigente de 3 meses de aluguel.

CLÁUSULA SEGUNDA

2.1 O valor do aluguel é de R$ 2.100,00 (dois mil e cem reais), pagável até o dia 05 do mês vincendo, mediante depósito bancário em conta do locador, valendo o comprovante de depósito como recibo. O não pagamento no prazo designado acarretará multa no valor correspondente a 10% do valor do aluguel. O valor do aluguel será reajustado no 25º (vigésimo quinto) mês pelo índice do IGPM ou outro que vier a ser instituído pelo governo federal.

2.2 Juntamente com o aluguel, a locatária pagará a parcela do mês do IPTU.

[...]

CLÁUSULA DÉCIMA

10.1 As partes, por si e por seus herdeiros e sucessores, obrigam-se a cumprir e fazer cumprir o presente contrato, por todas as suas cláusulas e condições, elegendo o foro da Comarca da Capital do Estado do Rio de Janeiro para dirimir qualquer dúvida ou querela resultante deste contrato, com expressa renúncia de qualquer outro, por mais especial que seja.

E, por estarem certas e ajustadas, firmam o presente, em duas vias de igual teor e forma, para que produza seus legais e jurídicos efeitos.

Rio de Janeiro, 18 de fevereiro de 2022

____

Pedro Vasconcelos

____

Ana Luíza dos Santos Magalhães

____

Testemunha

____

Testemunha

Anexo 15 – Escrita comercial: Convênio

CONVÊNIO QUE CELEBRAM A FUNDAÇÃO MAIS SABER (FMS) E O COLÉGIO NACIONAL SANTA CATARINA (CNSC), DE ÂMBITO FEDERAL, PARA PERMISSÃO DE ESTÁGIO SUPERVISIONADO DOS ALUNOS DO CURSO DE LICENCIATURA PLENA NESTE ESTABELECIMENTO

Aos sete dias do mês de janeiro de 2022, reunidos a magnífica reitora da FMS, professora Marli dos Santos, a senhora diretora da Faculdade de Educação da FMS, professora Márcia Alencar de Almeida, e o senhor diretor-geral do CNSC, professor Roberto Carlos de Assis Ferreira, resolveram celebrar convênio para que os alunos do curso de Licenciatura Plena da referida fundação possam cumprir seus estágios supervisionados na referida escola de ensino médio a partir do segundo semestre letivo de 2022, na forma das cláusulas seguintes:

Cláusula primeira – Os alunos da FMS só poderão cumprir 20% da carga horária mínima exigida para cada estágio supervisionado.

Cláusula segunda – Os professores do CNSC devem-se prontificar a auxiliar os alunos da FMS como orientadores do estágio supervisionado, cobrando-lhes as tarefas que devem fazer parte desse processo, bem como devem comparecer às reuniões que dizem respeito ao presente convênio.

Cláusula terceira – O presente convênio tem duração indeterminada, podendo ser rescindido por iniciativa de qualquer das partes, com antecedência de seis meses, respeitando os compromissos assumidos até o último dia de validade do convênio.

E por estarem de acordo, lavra-se este termo, assinado pelas partes interessadas.

Rio de Janeiro, 7 de janeiro de 2022.

____

Marli dos Santos

____

Márcia Alencar de Almeida

____

Roberto Carlos de Assis Ferreira

____

Testemunha

____

Testemunha

Anexo 16 – Escrita comercial: Convocação

CNSC

Colégio Nacional Santa Catarina
Rua Machado Valadares, 41, 12345-001
Rio de Janeiro – RJ – Tel.: (21) 2345-6789

CONVOCAÇÃO

Ilmo. sr.

Prof. Arnaldo Guimarães Coelho,

Nesta escola.

Senhor professor:
Nos termos do artigo 15 do regimento, convoco V. Sa. para a reunião anual de congregação desta instituição, a ser realizada no dia 18 de janeiro, às 9h, na sala 507.
Consta da ordem do dia, o seguinte:

- início do ano letivo de 2022;
- contato dos responsáveis com o corpo docente e com os demais funcionários de nossa escola;
- assuntos gerais.

Rio de Janeiro, 3 de janeiro de 2022.

Roberto Carlos de Assis Ferreira
Diretor-geral

Anexo 17 – Escrita comercial: Ordem de serviço

C&G

Clemente & Gouveia Ltda.
CGC 12.345.678/0001-90
Rua Marquês de São Francisco, 123
56789-110 – Rio de Janeiro – RJ

ORDEM DE SERVIÇO Nº 12/35 de 2022

A gerência geral da empresa Clemente & Gouveia Ltda., no uso de suas atribuições, designa o funcionário Sérgio Gomes da Cruz para frequentar o VI Congresso de Consultoria Empresarial, ministrado pela Fundação Mais Saber, no período de 1 a 4 de março de 2022, na sede de Laranjeiras, com o objetivo de aperfeiçoamento para melhor atuar em nossa empresa.

Maria Amélia Ferraz Bastos
Gerente-geral

Anexo 18 – Escrita comercial: Procuração

PROCURAÇÃO

José Luiz Ferreira da Luz, brasileiro, solteiro, estudante, cédula de identidade nº 1.234.567 (RJ), CPF nº 123.456.789-10, residente e domiciliado na rua dos Castelos, 456, no Rio de Janeiro, RJ, nomeia e constitui seu procurador, o sr. Antônio José Castanheira da Luz, brasileiro, casado, arquiteto, cédula de identidade nº 2.345.678 (RJ), CPF nº 111.222.333-44, residente e domiciliado na rua Rosa Bastos, 111/401, no Rio de Janeiro, RJ, para realizar sua inscrição em disciplinas na Fundação Mais Saber – FMS –, referente ao semestre 2022/1, e retirar o Resultado de Inscrição em Disciplinas – RID.

Rio de Janeiro, 10 de fevereiro de 2022.

José Luiz Ferreira da Luz

Testemunhas:

Maria de Lourdes da Silva
Rua Fonseca Magalhães, 445/203
CPF nº 222.222.222-22

Romilde Vasconcelos da Costa
Rua Filhos do Sol, 47
CPF nº 333.333.333-33

Anexo 19 – Escrita comercial: Regulamento

CONCURSO INTERNACIONAL DE LITERATURA DA UBE RJ 2021[22]
UNIÃO BRASILEIRA DE ESCRITORES RJ, UBE RJ – 63 ANOS

REGULAMENTO DO CONCURSO INTERNACIONAL DE LITERATURA DA UBE RJ 2021

I – PRÊMIOS

Art. 1º – A UNIÃO BRASILEIRA DE ESCRITORES RJ concederá, no corrente ano de 2021, os seguintes prêmios literários para LIVROS EDITADOS, nas seguintes categorias: ADULTO e INFANTOJUVENIL (de 12 a 18 a nos), nas seguintes modalidades:

Na categoria ADULTO:

Aldravia – Prêmio Gabriel Bicalho

Trova – Prêmio Luiz Otávio

Teatro – Prêmio Oduvaldo Viana Filho

Conto – Prêmio João do Rio

Crônica – Prêmio Alejandro Cabassa

Ensaio – Prêmio Paulo Freire

Literatura infantil – Prêmio Stella Leonardos

Literatura infantojuvenil – Prêmio Profª Maria Antonia da Costa Lobo

Poesia – Prêmio Marcus Vinicius Quiroga

Romance – Prêmio Julia Lopes de Almeida

Na categoria INFANTOJUVENIL (de 12 a 18 anos)

Aldravia – Prêmio José Sebastião Ferreira

Conto – Prêmio Silvia Orthof

[22] LETRAS TAQUARENSES BLOG. *Concurso internacional de literatura da UBE RJ 2021*. [s. l.]: 2021. Disponível em: <https://letrastaquarenses.blogspot.com/2021/05/concurso-internacional-de-literatura-da.html>. Acesso em: jan. 2022.

Crônica – Prêmio Maria Heloísa Penteado

Literatura infantil – Prêmio Maria Clara Machado

Literatura juvenil – Prêmio Monteiro Lobato

Poesia – Prêmio Cecília Meireles

Histórias em quadrinhos – Prêmio Ziraldo Alves Pinto

Romance – Prêmio Lia Luft.

Art. 2º – Categorias ADULTO E INFANTOJUVENIL.

Receberão diplomas de premiação por *e-mail* e medalhas para os três primeiros colocados de cada categoria e gênero literário. As medalhas serão entregues assim que os protocolos médicos em relação à Covid-19 permitirem organizar uma reunião presencial para este fim.

Parágrafo único – A critério da Diretora de Concursos e da Comissão Julgadora poderão ser concedidas menções honrosas e menções especiais às obras concorrentes em quaisquer das categorias acima enumeradas e receberão diplomas.

[...]

III – INSCRIÇÕES E PRAZOS

Art. 4º – Não há limitação quanto ao número de obras inscritas por autor, que deverão ser enviadas em separado, por categoria, observadas as disposições do art. 3º e seus parágrafos.

Art. 5º – As inscrições das obras deverão ser feitas no período compreendido entre 20 de maio de 2021 até 20 de agosto de 2021.

Art. 6º – CADA PRÊMIO PODERÁ SER CONCEDIDO APENAS UMA VEZ AO MESMO AUTOR, vedada à concessão dos membros da Diretoria da UBE RJ.

IV – COMISSÕES JULGADORAS E ACEITAÇÃO DOS CONCORRENTES

Art. 7º – A Diretora de Concursos coordenará os pareceres da Comissão Julgadora e apresentará à presidente o resultado final.

Art. 8º – A Comissão Julgadora será constituída por integrantes indicados pela Diretora de Concursos da União Brasileira de Escritores RJ, sendo irrecorríveis as suas decisões.

Art. 9º – A participação no presente concurso implica a aceitação, por parte do concorrente, de todas as exigências regulamentares.

Art. 10º - O resultado do presente Concurso será divulgado até o dia 30 de outubro de 2021, no *site* da União Brasileira de Escritores RJ - UBE RJ (em construção), no FACEBOOK e por *e-mail.*

Art. 11º - A entrega dos prêmios será realizada de forma virtual em data e horário previamente anunciados.

[...]

Rio de Janeiro, 21 de abril de 2021

Euridice Hespanhol
Presidente União Brasileira de Escritores/RJ.

Anexo 20 – Escrita comercial: *E-mail*

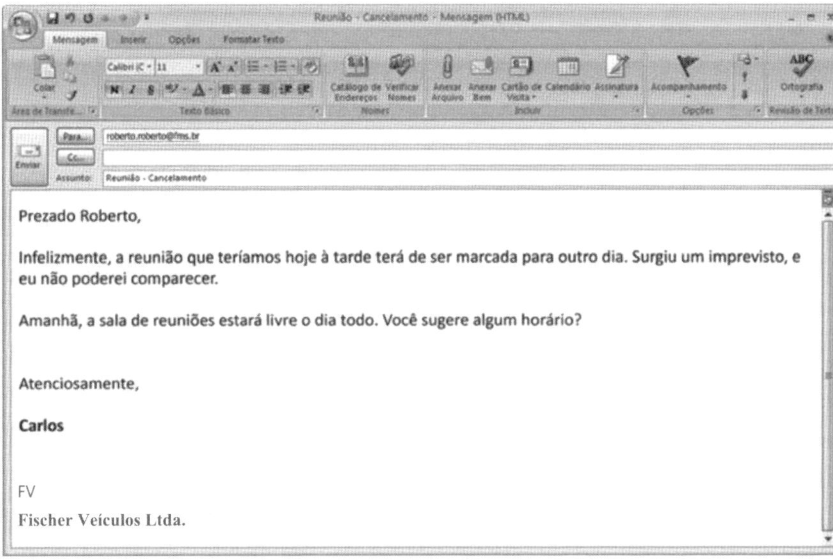

Reunião - Cancelamento - Mensagem (HTML)

Para... roberto.roberto@fms.br

Cc...

Assunto: Reunião - Cancelamento

Prezado Roberto,

Infelizmente, a reunião que teríamos hoje à tarde terá de ser marcada para outro dia. Surgiu um imprevisto, e eu não poderei comparecer.

Amanhã, a sala de reuniões estará livre o dia todo. Você sugere algum horário?

Atenciosamente,

Carlos

FV

Fischer Veículos Ltda.

Anexo 21 – Escrita oficial: Ofício

FV

Fischer Veículos Ltda.
CGC 12.345.678/0001-90
Rua da Esperança, 44,
Caixa postal 22, 12345-000
São José do Rio Pardo – MA

Ofício nº 2/22 São José do Rio Pardo, 10 de janeiro de 2022.

Ementa: Pedido de uso da calçada pública

Senhor prefeito:

Considerando a inauguração da nova loja da Fischer Veículos Ltda., na rua Alves Ribeiro, número 22, e considerando que já fazemos uso da calçada pública diante de nossa matriz para exposição de nossos produtos, vimos solicitar de V. Sa. a cessão da calçada pública de nossa nova filial.

Dirigimos-lhe esse pedido por sabermos de seu interesse pelo desenvolvimento comercial de nosso município.

Atenciosamente,

____

Fernando Joaquim Kerk Moraes – Gerente-geral
Ilmo. sr. Edelmo Freire
Prefeito Municipal de São José do Rio Pardo
Rua do Arado, 56
Nesta

Anexo 22 – Escrita oficial: Requerimento

MERITÍSSIMO JUIZ DA [Nº] ZONA ELEITORAL DO [ESTADO]

Fernando Lúcio Borges de Assis, brasileiro, casado, residente na rua Coronel Albuquerque, 456, Costa Verde, Rio de Janeiro, cédula de identidade nº 123.456, título de eleitor nº 111222333/44, pede dispensa da convocação para o serviço eleitoral, visto que já completou cinco eleições, de 2002 a 2018, e está desempregado, não obtendo os dias de folga correspondentes aos dias de trabalho.

E.D.

Rio de Janeiro, 8 de fevereiro de 2022.

____

Fernando Lúcio Borges de Assis

Anexo 23 – Escrita oficial: Diploma

FUNDAÇÃO
MAIS SABER

A Fundação Mais Saber confere a:

ADRIANA ALVES CAMARGO

o presente diploma, referente ao Curso Superior de Tecnologia em Processos Escolares, Nível Graduação, com 2.000 horas, realizado de março de 2018 a dezembro de 2020.

Rio de Janeiro, 10 de julho de 2020.

Marli dos Santos
Diretora Geral
Faculdade de Educação/FMS

Anexo 24 – Escrita oficial: Auto

AUTO DE INFRAÇÃO[23]

SERVIÇO PÚBLICO FEDERAL
CONSELHO REGIONAL DE FARMÁCIA DO (ESTADO) XXXXXX
AUTO DE INFRAÇÃO

Auto de Infração nº
Nº Controle Interno
Às ______________________ horas do dia _________________ do ano de 20__, o fiscal do Conselho Regional de Farmácia do Estado xxx, abaixo assinado, constatou a prática de infração ao artigo 24 da Lei Federal nº 3.820/60, pela empresa ou estabelecimento (razão social), com denominação comercial de (nome fantasia) situada à (endereço), Bairro (bairro) no Município (Nome do município) e, permanecendo a irregularidade constatada no Termo de Inspeção nº XXX, lavrado em //, conforme atestam os dados cadastrais do estabelecimento no CRF-XX, sendo a ocorrência:
( ) Não comprova que as atividades são exercidas por farmacêutico responsável técnico anotado no CRF.
( ) Não comprova que as atividades são exercidas por farmacêutico responsável técnico anotado no CRF, e com empresa registrada no CRF (ilegal);
Na forma do Artigo 9º da Resolução nº 566/12 do CFF, poderá a empresa ou estabelecimento por seu representante legal, no prazo de 05 (cinco) dias, a partir da data de juntada do comprovante de entrega e recebimento do estabelecimento, dos correios, apresentar DEFESA ESCRITA, a qual deverá atender aos requisitos elencados no artigo 10º da referida resolução.
E, para constar, foi lavrado o presente documento, em duas vias, cuja cópia encontra-se arquivada na base de dados do CRF.
Local, data.

Assinatura do Fiscal:

[23] GOVERNO FEDERAL. Imprensa Nacional. Resolução nº 700, de 29 de janeiro de 2021. *Diário Oficial da União*. Brasília, DF: 2021. Disponível em: <www.in.gov.br/en/web/dou/-/resolucao-n-700-de-29-janeiro-de-2021-304446969>. Acesso em: jan. 2022.

Anexo 25 – Escrita oficial: Apostila

TERMO DE APOSTILAMENTO[24]

ESTADO DO PARÁ
PREFEITURA MUNICIPAL DE MEDICILÂNDIA
PODER EXECUTIVO
"CAPITAL NACIONAL DO CACAU"

TERMO DE APOSTILAMENTO

O presente **apostilamento** tem como finalidadea inclusão de Dotação Orçamentária na Cláusula décima sexta do Contrato de nº 20190134, referente à dotação orçamentária como fonte de recursos para as despesas decorrentes do referido contrato, que a partir da presente data acrescenta-se o seguinte:

DOTAÇÃO ORÇAMENTÁRIA: 12.361.0401-2.033 – Manutenção do Programa Nacional de Apoio ao Transporte Escolar – PNAT, Classificação Econômica 3.3.90.33.00 – Passagens e despesas com locomoção, subelemento 3.3.90.33.12 – Locação de veículos.

Medicilândia-PA, 10 de junho de 2019.

Wallas Fernandes da Silva
Secretária Municipal de Educação

[24] MEDICILÂNDIA. Termo de apostilamento. *Portal da Transparência*. Pará, 10/06/2019. Disponível em: <https://medicilandia.pa.gov.br/wp-content/uploads/2019/03/APOSTILAMENTO-CONTRATO-20190134_000011.pdf>. Acesso em: jan. 2022.

Anexo 26 – Escrita oficial: Manifesto

O MANIFESTO AO SERVIDOR PÚBLICO DO APOLITICAL[25]

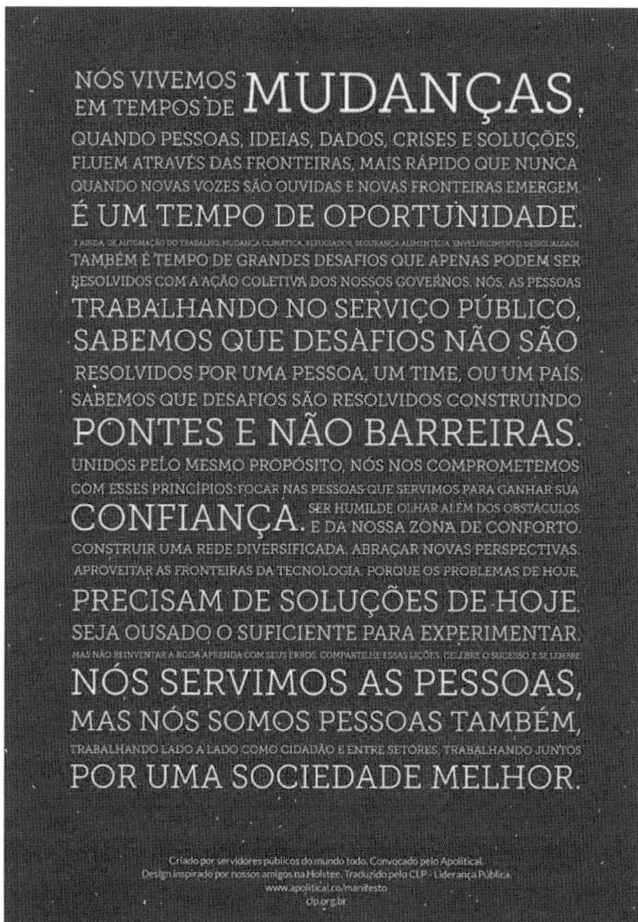

[25] APOLITICAL. *O manifesto ao servidor público do Apolitical.* London: c2022. Disponível em: <https://apolitical.co/pages/o-manifesto-ao-servico-publico-do-apolitical/>. Acesso em: jan. 2022.

Anexo 27 – Escrita oficial: Resolução

DIÁRIO OFICIAL DA UNIÃO[26]
Publicado em: 30/12/2020 | Edição: 249 | Seção: 1 | Página: 64
Órgão: Ministério da Educação/Conselho Nacional de Educação/Câmara de Educação Superior

RESOLUÇÃO CNE/CES Nº 1, DE 29 DE DEZEMBRO DE 2020

Dispõe sobre prazo de implantação das novas Diretrizes Curriculares Nacionais (DCNs) durante a calamidade pública provocada pela pandemia da Covid-19.

O Presidente da Câmara de Educação Superior do Conselho Nacional de Educação, no uso de suas atribuições legais, tendo em vista o disposto na Lei nº 9.131, de 24 de novembro de 1995, e na Lei nº 9.394, de 20 de dezembro de 1996, e com fundamento no Parecer CNE/CES nº 498, de 6 de agosto de 2020, homologado por Despacho do Senhor Ministro de Estado da Educação, publicado no DOU de 28 de dezembro de 2020, Seção 1, pág. 168, resolve:

Art. 1º Fica adicionado 1 (um) ano ao prazo de implantação das novas Diretrizes Curriculares Nacionais (DCNs).

Art. 2º O prazo estabelecido no Art. 1º dessa Resolução será aplicado apenas às DCNs que tenham vigência estabelecida a partir de maio de 2020, conforme listagem em anexo.

Art. 3º O disposto nas DCNs vigentes observará ao disposto nos Pareceres CNE/CP nº 5/2020 e nº 11/2020, no que couber e enquanto viger o Decreto Legislativo nº 6, de 20 de março de 2020, que reconhece a ocorrência da calamidade pública provocada pela pandemia da Covid-19, observado o disposto na Lei nº 9.394, de 20 de dezembro de 1996, e no Decreto nº 9.235, de 15 de dezembro de 2017.

Art. 4º Esta Resolução entrará em vigor na data de sua publicação.

JOAQUIM JOSÉ SOARES NETO

---

[26] GOVERNO FEDERAL. Imprensa Nacional. Resolução CNE/CES nº 1, de 29 de dezembro de 2020. *Diário Oficial da União, Brasília,* DF, 30 dez. 2020. Disponível em: <www.in.gov.br/en/web/dou/-/resolucao-cne/ces-n-1-de-29-de-dezembro-de-2020-296893578>. Acesso em: jan. 2022.

Anexo 28 – Escrita oficial: Ato

id: 3699788

ATO EXECUTIVO Nº 39/2021[27]

O PRESIDENTE DO TRIBUNAL DE JUSTIÇA DO ESTADO DO RIO DE JANEIRO, Desembargador Henrique Carlos de Andrade Figueira, no uso de suas atribuições legais,

CONSIDERANDO que as Comarcas de Porciúncula e Natividade foram acometidas por fortes chuvas, que ocasionaram alagamentos e deslizamentos;

CONSIDERANDO o impacto causado à mobilidade, inclusive no acesso aos prédios públicos;

CONSIDERANDO o decidido no processo SEI nº 2021-0617366;

R E S O L V E:

Art. 1º Suspender os prazos processuais de processos físicos e as audiências designadas nas Comarcas de Porciúncula e Natividade, nos dias 22 e 23 de fevereiro de 2021.

Art. 2º Este Ato entra em vigor na data de sua publicação.

Rio de Janeiro, 03 de março de 2021.

Desembargador HENRIQUE CARLOS DE ANDRADE FIGUEIRA
Presidente do Tribunal de Justiça

[27] PODER JUDICIÁRIO DO ESTADO DO RIO DE JANEIRO. Ato executivo nº 39/2021. *Diário da Justiça Eletrônico*, ano 13, n. 120, caderno I: Administrativo, p. 4, RJ, 3 mar. 2021. Disponível em: <www3.tjrj.jus.br/consultadje/consultaDJE.aspx?dtPub=05/03/2021&caderno=A&pagina=4>. Acesso em: jan. 2022.

Anexo 29 – Escrita oficial: Carta oficial

CARTA DAS NAÇÕES UNIDAS[28]

Preâmbulo

NÓS, OS POVOS DAS NAÇÕES UNIDAS, RESOLVIDOS a preservar as gerações vindouras do flagelo da guerra, que por duas vezes, no espaço da nossa vida, trouxe sofrimentos indizíveis à humanidade, e a reafirmar a fé nos direitos fundamentais do homem, na dignidade e no valor do ser humano, na igualdade de direito dos homens e das mulheres, assim como das nações grandes e pequenas, [...] e a promover o progresso social e melhores condições de vida dentro de uma liberdade ampla.

E PARA TAIS FINS, praticar a tolerância e viver em paz, uns com os outros, como bons vizinhos, e unir as nossas forças para manter a paz e a segurança internacionais, e a garantir, pela aceitação de princípios e a instituição dos métodos, que a força armada não será usada a não ser no interesse comum, a empregar um mecanismo internacional para promover o progresso econômico e social de todos os povos.

RESOLVEMOS CONJUGAR NOSSOS ESFORÇOS PARA A CONSECUÇÃO DESSES OBJETIVOS.

Em vista disso, nossos respectivos governos, por intermédio de representantes reunidos na cidade de São Francisco, depois de exibirem seus plenos poderes, que foram achados em boa e devida forma, concordaram com a presente Carta das Nações Unidas e estabelecem, por meio dela, uma organização internacional que será conhecida pelo nome de Nações Unidas.

[...]

ARTIGO 111 – A presente Carta, cujos textos em chinês, francês, russo, inglês, e espanhol fazem igualmente fé, ficará depositada nos arquivos do Governo dos Estados Unidos da América. Cópias da mesma, devidamente

---

[28] ONU. *Carta das Nações Unidas*. São Francisco: ONU, 1945. Disponível em: <www.unicef.org/brazil/carta-das-nacoes-unidas>. Acesso em: jan. 2022.

autenticadas, serão transmitidas por este último Governo aos dos outros Estados signatários.

EM FÉ DO QUE, os representantes dos Governos das Nações Unidas assinaram a presente Carta.

FEITA na cidade de São Francisco, aos vinte e seis dias do mês de junho de mil novecentos e quarenta e cinco.

Anexo 30 – Escrita oficial: Certidão

CERTIDAÇÃO DE QUITAÇÃO[29]

JUSTIÇA ELEITORAL
TRIBUNAL SUPERIOR ELEITORAL
CERTIDÃO

Certifico que, de acordo com os assentamentos do Cadastro Eleitoral e com o que dispõe a Res.-TSE nº 21.823/2004, o(a) eleitor(a) abaixo qualificado(a) está QUITE com a Justiça Eleitoral na presente data.

Eleitor(a):
Inscrição: Zona: Seção:
Município: UF:
Data de nascimento: Domicílio desde:
Filiação:

Ocupação declarada pelo(a) eleitor(a):

Certidão emitida às 13:39 em 16/02/2022

Res.-TSE nº 21.823/2004:
O conceito de quitação eleitoral reúne a plenitude do gozo dos direitos políticos,o regular exercício do voto, salvo quando facultativo, o atendimento a convocações da Justiça Eleitoral para auxiliar os trabalhos relativos ao pleito, a inexistência de multas aplicadas, em caráter definitivo, pela justiça eleitoral e não remitidas, excetuadas as anistias legais, e a regular prestação de contas de campanha eleitoral, quando se tratar de candidatos.
A plenitude de gozo de direitos políticos decorre da inocorrência de perda de nacionalidade; cancelamento de naturalização por sentença transitada em julgado; interdição por incapacidade civil absoluta; condenação criminal transitada em julgado, enquanto durarem seus efeitos; recusa de cumprir obrigação a todos imposta ou prestação alternativa; condenação por improbidade administrativa; conscrição; e opção, em Portugal, pelo estatuto da igualdade.

Esta **certidão de quitação eleitoral** é expedida gratuitamente.
Sua autenticidade poderá ser confirmada na página do Superior Tribunal Eleitoral na internet, no endereço: HTTP:WWW.tse.jus.br/ ou pelo aplicativo e-Título, por meio do código:

EIYK.SX4R.MBPK.ZUHE

[29] TSE. *Certidão de quitação*. Brasília, DF: TSE, 2022. Disponível em: <www.tse.jus.br/>. Acesso em: jan. 2022.

Anexo 31 – Escrita oficial: Despacho

DIÁRIO OFICIAL DA UNIÃO[30]
Publicado em: 05/08/2021 | Edição: 147 | Seção: 1 | Página: 34
Órgão: Ministério da Educação/Gabinete do Ministro

DESPACHO DE 4 DE AGOSTO DE 2021

Nos termos do art. 2º da Lei nº 9.131, de 24 de novembro de 1995, homologo o Parecer CNE/CP nº 6/2021, do Conselho Pleno do Conselho Nacional de Educação – CP/CNE, que votou favoravelmente à aprovação de diretrizes nacionais orientadoras para a implementação de medidas no retorno à presencialidade das atividades de ensino e aprendizagem e para a regularização do calendário escolar, a serem adotadas pelos sistemas de ensino, instituições e redes escolares públicas, particulares, comunitárias e confessionais, nos termos do Projeto de Resolução anexo ao mencionado Parecer, conforme consta do Processo nº 23001.000334/2020-21.

MILTON RIBEIRO
Ministro

[30] GOVERNO FEDERAL. Imprensa Nacional. Despacho de 4 de agosto de 2021. *Diário Oficial da União*, Brasília, DF, 5 ago. 2021. Disponível em: <www.in.gov.br/web/dou/-/despacho-de-4-de-agosto-de-2021-336339483>. Acesso em: jan. 2022.

Anexo 32 – Escrita oficial: Exposição de motivos

EXPOSIÇÃO DE MOTIVOS INTERMINISTERIAL[31]

EMI nº 00020/2020 MME ME

Brasília, 8 de abril de 2020

Excelentíssimo Senhor Presidente da República,

1. Submetemos a vossa superior consideração minuta de Medida Provisória que dispõe sobre medidas temporárias emergenciais em razão da pandemia de Covid-19, alterando a Tarifa Social de Energia Elétrica de que trata a Lei nº 12.212, de 20 de janeiro de 2010, e autorizando a União a aportar recursos na Conta de Desenvolvimento Energético – CDE.

2. Em 26 de fevereiro de 2020, o Brasil registrou o primeiro caso de infecção pela Covid-19. Desde então o número de casos tem crescido de forma significativa, passando de 3 mil casos ainda em março de 2020.

3. Com o objetivo de conter o crescimento do avanço da infecção pela Covid-19, diversas medidas foram tomadas por autoridades Estaduais e Municipais no sentido de promover o distanciamento social, e com isso, reduzir o ritmo de crescimento do número de casos.

[...]

17. As medidas relacionadas à sustentabilidade do setor elétrico são igualmente urgentes e relevantes por possibilitar que os consumidores sejam protegidos de elevações tarifárias no atual momento, decorrentes dos regulares processos tarifários das distribuidoras, por meio de operações financeiras destinadas a postergar esses efeitos tarifários para momentos de maior normalidade na economia.

18. Com tais medidas, o consumidor também ganha proteção adicional em relação a possíveis descasamentos de pagamentos ao longo dos elos

---

[31] GOVERNO FEDERAL. Planalto. EMI nº 00020/2020 MME ME. Brasília, DF: 2020. Disponível em: <www.planalto.gov.br/ccivil_03/_Ato2019-2022/2020/Exm/Exm-MP-950-20.pdf>. Acesso em: jan. 2022.

do setor, com o fortalecimento da liquidez nas distribuidoras. O segmento de distribuição é a principal fonte arrecadadora de recursos no setor, realizando pagamentos para os segmentos de geração, transmissão, além de encargos e tributos. A interrupção desta linha de pagamentos poderia comprometer a qualidade e confiabilidade da prestação do serviço público essencial de fornecimento de energia elétrica, com consequências imprevisíveis, o que leva à necessidade das medidas propostas.

19. Essas são, Senhor Presidente, as razões pelas quais levamos à superior deliberação de Vossa Excelência, a presente proposta de edição de Medida Provisória.

Respeitosamente,

BENTO COSTA LIMA LEITE DE ALBUQUERQUE JUNIOR
PAULO ROBERTO NUNES GUEDES

Anexo 33 – Escrita oficial: Nota

NOTA OFICIAL | Adiamento do Enem 2020[32]

Publicado em 20/05/2020 18h13. Atualizado em 21/05/2020 15h11

Nota de Esclarecimento

Enem 2020

Atentos às demandas da sociedade e às manifestações do Poder Legislativo em função do impacto da pandemia do coronavírus no Exame Nacional do Ensino Médio (Enem) 2020, o Instituto Nacional de Estudos e Pesquisas Educacionais Anísio Teixeira (Inep) e o Ministério da Educação (MEC) decidiram pelo adiamento da aplicação do exame nas versões impressa e digital. As datas serão adiadas de 30 a 60 dias em relação ao que foi previsto nos editais.

Para tanto, o Inep promoverá uma enquete direcionada aos inscritos do Enem 2020, a ser realizada em junho, por meio da Página do Participante. As inscrições para o exame seguem abertas até as 23h59 desta sexta-feira, 22 de maio.

[32] GOVERNO FEDERAL. INEP. ENEM. *Nota oficial: adiamento do Enem 2020.*Brasília, DF, 21/05/2020. Disponível em: <www.gov.br/inep/pt- br/assuntos/noticias/enem/nota-oficial--adiamento-do-enem-2020>. Acesso em: jan. 2022.

Anexo 34 – Escrita oficial: Guia

CNSC

Colégio Nacional Santa Catarina
Rua Machado Valadares, 41, 12345-001
Rio de Janeiro – RJ – Tel.: (21) 2345-6789

GUIA DE TRANSFERÊNCIA

Eu, Roberto Carlos de Assis Ferreira, diretor-geral do Colégio Nacional Santa Catarina, nos termos do art. 25 do Decreto nº 6.141, de 28 de dezembro de 1996, declaro que a estudante Juliana Muniz Barreiros, natural do Rio de Janeiro – RJ, nascida em 23 de janeiro de 2005, filha de Maria Auxiliadora Muniz Barreiros e Antônio Gomes Barreiros, cursou, até 20 de julho de 2021, o 2º ano do ensino médio neste estabelecimento, conforme demonstram os resultados constantes do histórico escolar anexado a este documento, podendo, de acordo com a legislação vigente, continuar seus estudos em qualquer estabelecimento de ensino equivalente e reconhecido.

Rio de Janeiro, 30 de julho de 2021.

____

Roberto Carlos de Assis Ferreira
Diretor-geral

Anexo 35 – Escrita oficial: Notificação

NOTIFICAÇÃO DE MULTA[33]

SERVIÇO PÚBLICO FEDERAL
CONSELHO REGIONAL DE FARMÁCIA DO (ESTADO)
NOTIFICAÇÃO DE MULTA

Processo Administrativo Fiscal: (número e data de abertura)
Auto de infração: (número e data)
NOTIFICAÇÃO Nº (número/ano)

O TESOURO DO CONSELHO REGIONAL DE FARMÁCIA/ (Estado), no uso de suas atribuições.
Notifica: (razão social)
Número do Registro: (inscrição da empresa)
Endereço: (endereço da empresa)
Município: (cidade da empresa)/(uf)
CEP: (CEP da empresa)

que foi julgada procedente a infração ao artigo 24 da Lei Federal nº 3.820/60, conforme consta do Auto de infração Nº (número) do dia (data), lavrado pelo serviço de fiscalização desta Autarquia, originando o Processo Administrativo Fiscal Nº (número), razão pela qual foi aplicada multa prevista no artigo 24, parágrafo único, da Lei Federal 3.820/60, conforme os motivos expostos no voto do conselheiro relator, (ausência de argumentos legais/vícios de defesa previstos nos artigos 9º e 10 da Resolução/CFF nº 566.12), sendo pela aplicação de multa no valor de. (valor em número e por extenso), por ser a autuação por (motivo de Auto de Infração) e (reincidência/primário).
Notifica, outrossim, que deverá efetuar o pagamento da multa estipulada, ou recorrer ao Conselho Federal de Farmácia no prazo de 30 (trinta) dias, a contar do recebimento da presente notificação. Desconsiderar o boleto anexo em caso de apresentação de recurso.

A petição de recurso deverá ser apresentada ao Conselho Regional de Farmácia/(Estado), que encaminhará as razões recursais à entidade federal competente, observando a necessidade de preparo, mediante pagamento de porte de remessa e retorno dos autos, por meio de boleto bancário (a ser solicitado/ou enviado em anexo), obedecendo ao rito previsto na Resolução/CFF nº 566/12, sob pena de deserção.

O recolhimento da multa deverá ser efetuado mediante "guia pré-emitida", em agências bancárias que se utilizam do sistema de compensação, sendo que a multa não paga será inscrita em DÍVIDA ATIVA EXECUTIVA e extraída certidão para respectivo ajuizamento.

Local, data.

Assinatura do Diretor Responsável pela Fiscalização

---

[33] GOVERNO FEDERAL. Imprensa Nacional. Resolução nº 700, de 29 de janeiro de 2021. *Diário Oficial da União*, Brasília. DF, 19 fev. 2021. Disponível em: <www.in.gov.br/en/web/dou/-/resolucao-n-700-de-29-janeiro-de-2021-304446969>. Acesso em: jan. 2022.

Anexo 36 – Escrita oficial: Parecer

FMS FUNDAÇÃO MAIS SABER

PROVA DISSERTATIVA DE MATEMÁTICA

PARECER

A banca de matemática do concurso para o vestibular 2021 reconsidera a nota atribuída à candidata solicitante, sra. Cláudia Freire dos Santos Batista, inscrição nº 5.678, por julgar procedente seu pedido no que se refere à questão 7 (sete).

A nota da candidata é alterada, portanto, de 85 (oitenta e cinco) para 95 (noventa e cinco).

Rio de Janeiro, 10 de novembro de 2021.

Prof. Luiz Antonio Chagas Filho
Coordenador da banca de matemática

Regência de verbos que costumam provocar dúvidas

A

aborrecer-se com
absolver de (ou sem preposição)
abster-se de
abundar em
abusar de
acabar com (ou sem preposição)
acautelar-se com
aceder a
acercar-se de
acomodar-se a
aconselhar a (ou sem preposição)
acontecer a, com
acordar com
acreditar em (ou sem preposição)
acudir a
acusar de (ou sem preposição)
adaptar a (ou sem preposição)
aderir a (ou sem preposição)
admirar-se com, por
afastar de (ou sem preposição)
afixar a (ou sem preposição)
agradar a
agradecer a
agregar-se a
ajudar a (ou sem preposição)
ajuntar a (ou sem preposição); ajuntar-se com
alertar de, sobre, contra (ou sem preposição)
alhear-se de
alimentar com, de (ou sem preposição)
almejar por (ou sem preposição)
aludir a
ameaçar com, de (ou sem preposição)
amofinar-se com
ansiar por (ou sem preposição)
antecipar-se a
antepor a (ou sem preposição)
apaixonar-se por, de
apartar de (ou sem preposição)
apear-se de
apegar-se a
apelar para, de
aperceber-se de
apiedar-se de
apoiar-se em
apressar-se a, em, por, para
aproveitar-se de
aproximar-se a, de
arguir de (ou sem preposição)

arrancar de (ou sem preposição)
arrepender-se de
arriscar-se a
aspirar (= desejar) a (ou sem preposição = inspirar)
assemelhar-se a, com
assenhorear-se de
assentir a
assinalar com (ou sem preposição)
assistir (= presenciar) a (ou sem preposição = ajudar)
assustar-se com
atemorizar-se com
atender a (ou sem preposição)
ater-se a
atestar contra, por
atinar com
atingir (sem "a"!)
atrair a (ou sem preposição)
atrever-se a, em
atribuir a
aumentar
ausentar-se de
autorizar a (ou sem preposição)
avaliar em (ou sem preposição)
averiguar de (ou sem preposição)
avisar de (ou sem preposição)
avizinhar-se de, a

B

baixar a (ou sem preposição)
bandear-se para
bastar a
batalhar com
bater a, em
blasfemar contra
brigar com
brindar com (ou sem preposição)

C

cair em, sobre
capitular com (ou sem preposição)
carecer de
casar-se com
ceder a (ou sem preposição)
chamar (= dar nome) a (ou sem preposição = mandar vir)
chegar(-se) a (não "em" junto à expressão de lugar)
cheirar a (ou sem preposição)
chorar por
circunscrever-se a
clamar por
cobrar de (ou sem preposição)
cobrir de (ou sem preposição)
coexistir com (ou sem preposição)
coincidir com (ou sem preposição)
coligar-se com
combater contra, por
combinar com (ou sem preposição)
começar a, por
cometer a (ou sem preposição)
compadecer-se de
comparar a, com (ou sem preposição)
comparecer a
compelir a (ou sem preposição)
competir com, a
compor-se de
comprazer a (ou sem preposição); (-se) em, com
comprometer-se a
comprovar com
comungar com
comunicar a (ou sem preposição)
concentrar em (ou sem preposição)
concordar com, em (ou sem preposição)
concorrer a, com
condenar a (ou sem preposição)
condoer-se de
confabular com
conferenciar com

confessar a (ou sem preposição)
confiar em, a
confinar com
conformar-se com, a
confrontar com (ou sem preposição)
confundir-se com
congratular-se com
consagrar a
consentir em (ou sem preposição)
considerar como
consistir em (e não "de")
consolar-se com
conspirar a, contra, para
constar de
constituir-se em
contagiar-se com
contaminar-se de, com
contemporizar com
contentar-se com, de, em
conter-se em
continuar em, com
contrapor a
contribuir para, com
convalescer de
convencer-se de
conversar com (ou sem preposição)
converter em, a (ou sem preposição)
convidar a, para (ou sem preposição)
convir a, com, em
convocar a, para (ou sem preposição)
cooperar com, para
coroar de, com (ou sem preposição)
corresponder a; (-se) com
corrigir-se de
cotejar com (ou sem preposição)
crer em, a (ou sem preposição)
cristalizar em (ou sem preposição)
cuidar de, em
culpar de
cumprir com, a (ou sem preposição)
curar-se de

D

dar a, em, com, por
dar-se (pressa) a, em
decair de
decidir sobre
declarar-se contra
declinar a, para
declinar de (ou sem preposição)
dedicar a (ou sem preposição)
deduzir de (ou sem preposição)
deitar-se a, em, sobre
deleitar-se com, em, de
denotar a, em (ou sem preposição)
deparar com (ou sem preposição)
depender de
dependurar de (ou sem preposição)
derivar de (ou sem preposição)
desafiar para (ou sem preposição)
desagradar a
desalojar de (ou sem preposição)
desapegar-se de
desapossar de (ou sem preposição)
desapropriar de (ou sem preposição)
desatar de, em (ou sem preposição)
descansar de (ou sem preposição)
descartar-se de
descender de
descer de, a
desconfiar de
descontar de (ou sem preposição)
descuidar-se de
desculpar-se de, com
descurar-se de (não "por")
desdizer-se de
desembaraçar-se de
desempenhar-se de
desenganar-se de
desertar de (ou sem preposição)
desesperar de (ou sem preposição)
desfazer-se de
desgostar-se de, com

designar-se de
desistir de
desobedecer a
despedir-se de
despojar de (ou sem preposição)
desprender de (ou sem preposição)
desquitar-se de
destituir de (ou sem preposição)
determinar-se a
deter-se em, com
dever de (ou sem preposição)
diferenciar de (ou sem preposição)
dignar-se de, a
discordar de
discrepar em
disfarçar em (ou sem preposição)
dispensar de, a (ou sem preposição)
dispor de; (-se) a, para (ou sem preposição)
disputar com
dissuadir de (ou sem preposição)
distar de
distinguir de (ou sem preposição)
distrair-se com
distribuir a, por, com, entre (ou sem preposição)
divertir-se com
divorciar-se de
dizer de (ou sem preposição)
doer-se de
dotar com, em (ou sem preposição)
duvidar de

E

eleger por, em, como
embaraçar-se com
embeber de, em (ou sem preposição)
embelezar-se com
embevecer-se em, com
embriagar-se de, com
embutir em (ou sem preposição)
emendar-se de
empapar de, em, com (ou sem preposição)
empenhar-se por, em, com
empregar-se com
encarar com (ou sem preposição)
encarregar de
encharcar-se em
encher de (ou sem preposição)
encomendar a (ou sem preposição)
encontrar-se com
encostar a (ou sem preposição)
enfadar-se com
enfastiar-se de, com
enfeitar-se com
enfurecer-se com, contra
enganar-se com, em
enlaçar-se em
enraivecer-se contra
enredar-se em
ensaiar-se em, para
ensinar a (ou sem preposição)
entender de
entregar-se a
entreter-se com, em
entristecer-se com, de
equiparar a, com
equivaler a (ou sem preposição)
escapar a, de
escapulir de escarnecer de
escolher entre (ou sem preposição)
escusar-se de
esforçar-se em, por, para
esmerar-se em
espantar-se com, de
especular com, em (ou sem preposição)
esperar de, em (ou sem preposição)
esquecer (sem preposição); (-se) de
esquivar de (ou sem preposição); (-se) a
estabelecer-se com

estender-se em, a, por
estimular a, com
exceder a, em, de (ou sem preposição)
excetuar de
excitar a (ou sem preposição)
excluir de (ou sem preposição)
exercitar-se em
exigir de, a (ou sem preposição)
eximir de (ou sem preposição)
exonerar de (ou sem preposição)
exortar a (ou sem preposição)
expor a (ou sem preposição)
extorquir a, de (ou sem preposição)
extrair de (ou sem preposição)

F

falar de, em, com, a, sobre
faltar com, a
fartar com, de (ou sem preposição)
fatigar-se de, com
favorecer com, de (ou sem preposição)
fechar (-se) a
felicitar por, de (ou sem preposição)
fiar-se em, de
fincar-se em
florescer em
folgar de, em
formar-se em
forrar de, com (ou sem preposição)
fugir de, a
fundar-se em
furtar a, de (ou sem preposição)

G

gabar-se de
ganhar de, a (ou sem preposição)
glorificar-se de
gostar de gozar de
graduar-se em
gravar com (ou sem preposição)
guardar-se de
guarnecer com

H

habilitar com, para (ou sem preposição)
habituar-se a
haver-se com
herdar de (ou sem preposição)
hesitar em, sobre
humilhar-se a

I

imbuir-se de, em
impedir de, a (ou sem preposição)
impelir a (ou sem preposição)
implicar (= provocar) com (ou sem preposição = acarretar)
impor a (ou sem preposição)
impossibilitar para, a (ou sem preposição)
imputar a (ou sem preposição)
inabilitar para (ou sem preposição)
incidir em
incitar a (ou sem preposição)
inclinar a, para (ou sem preposição)
incluir em (ou sem preposição)
incorporar a, em (ou sem preposição)
incorrer em
inculcar em (ou sem preposição)
incumbir de (ou sem preposição)
indenizar de (ou sem preposição)
indignar-se com
indispor contra (ou sem preposição); (-se) com
induzir a, em (ou sem preposição)
infestar de (ou sem preposição)
inflamar-se de
influir em, para, sobre
informar sobre, de (ou sem preposição); (-se) de
ingerir em (ou sem preposição)
inibir de (ou sem preposição)
iniciar em, a (ou sem preposição)

inimizar-se com
inquietar-se de, com
inserir em (ou sem preposição)
insinuar em (ou sem preposição)
insistir sobre, em
instar por, a (ou sem preposição)
instruir de, em, sobre (ou sem preposição)
inteirar-se de
intercalar entre
interceder por
interessar-se por
internar-se em
interpolar entre, com (ou sem preposição)
interpor entre (ou sem preposição)
interrogar a
intervir em
intrometer-se em
inundar de, em (ou sem preposição)
investir contra, com
isentar de (ou sem preposição)

J

jubilar em (ou sem preposição)
juntar a, com (ou sem preposição)
justificar de, a (ou sem preposição); (-se)

L

lamentar-se de
lançar em, (ou sem preposição); (-se) sobre
lastimar-se de
lembrar (sem preposição); (-se) de
levar em, a, por (ou sem preposição)
libertar de (ou sem preposição)
lidar com
ligar a, com (ou sem preposição)
limitar-se a, com
limpar em, a (ou sem preposição); (-se) de, em
lisonjear-se de
livrar de (ou sem preposição)
lograr (-se) de
lutar com, contra

M

manter-se com
maquinar contra (ou sem preposição)
maravilhar-se com, de
mediar entre
medir (-se) com, por
meditar em, sobre
melhorar de
merecer de
mergulhar em (ou sem preposição)
ministrar a (ou sem preposição)
moderar-se em
molestar com (ou sem preposição)
morrer de, por
mortificar-se com
mudar de (ou sem preposição); (-se) para

N

namorar-se de
necessitar de
negar-se a
negociar em, com (ou sem preposição)
nivelar-se a, com
nutrir-se de, com

O

obedecer a
obrigar a (ou sem preposição)
obstar a (ou sem preposição)
obstinar-se em
ocupar-se com, em, de
ofender com, por (ou sem preposição)

opinar sobre, de
opor (-se) a
oprimir com (ou sem preposição)
optar por, entre
orar por

P

pactuar com
padecer de
pagar a, de, em (ou sem preposição)
parecer com, a, de
participar de, em, a (ou sem preposição)
pasmar de
passar de, com, em
pegar de, em
pender de, a (ou sem preposição)
pendurar de, a (ou sem preposição)
pensar em
perdoar a (ou sem preposição)
perfumar com (ou sem preposição)
perguntar a, por
permutar com, por (ou sem preposição)
perseverar em
persistir em
persuadir de (ou sem preposição)
pertencer a
pospor a (ou sem preposição)
povoar de (ou sem preposição)
precaver-se contra, de
preceder em (ou sem preposição)
precisar de
preferir a (ou sem preposição)
preocupar-se com
preparar-se para
preponderar sobre
prescindir de
presentear com (ou sem preposição)
preservar de (ou sem preposição)
presidir a, em (ou sem preposição)
presumir de
prevalecer sobre (ou sem preposição)
prevenir de, para, contra (ou sem preposição)
prezar-se de
privar de, com (ou sem preposição)
proceder a, com
processar por (ou sem preposição)
professar em (ou sem preposição)
proibir a (ou sem preposição)
promover a (ou sem preposição)
prosseguir em (ou sem preposição)
protestar contra
provar de, a (ou sem preposição)
provocar a, contra (ou sem preposição)
purgar-se de
purificar-se de
puxar de, por (ou sem preposição)

Q

qualificar de (ou sem preposição)
queixar-se a, de
querelar contra
querer (= estimar) a (ou sem preposição)

R

radicar-se em
ralhar com
rebaixar de (ou sem preposição); (-se) a
rebentar de
recair em, sobre
reclamar contra (ou sem preposição)
reclinar-se sobre
recolher-se a
recomendar a (ou sem preposição)
recompensar com
reconciliar-se com
recorrer a
recostar-se sobre, em

recrear-se com
recusar a (ou sem preposição)
reduzir a (não em) (ou sem preposição)
referir-se a
refletir em, sobre
refugiar-se em
regalar-se com
regar de (ou sem preposição)
regozijar-se de, com
regular-se por
reincidir em
reintegrar em (ou sem preposição)
rejubilar com
relaxar-se em
remontar a (ou sem preposição)
remover de (ou sem preposição)
renascer a
render-se a
renegar de
renunciar a
repartir entre, com, por
representar contra (ou sem preposição)
requerer a (ou sem preposição)
resguardar-se de, contra
residir em
resignar-se a, com
resistir a
resolver a
ressentir-se de
restabelecer-se de
resultar de
retirar-se de, a
retrair-se a
retratar-se de
retroceder a, para (ou sem preposição)
revestir de, com (ou sem preposição)
rir-se de
rivalizar com (ou sem preposição)
rodear-se de, com
rogar por (ou sem preposição)
romper com (ou sem preposição)

S

sacar de (ou sem preposição)
saciar de, a (ou sem preposição)
sacrificar a (ou sem preposição); (-se) por
sacudir de (ou sem preposição)
safar-se de
sair de; (-se) com
salpicar de (ou sem preposição)
salvar de (ou sem preposição)
sanar de
sarar de (ou sem preposição)
satisfazer a (ou sem preposição); (-se) com
segregar de, a (ou sem preposição)
semelhar a (ou sem preposição)
sentir-se de
separar de (ou sem preposição)
servir a (ou sem preposição); (-se) de, para
sobrar a
sobrepujar em (ou sem preposição)
sobressair em, por
sobressaltar-se com
sobrevir a
sobreviver a
socorrer (-se) de, com, a (ou sem preposição)
solicitar de (ou sem preposição)
sonhar com
submeter a (ou sem preposição)
subordinar a (ou sem preposição)
substituir por, a (ou sem preposição)
subtrair de (ou sem preposição); (-se) a
suceder a
sujar-se com
sujeitar-se a
sumir-se em

suplicar a (ou sem preposição)
surpreender-se com
suspeitar de
suspender de (ou sem preposição)
sustentar-se de, com
suster com (ou sem preposição); (-se) de

T

tachar de (ou sem preposição)
tapar com (ou sem preposição)
tardar em
teimar em
temer de, por
terminar em, por
tingir de (ou sem preposição)
tirar de (ou sem preposição)
topar com
tornar a
trabalhar de, por, para, em
traduzir em, para, de (ou sem preposição)
transbordar de (ou sem preposição)
transferir a (ou sem preposição)
transfigurar-se em
transformar em (ou sem preposição)
transitar por
transplantar de, para (ou sem preposição)
transportar-se de
trasladar a, em, de (ou sem preposição)
tratar de (ou sem preposição)
travar-se de
tremer de
tributar a (ou sem preposição)
triunfar de
trocar por, de (ou sem preposição)

U

ufanar-se de, com
ultrajar com (ou sem preposição)
ungir com (ou sem preposição)
uniformizar com (ou sem preposição)
untar de, com (ou sem preposição)
usar de (ou sem preposição)
utilizar-se de

V

vacilar em
valer-se de, valer a (ou sem preposição)
vangloriar-se de, por
variar de, em (ou sem preposição)
vazar em (ou sem preposição)
vedar a (ou sem preposição)
velar por, em (ou sem preposição)
verter de, para, em (ou sem preposição)
vestir-se com, de
viciar-se com, em
vincular a (ou sem preposição)
vingar-se de, em
visar (= dar o visto)
visar (= pretender) a (ou sem preposição)
voltar de, a

Z

zangar-se com
zelar por
zombar de

Regência de nomes que costumam provocar dúvidas

A
abrigado de
aceito a
acessível a
adequado a
afável com, para com
agradável a
alheio a
amante de
amigo de
amoroso com, para com
análogo a
ansioso de, por anterior a
aparentado com
apto para, a
atento a, em avesso a
ávido de

B
bacharel em
bastante a, para
benéfico a
bom para, para com

C
capaz de, para
caro a
cego a
cheio de
cheiro a, de
circunvizinho de
cobiçoso de
coetâneo de
compatível com
compreensível a
comum a, de
conforme a, com
constante em
contemporâneo de
contíguo a
contrário a
cruel com, para com
cuidadoso com
cúmplice em
curioso de

D
desagradável a
desatento a
descontente com
desejoso de
desfavorável a

desleal a
devoto de
diferente de
difícil de
digno de
diligente em, para
ditoso com
diverso de
doce a
dócil a, para com
doente de
dotado de
doutor em
duro de

E

entendido em
equivalente a
erudito em
escasso de
essencial para
estéril de
estranho a
estreito de, para
exato em

F

fácil de
falto de
farto em
favorável a
fecundo em
fértil de, em
fiel a
firme em
forte de, em
fraco de, em
franco para com, de, em
frouxo de
furioso com, de

G

generoso com
grato a
grosso de
guerra a

H

hábil em
habituado a
horror a
hostil a

I

ida a
idêntico a
idôneo para, a
imediato a
impaciente com
impenetrável a
impossibilidade de
impossível de
impotente contra, para
impróprio para
inábil para
inacessível a
incansável em
incapaz de, para
incerto de, em
incessante em
incompatível com
incompreensível a
inconsequente com
inconstante em
indeciso em
independente de, em
indiferente a
indigno de
indócil a
indulgente para, para com
inerente a
inexorável a

infatigável em
infiel a
inflexível a
inimigo de
inocente de
insaciável de
insensível a
inseparável de
interesse em, por
intolerante com, para com
inútil para, a

L

leal a, com, para com
lento em
liberal com
ligeiro de
limitado de, a
limpo de
livre de
longe de
longínquo de
louco de, com

M

maior de, entre
manso de
mau com, para
mediano de, em
menor de
misericordioso com, para com
molesto a
morador em

N

natural de
necessário a
negligente em
nobre de, em, por
nocivo a

O

obediente a
oblíquo a
obrigação de
ódio a, de, contra, para com
odioso a, para
oneroso a
oposto a
orgulhoso com, para com, de

P

pálido de
paralelo a
parco em, de
parecido a, com
passível de
perito em
pernicioso a
pesado a
piedade de
pobre de
poderoso para, em
possível de
possuído de
posterior a
prático em
prejudicial a
prestes a, para
primeiro de, dentre, em
pródigo de, em
proeminência sobre, de
pronto para, em
propício a
proporcionado a, com
próprio para, de
proveitoso a
próximo a, de

Q

querido de, por

R

rebelde a
rente com, a, de
respeito a, de, por
responsável por
rico de, em
rígido de
rijo de

S

sábio em
são de
seco de
sedento de, por
seguro de, em
semelhante a
sensível a
serviço em
severo com, para com, em
sito em
soberbo com, de
sóbrio de, em
sofrido em
solícito com
solto de
sujo de
superior a
surdo a, de
suspeito a, de

T

tardo a, em
temeroso de
temível a
traidor a, de
trespassado de
triste de, com

U

último em, de, a
único em
útil a, para

V

vazio de
versado em
visível a
vizinho a, de

Vocabulário gramatical

A

abreviatura e sigla – caso especial das abreviaturas é a sigla: escrita abreviada de uma locução substantiva ou de um nome composto, mediante a representação das iniciais – maiúsculas – dos elementos componentes: A. B. L. (Academia Brasileira de Letras); M. E. C. (Ministério de Educação e Cultura), etc. O uso oficial é com pontos, mas a tendência moderna, simplificadora, é eliminar os pontos: ABL; MEC.

acento diferencial – é utilizado para demarcar, graficamente, na língua, uma diferença entre algumas formas gramaticais foneticamente semelhantes, mas com sentidos diferentes. Ex.: "Eles **têm** (em oposição a "tem", 3ª p. do sing.) registrado os relatórios pontualmente."

acento tônico – na língua portuguesa, corresponde à maior intensidade com que pronunciamos uma determinada sílaba em oposição às demais sílabas da palavra. Pode ser assinalado por sinais gráficos: acento agudo (´) e acento circunflexo (^).

adjetivo – classe de palavras que modifica um substantivo por meio de uma qualidade, um estado ou um modo de ser. Ex.: "**bela** mulher".

adjunto adnominal – função sintática que explica ou especifica um nome, a que está presa diretamente. Ex.: "**As lindas** praias **do Sul** encantam a todos.".

adjunto adverbial – função sintática de uma palavra ou expressão que modifica ou intensifica o sentido de um verbo, de um adjetivo ou de um advérbio, atribuindo-lhe uma circunstância. Ex.: "Cheguei do aeroporto **ontem**.".

advérbio – classe de palavras invariáveis que modifica ou intensifica o sentido de um verbo, de um adjetivo ou de um outro advérbio, expressando uma circunstância. Ex.: "Trabalharemos **muito** (circunstância de intensidade) **amanhã** (circunstância de tempo).".

advérbio de afirmação – exprime circunstância de afirmação. Ex.: "**Sim, realmente** chegamos tarde.".

advérbio de dúvida – exprime incerteza, dúvida. Ex.: "**Talvez** compareça à reunião.".

advérbio de intensidade – advérbio que exprime a intensidade com que a ação do verbo é realizada. Ex.: "Caminhava **muito rápido**.".

advérbio de lugar – exprime circunstância de lugar. Ex.: "**Aqui** se estuda muito.".

advérbio de modo – advérbio que exprime a forma como a ação do verbo é realizada. Ex.: "Pedia, **dolorosamente**, por clemência.".

advérbio de negação – exprime circunstância de negação. Ex.: "**Não** farei isso.".

advérbio de tempo – advérbio que exprime o tempo em que a ação do verbo é realizada. Ex.: "**Amanhã** entregaremos os resultados."

afixo – morfema adicionado a um outro. Se a adição se dá no início do morfema, o afixo recebe o nome de "prefixo" – Ex.: "**e**migrar". Se a adição se dá no final do morfema, o afixo recebe o nome de sufixo – Ex.: "clara**mente**".

agente da passiva – função sintática que indica o agente da ação, na estrutura de uma oração passiva, que é diferente do sujeito. Ex.: "As cartas foram escritas **por José**.".

ambiguidade – qualidade daquilo que se pode tomar em mais de um sentido.

antecedente – qualquer termo que antecede um outro com o qual forma uma dada função sintática. Ex.: "As **palavras** (em relação ao pronome relativo "que") que disse não serão esquecidas.".

antítese – figura de sintaxe que estabelece a contraposição entre ideias contrárias. Ex.: "Convivem, lado a lado, **a riqueza e a pobreza**.".

antônimo – palavra de sentido oposto a uma outra para a qual exerce esse papel. Ex.: "doente" em relação a "sadio".

aposto – função sintática que explica, especifica, identifica ou resume um outro termo da oração. Ex.: "Márcio, **o irmão de Adriana** (explica quem é "Márcio"), é o melhor aluno da turma."
arcaísmo – palavra ou expressão que caiu em desuso em uma determinada língua. Ex.: "pulcritude", que vem do latim e significa "beleza".
argumento de autoridade – argumento que sustenta conclusão por meio do conhecimento e da reputação de determinada autoridade. São consideradas autoridades pessoas, obras e instituições. O argumento só é considerado bom se a autoridade relacionada for qualificada em relação ao tema da conclusão proposta.
artigo – classe de palavras que pode preceder um substantivo especificando-o ou generalizando-o. O artigo concorda com o substantivo em gênero e número. Quando um artigo especifica um substantivo, ele é chamado de artigo definido: "o", "a", "os", "as". Ex.: "**o** aluno", "**a** aluna", "**os** alunos", "**as** alunas". Quando um artigo generaliza um substantivo, ele é chamado de artigo indefinido: "um", "uma", "uns", "umas". Ex.: "**um** aluno", "**uma** aluna", "**uns** alunos", "**umas** alunas".
ato comunicativo – o mesmo que **ato de discurso**, **ato de fala** ou **ato de linguagem**; processo intermediado pela interação e pela construção de sentidos, que compreende desde a intenção que nele expressamos até a resposta dada por nosso interlocutor. Uma conversa casual ou uma carta, por exemplo, são atos comunicativos por meio dos quais perguntamos, afirmamos, prometemos, solicitamos, convidamos, etc. Dessa forma, os atos comunicativos também podem ser entendidos como "atos de fala", "atos de discurso" ou ainda "atos de linguagem".
ato de discurso – cf. **ato comunicativo**.
ato de fala – cf. **ato comunicativo**.
ato de linguagem – cf. **ato comunicativo**.
autor – cf. **enunciador**.

B

barbarismo – todo desvio da norma que ocorre em alguns níveis do uso da língua: o da grafia, o da pronúncia, o da morfologia e o da semântica. Ex.: "opição" em vez de "opção"; "rúbrica" no lugar de "rubrica", "reaveu" em vez de "reouve", confusão entre "retificar" e "ratificar".

C

cacófato – som desagradável, ou palavra obscena, proveniente da união das sílabas finais de uma palavra com as iniciais da seguinte. Ex.: "bo**ca de**la".
calão – linguajar grosseiro.
canal direto de comunicação – meio, instrumento ou forma utilizada para a realização do processo de comunicação. Por exemplo, para uma comunicação sonora, podemos usar o telefone ou o rádio.
chavão – clichê, lugar-comum.
clareza – característica da mensagem que leva o interlocutor a entender, com facilidade, as informações que estão sendo expressas pelo emissor.
classe gramatical – o mesmo que **classe de palavras**; modo de classificação das palavras segundo seu significado e função. São dez as classes gramaticais reconhecidas pela Norma Gramatical Brasileira (NGB): substantivo, artigo, adjetivo, numeral, pronome, verbo, advérbio, preposição, conjunção e interjeição.
classe de palavras – cf. **classe gramatical**.
código – o código é a língua, é o que permite a compreensão do discurso, a expressão de ideias.
coerência textual – fenômeno distinto da coesão, a coerência textual é construída não no texto, mas a partir dele, considerando-se os recursos coesivos presentes em sua superfície.
coesão – são as articulações gramaticais existentes entre palavras, orações, frases, parágrafos e partes maiores de um texto que garantem sua conexão.
coesão referencial – conceito que se refere às relações de sentido existentes no interior do texto, desdobradas por meio de pronomes, advérbios de lugar, artigos e palavras comparativas. Ao contrário da coerência – que subjaz à linearidade do texto e que se constrói em nossas mentes –, a coesão se manifesta por meio de marcas linguísticas presentes na camada superficial do texto.
coesão sequencial – conceito que se refere às relações de sentido existentes entre as frases e orações, desdobradas por meio de conectivos.
cognatos – palavras que denominam um ser, ou seja, pessoas, coisas, animais, lugares, sentimentos. Possuem a mesma origem etimológica. Ex.: "pedra" e "pedreira".

coletivo – palavra que, embora no singular, designa um grupo de seres que fazem parte de um mesmo conjunto. Ex.: "colmeia" (coletivo de abelhas), "atlas" (coletivo de mapas).
coletivo partitivo – expressão que denota quantidade. Ex.: "maioria", "parte de", etc.
combinação – união de dois vocábulos em uma nova partícula, na qual os vocábulos formadores mantêm sua integridade formal original. Ex.: "ao" (prep. "a" + art. "o"); "aos" (prep. "a" + art. "os").
complemento nominal – termo acessório que completa, determina ou especifica um núcleo de um sintagma nominal e se prende, diretamente, ao nome a que se refere. Ex.: "Tenho necessidade **de ajuda**.".
complemento verbal – palavra, conjunto de palavras ou oração que completa o sentido de um verbo e que se classifica em:

- **objeto direto**: completa o sentido de um verbo, ligando-se a este de forma direta, sem o auxílio de uma preposição obrigatória. Ex.: "O cão perseguiu **o gato** durante todo o jantar.";
- **objeto indireto**: completa o sentido de um verbo, ligando-se a este de forma indireta, com o auxílio de uma preposição obrigatória. Ex.: "Obedecer **às leis** é um dever.".

composição – junção de dois ou mais radicais para formar nova palavra.
comunicação – etimologicamente, "comunicação" significa "tornar comum, trocar opiniões, fazer saber". Implica participação, interação, troca de mensagens.
concordância – princípio segundo o qual um termo determinante se adapta às exigências do termo determinado a que se refere. Na língua portuguesa, existe concordância de gênero e número do adjetivo com o substantivo por ele modificado (Ex.: "**belo** rapaz"), o que caracteriza a concordância nominal, e a concordância de número e, eventualmente, de gênero entre o verbo e o sujeito que pratica a ação verbal (Ex.: "**As cartas foram escritas** por eles"), o que caracteriza a concordância verbal.
conectivo – o mesmo que **conector**; palavra que liga partes da oração ou as orações, em um período. Ex.: "[Saíram], [**ainda que** chovesse muito]."
conector – cf. **conectivo**.
conhecimento prévio – é o conhecimento gerado por informações prévias, adquiridas em experiências passadas.

conjugação – é um conjunto de formas comuns que correspondem às flexões de pessoa, tempo e modo dos verbos. Na língua portuguesa, existem três conjugações regulares:

- **1ª conjugação**, com verbos que giram em torno da vogal temática "a". Ex.: "amar", "cantar", "saltar";
- **2ª conjugação**, com verbos que giram em torno da vogal temática "e". Ex.: "comer", "viver", "entender";
- **3ª conjugação**, com verbos que giram em torno da vogal temática "i". Ex.: "dividir", "partir", "cumprir".

conjunção – classe de palavras invariáveis que ligam palavras e orações, podendo estabelecer, entre elas, uma relação de subordinação (com dependência de sentido) ou coordenação (sem nenhuma dependência de sentido). As conjunções se classificam em:

- **coordenativas**: aditiva, adversativa, alternativa, conclusiva e explicativa. Ex.: "Célia **e** Fernanda partiram hoje." (conjunção aditiva);
- **subordinativas**: integrante, causal, concessiva, condicional, conformativa, comparativa, consecutiva, final, proporcional, temporal: "Sei **que** isso é verdade." (conjunção integrante).

conjunção aditiva – conjunção coordenativa que exprime adição. Ex.: "Estudaremos **e** faremos a avaliação.".

conjunção adversativa – conjunção coordenativa que exprime uma oposição. Ex.: "O presidente foi eleito, **porém** foi deposto antes de tomar posse.".

conjunção alternativa – conjunção coordenativa que exprime alternância. Ex.: "Devemos enviar o contrato até amanhã **ou** perderemos o negócio.".

conjunção causal – conjunção subordinativa que exprime uma causa, um motivo, uma razão. Ex.: "Tive de sair mais cedo **porque** minha mãe me chamava.".

conjunção coordenativa – conjunção que liga duas orações ou dois termos (dentro da mesma oração) que permanecem independentes entre si. Por exemplo: "Banana **e** maçã são minhas frutas favoritas.".

conjunção comparativa – conjunção subordinativa adverbial que introduz o segundo elemento de uma comparação. Ex.: "Ele saiu da sala **como** um animal ferido.".

conjunção concessiva – conjunção subordinativa adverbial que exprime uma concessão, ou seja, um obstáculo que não é forte o bastante para im-

pedir que alguma coisa aconteça. Ex.: "**Ainda que** não fosse talentoso, era muito esforçado.".
conjunção conclusiva - conjunção coordenativa que exprime uma conclusão. Ex.: "Penso, **logo** existo.".
conjunção condicional - conjunção subordinativa adverbial que exprime ideia de condição. Ex.: "Estarei esperando, **se** você mudar de ideia.".
conjunção conformativa - conjunção subordinativa adverbial que indica conformidade de um fato a outro. Ex.: "Nem tudo ocorreu **conforme** acreditam.".
conjunção consecutiva - conjunção subordinativa adverbial que exprime ideia de consequência e é precedida de termos intensivos como "tal", "tanto", "tão" ou "tamanho". Ex.: "Comeu tanto **que** passou mal.".
conjunção explicativa - conjunção coordenativa que exprime uma justificativa. Ex.: "Sei que você ficou reprovado, **porque** o professor me contou.".
conjunção final - conjunção subordinativa adverbial que exprime ideia de finalidade. Ex.: "Cheguei mais cedo **para que** pudesse concluir o trabalho.".
conjunção integrante - conjunção subordinativa que introduz orações que funcionam como substantivos. Ex: "Pedi a ela **que** me desculpasse." = "Pedi a ela desculpas.".
conjunção proporcional - conjunção subordinativa adverbial que exprime ideia de proporcionalidade. Ex.: "**À medida que** os dias passavam, suas esperanças aumentavam.".
conjunção subordinativa - conjunção que liga duas orações ou dois termos (dentro da mesma oração) que permanecem dependentes entre si. Por exemplo: "Quero **que** você conheça minha mãe.".
conjunção temporal - conjunção subordinativa adverbial que exprime o tempo da realização da ação. Ex.: "**Quando** precisei, você me virou as costas.".
conotação - parte do sentido de uma palavra que não corresponde a sua significação própria, literal. Ex.: "O chefe estava uma **fera** com os funcionários" ("fera" está sendo usada em um sentido figurado, ocasional).
consoante - unidade mínima da língua - de som e grafe - formada pelo encontro da corrente de ar com diferentes obstáculos na cavidade bucal que dificultam sua formação. A consoante só pode formar sílaba, em nossa língua, com o concurso de uma vogal, e é por isso que ela é um elemento que apenas "consoa", ou seja, "soa com" a vogal.

conteúdo - elemento substancial do texto, ligado diretamente ao assunto ou tema em abordagem. Tem como contraponto a forma, que deve atender a requisitos adequados à veiculação eficaz da informação.
contexto - conjunto de uma enunciação, que é colocado em cotejo com os elementos que a compõem.
contração - união de dois vocábulos em uma nova partícula, na qual os vocábulos formadores não mantêm sua integridade formal original. Ex.: "à" (prep. "a" + art. "a"); "pelos" (prep. "por" + art. "os").
convencer - convencer é falar à razão do outro, é levá-lo a aceitar determinado ponto de vista, mostrando-o como verossímil.
crase - fusão ou junção de vogais idênticas "a" + "a", indicada por meio do acento grave "à".

D

denotação - sentido de uso geral, comum, literal, com finalidade prática, utilitária, objetiva, usual.
desinência - terminação das palavras flexionáveis que indica suas diferentes formas ou possibilidades de variação. Na língua portuguesa, as palavras flexionáveis possuem desinências de gênero e número, no caso dos nomes - Ex.: "menin**o**", "menin**a**", menin**os**", "menin**as**" - e de pessoa, número, tempo e modo, no caso dos verbos - Ex.: "canta-**va**-**m**" (o "va" é uma desinência modo-temporal, característica do pretérito imperfeito do indicativo, e o "m" é uma desinência número-pessoal, que assinala a 3ª pessoal do plural).
destinador - cf. **emissor**.
determinante e determinado - dentro de um sintagma nominal, o elemento determinante cria um elo de dependência, de subordinação com um outro elemento (o núcleo do sintagma, chamado determinado), modificando, restringindo ou especificando seu sentido. Ex.: "**O** (determinante) **livro** (determinado) despencou da estante de repente.".
dialeto - cada uma das subdivisões que se podem aplicar a determinada língua, utilizando como critério básico a região geográfica ou a camada social a que pertence o falante.
dígrafo - uso de duas letras para representar um único som. Ex.: "**ch**amar", "**qu**erer".

discurso direto – discurso em que o enunciador reproduz, literalmente, as palavras de um outro enunciador. Ex.: "O juiz chamou o réu e perguntou: "– Como você conheceu a vítima?".
discurso indireto – discurso em que o enunciador reproduz, indiretamente, por meio ou não de reformulação das palavras originais enunciadas, as palavras de outro enunciador. Ex.: "O juiz chamou o réu e perguntou-lhe como tinha conhecido a vítima.".
ditongo – junção de uma vogal e uma semivogal ou de uma semivogal e uma vogal em uma mesma sílaba. Na primeira situação, temos um ditongo decrescente e, na segunda, um ditongo crescente. Ex.: "i-**dei**-a" (ditongo decrescente), "sé-**rie**" (ditongo crescente).

E

eco – vício de linguagem resultante da dissonância que o uso de terminações iguais ou semelhantes pode causar. Ex.: "A presença do **declarante ante** a assembleia torna-o **constante participante** do grupo **integrante** do conselho.".
efeito-leitor – relaciona-se diretamente à coerência, à consistência, à não contradição, à progressão e à unidade de texto.
elipse – omissão de um termo cujo sentido pode ser depreendido pelo contexto do enunciado.
emissor – as definições de emissor, **enunciador**, **locutor**, **destinador** ou **remetente** e, ainda, **autor** variam de acordo com as diferentes concepções de sujeito da linguagem. Destacaremos, aqui, três diferentes concepções:

- **sujeitos psicológicos**: presa à concepção de língua como representação do pensamento. Neste caso, o sujeito é visto como o senhor absoluto de suas vontades, de suas ações e de seu dizer;
- **sujeitos determinados pelo sistema**: aliada à noção de língua como estrutura. O sujeito, neste caso, é visto apenas como o lugar por onde o discurso passa, vindo das estruturas linguísticas;
- **sujeitos ativos**: oriunda da visão de língua como lugar de interação. Considera que os sujeitos reproduzem o social na medida em que participam ativamente na atualização das imagens e das representações, sem as quais não haveria comunicação.

No primeiro caso, a função do enunciador é fundamental, diante de sua potencialidade e autonomia no ato comunicativo, e ele é considerado o verdadeiro responsável pela construção de sentido.

No segundo caso, tanto o enunciador quanto o interlocutor têm participação restrita no processo comunicativo, pois se considera que todo e qualquer comportamento social está submetido ao sistema.
No terceiro caso, contudo, o enunciador assume um papel diferente e passa a ser compreendido – no sentido em que o utilizamos em todo este livro – como um sujeito ativo, social, histórico e ideologicamente situado, que se constitui na interação dialógica com o outro, o interlocutor, no processo comunicativo.
emoticon ou ***smyley*** – sequência de caracteres tipográficos ou de imagens que visam reproduzir um estado psicológico ou emocional de quem os utiliza no processo de comunicação.
encadeamento – relação entre dois elementos, o movimento de um em direção ao outro.
ênclise – junção de um vocábulo átono – um pronome pessoal oblíquo – ao que o precede – um verbo –, subordinando-se o átono ao acento tônico do outro. Ex.: "Devolva-**me** a caneta, por favor.".
encontro consonantal – sequência de uma ou mais consoantes – na mesma sílaba ou em sílabas separadas – em uma mesma palavra, todas elas, contudo, mantendo individualidade fonética, ou seja, apresentando som próprio.
entoação – escala de elevação ou abaixamento da voz quando da enunciação de uma frase.
enunciador – cf. **emissor**.
escrita – representação visível da linguagem por meio de grafes.
estilo – maneira típica com que nos exprimimos linguisticamente e que nos individualiza em termos de linguagem.
estrangeirismo – emprego de palavras, expressões ou construções próprias de línguas estrangeiras. Ex.: "*shopping*", "*link*", "*designer*".
étimo – vocábulo que expressa a origem de um outro.
etimologia – disciplina que estuda a história das palavras e as possíveis mudanças de seus significados.
eu lírico – o mesmo que **sujeito poético**. É a voz do enunciador nos textos poéticos.
eufonia – som agradável à audição.
expressão – grosso modo, corresponde a toda enunciação; em sentido restrito, a palavra pode ser considerada sinônimo de "expressividade", como

capacidade de fixar e atrair a atenção do interlocutor ao que se diz ou ao que se escreve.
expressão adjetiva - pode ser um adjetivo, uma locução adjetiva ou uma oração adjetiva. Ex.: "O coração **dos homens** é ávido de esperança.".
expressão adverbial - pode ser um advérbio, uma locução adverbial ou uma expressão adverbial. Ex.: "**Naquela tarde**, não nos retiramos do local.".
expressão explicativa ou corretiva - expressão que introduz uma explicação ou uma correção de algo que foi expresso anteriormente. Ex.: "Adotaremos a segunda opção, **ou seja**, não desistiremos.".
expressão idiomática - sintagma complexo indecomponível, conotativo e cristalizado, em um idioma, pela tradição cultural. Ex.: "Sozinhos não **daremos conta do recado**.".
expressão invariável - expressão que não possui flexão. Trata-se daquelas formadas por advérbios, das conjunções, das preposições e das interjeições.

F

falares regionais - variedade linguística falada em uma determinada região. Ex.: "tangerina" (no Rio de Janeiro), "mexerica" (em Alagoas).
falso prefixo - elemento de significação não autônomo, de origem grega ou latina, que se agrega antes de um radical ou tema para formar nova palavra. Também chamado de "pseudoprefixo". São exemplos de falsos prefixos: "aero-", "agro-", "arqui-", "auto-", "bio-", "eletro-", "geo-", "hidro-", "inter-", "macro-", "maxi-", "micro-", "mini-", "multi-", "neo-", "pan-", "pluri-", "proto-", "pseudo-", "retro-", "semi-", "tele-", etc.
figura de construção - o mesmo que **figura de sintaxe**; cf. **figura de linguagem**.
figura de linguagem - aspecto assumido pela linguagem para fins expressivos, que a afasta do valor linguístico literal, normalmente aceito. As figuras de linguagem subdividem-se em:

- **figuras de palavras** ou **tropos**, como a metáfora (desvio de significação que nasce da comparação entre dois seres ou dois fatos) ou a metonímia (uso de uma palavra por outra que com ela está relacionada). Ex.: "A criança era **um raio de luz** em um dia escuro." (metáfora); "Quando podia, lia **Aristóteles**." (metonímia - no caso, o autor é usado em lugar da obra: "Lia a obra de Aristóteles.");

- **figuras de sintaxe** ou **de construção**, como o anacoluto (quebra ou interrupção da frase). Ex.: "Essas impressoras sofisticadas, não podemos confiar nelas.".
- **figuras de pensamento**, como a ironia. Ex.: "Que coisa boa, não?!" (em lugar de "Que coisa horrível, não?!").

figura de palavras – o mesmo que **tropos**; cf. **figura de linguagem.**

figura de pensamento – cf. **figura de linguagem.**

figura de sintaxe – o mesmo que **figura de construção**; cf. **figura de linguagem.**

flexão – processo de variar uma palavra para demonstrar suas diferentes possibilidades gramaticais. Na língua portuguesa, a flexão é expressa por **desinências**, indicativas de que as palavras são flexionáveis em gênero e número, no caso dos nomes – Ex.: "menin**o**", "menin**a**", menin**os**", "menin**as**" – e em pessoa, número, tempo e modo, no caso dos verbos – Ex.: "canta-**va**-**m**" (o "va" é uma desinência modo-temporal, característica do pretérito imperfeito do indicativo, e o "m" é uma desinência número-pessoal, que assinala a 3ª pessoal do plural).

forma – pode ser definida como a expressão externa do conteúdo de um texto ou uma obra.

forma adjetiva – todos os termos determinantes são considerados formas adjetivas. Ex: "novo" (adjetivo); "seu" (pronome possessivo); "a" (artigo definido), etc.

forma lógica – modo como nosso cérebro encadeia as seguintes ações quando tentamos aprender algo:

- **achar**: busca e reconhece informações;
- **recuperar**: localiza os conceitos já armazenados na memória;
- **associar**: relaciona novos conceitos aos conceitos já armazenados na memória;
- **analisar**: verifica, em relação ao todo, o valor de cada conceito;
- **avaliar**: determina, em relação ao todo, a relevância de cada conceito;
- **sintetizar**: generaliza as informações.

forma nominal – as formas nominais do verbo (infinitivo, gerúndio e particípio) não são conjugadas e recebem esse nome por serem tomadas como nomes – o infinitivo é tomado como um substantivo – Ex.: "**Ler** é bom." (= "**A leitura** é boa.") –, o gerúndio é tomado como um advérbio ou um adjetivo – Ex.: "**Anoitecendo**, sairemos." (= "**À noite**, sairemos.") – e o partici-

pio, como um adjetivo – Ex.: "**Escrita** a carta, partiu." (o particípio "escrita" concorda, em gênero e número, com o substantivo "carta").
frase – enunciado de sentido completo. Ex.: "Fogo!", "Estou com fome.".
função sintática – papel que uma palavra ou expressão exerce em relação às outras palavras ou expressões da oração. Segundo a Norma Gramatical Brasileira (NGB), as palavras ou expressões são divididas na oração, em:

- **termos essenciais**: sujeito, predicado e predicativo. Ex.: "Toda a equipe está preparada.", onde: "Toda a equipe" é o sujeito, "está pronta" é o predicado e, dentro dele, encontra-se o predicativo "pronta".
- **termos integrantes**: complementos verbais e nominais, e agente da passiva. Ex.: "Recebemos a seguinte explicação: a apresentação de justificativas foi exigida pelo diretor.", onde: "a seguinte explicação" é um complemento verbal (objeto direto), "de justificativas" é um complemento nominal e "pelo diretor" é um agente da passiva.
- **termos acessórios**: adjuntos adnominais e adverbiais, aposto e vocativo. Ex.: "Júlia, entregue depressa os documentos a Pedro, assessor de Carlos.", onde: "Júlia" é um vocativo, "depressa" é um adjunto adverbial de modo, "os" é adjunto adnominal do objeto direto e "os documentos" e "assessor de Carlos" é o aposto que explica quem é "Pedro".

futuro – tempo verbal que mostra posterioridade da ação em relação a dado momento da fala:

- **o presente** (futuro do presente). Ex.: "Na semana que vem, **visitaremos** a empresa.".
- **o passado** (futuro do pretérito). Ex.: "Se recebesse a resposta, **agiria** rapidamente."

O futuro pode indicar, ainda, anterioridade em relação a outra ação no futuro, o que é o caso do futuro composto. Ex.: "Quando você chegar, já **terei realizado** a tarefa.".

G

gênero – categoria gramatical por meio da qual se subdividem os nomes, em nossa língua, em dois gêneros: masculino e feminino. Ex.: "a planilha" (feminino); "o relatório" (masculino). A língua portuguesa possui apenas vestígios de um terceiro gênero existente na língua latina: o neutro. Ex.: "isso" (em oposição a "este", masculino, e "esta", feminino).

gerúndio – forma nominal do verbo que indica uma ação em andamento, ainda não finalizada, adquirindo uma função próxima à de um advérbio ou um adjetivo. Ex.: "Estava **trabalhando** (valor adverbial), quando você entrou."; "A água está **fervendo**." (valor adjetivo).

gíria – palavra ou expressão que tem origem em um determinado grupo social e, por sua expressividade, torna-se parte da linguagem familiar de várias camadas sociais. Ex.: "Perdeu!" (gíria para "ser roubado").

grafe – o mesmo que **letra**.

grafia – o mesmo que **escrita**.

gramática interna – gramática que corresponde ao conjunto de regras que estruturam a língua: um sistema natural que os falantes da língua apreendem apenas ouvindo e falando. Ou seja, processos em que a escola não exerce nenhum papel.

gramática normativa – gramática que visa à descrição e – acima de tudo – à conservação de modelos de bem falar e bem escrever, segundo as prescrições do uso oficial e acadêmico da comunidade de falantes de uma determinada língua.

grau aumentativo – categoria linguística presente na significação que importe noção de quantidade, elevando ao grau máximo uma característica de um substantivo, uma adjetivação ou uma significação verbal. Ex.: "Este trabalho é **facílimo**.".

grau diminutivo – categoria linguística presente na significação que importe noção de quantidade, diminuindo ao grau mínimo uma característica de um substantivo, uma adjetivação ou uma significação verbal. Ex.: "Ele, então, era apenas um **meninote**.". O grau diminutivo também pode atribuir significados estilísticos aos substantivos e adjetivos, denotando afeto ou ironia. Ex.: "cachorr**inho** bonit**inho**".

grau comparativo – categoria linguística presente na significação que importe noção de quantidade, estabelecendo uma relação comparativa entre duas ou mais noções nominais ou verbais. Ex.: "Este trabalho é **mais fácil** do que aquele.".

grupo consonântico – grupo de duas ou mais consoantes em uma palavra – em uma mesma sílaba ou em sílabas diferentes –, pronunciadas em um seguimento imediato. Ex.: "**br**a-ço", "ma-gi**s**-**tr**al", "e**s**-**b**e**l**-**t**o".

grupo vocálico – grupo de vogais em sequência em uma enunciação, constituindo ditongo, tritongo ou hiato. Ex.: "**joi**-a" (ditongo), "Pa-ra-**guai**" (tritongo), "**pi**-**a**-da" (hiato).

H

heteronímia – emprego de palavra diferente para formação de gênero.
hiato – encontro de duas vogais na palavra pronunciadas separadamente, cada uma em uma sílaba. Ex.: "secretaria" (se-cre-ta-ri-a), "voo" (vo-o), "juízo" (ju-í-zo).
homônimo – palavras que podem ser escritas da mesma forma, porém pronunciadas de forma diferente (homógrafos); escritas de forma diferente, porém pronunciadas da mesma forma (homófonos); escritas e pronunciadas da mesma forma (perfeitos). Em todos os casos, contudo, essas palavras têm significados diferentes. Ex.: "rego" (verbo) e "rego" (substantivo); "sessão" e "seção"; manga (substantivo e verbo).

I

idioma – refere-se à língua nacional, como elemento distintivo de um país ou uma nação.
imperativo – cf. **modo**.
indicativo – cf. **modo**.
índice de indeterminação do sujeito – o mesmo que **partícula apassivadora** ou **pronome apassivador**; diz respeito à partícula "se" que se prende a verbos transitivos indiretos ou intransitivos, como uma estratégia da construção para esconder a falta do sujeito na frase. Ex.: "Precisa-**se** (verbo transitivo indireto) de mais funcionários", "Vive-**se** (verbo intransitivo) bem aqui".
inferência – passagem de uma proposição a outra que dela deriva sem mediação; dedução.
infinitivo – forma nominal do verbo que destaca seu valor substantivo. Na língua portuguesa, apresenta-se com uma forma flexionada – pessoal – e uma forma invariável – impessoal. Ex.: "**Nadar** (= A natação) faz bem à saúde.".
intenção comunicativa – é o significado que o falante ou escritor deseja transmitir em seu ato comunicativo.

intensidade - critério de classificação das vogais em: tônicas (as de maior intensidade nas palavras), como "**me**sa", "**pé**", "pa**í**s"; subtônicas (as de intensidade intermediária), como "me**ni**ninho", "confor**ta**velmente", e átonas (as de menos intensidade), como "me**sa**", "**pa**ís".

interjeição - classe de palavras que exprime sensações ou estados emocionais. As interjeições são classificadas de acordo com o sentimento que traduzem. Ex.: "Oba!" (é uma interjeição de alegria).

interlocutor - as definições de interlocutor, **receptor** ou **destinatário**, e ainda a de **leitor** variam de acordo com as diferentes concepções de sujeito da linguagem. Destacaremos aqui três delas:

- **sujeitos psicológicos**: relacionada à concepção de língua como representação do pensamento. O sujeito, neste caso, é visto como o dono de suas vontades, de suas ações e de seu dizer;
- **sujeitos determinados pelo sistema**: aliada à noção de língua como estrutura. O sujeito, neste caso, é visto apenas como o lugar por onde o discurso, oriundo das estruturas linguísticas, instaura-se;
- **sujeitos ativos**: relativa à visão de língua como lugar de interação. O sujeito, neste caso, participa, ativamente, da construção de imagens e de representações, sem as quais não haveria comunicação.

ironia - modo de exprimir-se em que se diz o contrário daquilo que se está pensando ou sentindo, em geral, com intenção depreciativa e sarcástica em relação a outrem. Ex.: "Notam-se claramente seus **grandes talentos**: chegar atrasado e não concluir o trabalho.".

J

jargão - linguagem científica ou técnica banalizada. É, por definição, uma linguagem inadequada à situação. Ex.: "*habeas corpus*", "renderização de vídeo".

justaposição - processo de formação de palavras em que, ao se unirem os radicais, não há alteração fonética.

L

latim - língua indo-europeia da qual se origina o português e várias outras conhecidas como neolatinas ou românicas: o italiano, o sardo, o francês, o espanhol, o catalão, o provençal, o romeno, etc.

leitor - cf. **interlocutor**.
leitura - processo de interpretação da escrita.
letra - o mesmo que grafe.
lexema - cf. **morfema**.
língua - a língua é um conjunto de fonemas específicos com que se constroem as formas linguísticas. Desse modo, uma língua se distingue das outras pelos fonemas, pelas formas e pelos padrões frasais.
língua padrão - cf. **variedade culta**.
linguagem - faculdade humana de expressão de estados mentais por meio de diferentes conjuntos de códigos de valores significativos em dado grupo social.
linguística - ciência que se dedica ao estudo da linguagem humana.
locução - duas ou mais palavras que possuem o valor de uma só. Há vários tipos de locuções, como as adverbiais, que podem apresentar variações e são classificadas como os advérbios. Ex.: "Não sairemos **desta seção** até segunda ordem."; as locuções conjuntivas, que são invariáveis e classificadas como as conjunções. Ex.: "**À medida que** nossa clientela crescer, aumentaremos nossa loja."; as locuções prepositivas que funcionam como preposição. Ex.: "Estacionei o carro **em frente a**o consultório."; as locuções substantivas, que funcionam como substantivo. Ex.: "**cão de guarda**" ou as locuções verbais, em que o primeiro verbo da locução verbal é chamado de auxiliar e o último verbo é o principal. O verbo principal se apresenta sempre no infinitivo, no gerúndio ou no particípio. Ex.: "**Quero fazer** uma festa em casa."; "**Estou criando** um novo texto."; "**Tenho lido** muito sobre esse assunto.".
locução adverbial - duas ou mais palavras que possuem valor adverbial. As locuções adverbiais podem apresentar variações e são classificadas como os advérbios. Ex.: "Não sairemos **desta seção** até segunda ordem.".
locução conjuntiva - duas ou mais palavras que funcionam como conjunção. As locuções conjuntivas também são invariáveis e classificadas como as conjunções. Ex.: "**À medida que** nossa clientela crescer, aumentaremos nossa loja.".
locução prepositiva - duas ou mais palavras que funcionam como preposição. Ex.: "Estacionei o carro **em frente a**o consultório."

locução substantiva – duas ou mais palavras que funcionam como substantivo. As locuções substantivas também são variáveis e classificadas como os substantivos. Ex.: "**cão de guarda**".
locução verbal – união de dois ou mais verbos para expressão de uma só ação. O primeiro verbo da locução verbal é chamado de auxiliar e o último verbo é o principal. O verbo principal se apresenta sempre no infinitivo, no gerúndio ou no particípio. Ex.: "**Quero fazer** uma festa em casa."; "**Estou criando** um novo texto."; "**Tenho lido** muito sobre esse assunto.".
locutor – cf. **emissor**.

M

mensagem – objeto da comunicação; conjunto de informações transmitidas.
mesóclise – intercalação do pronome pessoal oblíquo átono no verbo, nos futuros do presente e do pretérito. Também é conhecida como tmese. Ex.: "Começar-**se**-á a preparação do evento em breve.".
metáfora – cf. **figura de linguagem**.
modo – variação verbal que expressa:

- ordem, proibição, pedido ou conselho pode ser afirmativo ou negativo. Ex.: "**Confie** em mim"; "**Não faça** isso!" – **modo imperativo**;
- certeza ou segurança em relação a um fato. Ex.: "**Sairei** de férias em abril."; "Todos **possuem** as competências necessárias para o cargo." – **modo indicativo**;
- possibilidade ou dúvida em relação a um fato. Ex.: "Talvez ainda **haja** uma chance."; "Se eu **fosse** você, cuidaria disso." – **modo subjuntivo**.

monossílabo – palavra que possui uma única sílaba. Pode ser átono ou tônico. Ex.: "de" (monossílabo átono), "nó" (monossílabo tônico).
morfema – menor unidade significativa que podemos identificar na palavra. Os morfemas podem ser:

- **lexicais** ou **lexemas**: têm um sentido dicionarizável. Ex.: "**feliz**mente";
- **gramaticais**: não têm um sentido dicionarizável. Ex.: "feliz**mente**".

Além disso, os morfemas também podem ser:

- **livres**: podem aparecer sozinhos, formando palavra. Ex.: "**feliz**";
- **presos**: nunca podem aparecer sozinhos, precisando estar sempre ligados a, pelo menos, um outro morfema. Ex.: "feliz**mente**".

morfologia – estudo das diversas classes de palavras.

N

negativa – a negação pode ser marcada:

- por uma palavra. Ex.: "não", "nada", "ninguém";
- por um prefixo. Ex.: "a-", "in-", "des-";
- por palavras inerentemente negativas. Ex.: "ausente", "vazio".

neologismo – palavra ou expressão nova em uma língua ou, ainda, significado novo que uma palavra ou expressão pode assumir. Ex.: "printar", "deletar".

Nomenclatura Gramatical Brasileira – a NGB representa uma iniciativa oficial do Estado brasileiro para estabelecer uma terminologia única para as gramáticas, publicada pelo Ministério da Educação em 1959.

nomes – grupo de palavras que se opõe ao verbo em função de suas características gramaticais de gênero e número. O nome indica as "coisas", enquanto o verbo exprime os "processos". Ex.: "papel", "pequeno", "aquele".

núcleo – função sintática exercida por palavra – ou palavras – que possui principal valor semântico em dada função sintática ou que atrai para si a concordância dos demais elementos em um determinado termo da oração. Ex.: "Aquela **máquina** velha e barata ainda **realizava** bem seu trabalho.", onde o sujeito da oração "Aquela máquina velha e barata" possui um elemento central – "máquina" – que atrai a concordância dos demais elementos nominais do sujeito – "Aquela", "velha" e "barata" – e onde o predicado "ainda realizava bem seu trabalho" possui também um núcleo que guarda a ideia principal do enunciado – "realizava".

numerador – termo matemático que ocupa a posição de cima de uma fração. Ex.: em "2/5", o algarismo "2".

numeral – palavra variável que indica quantidade, ordenação, múltiplos ou frações. Ex.: "dois", "segundo", "dobro", "meio".

numeral adjetivo – numeral que funciona como adjetivo, concordando com o substantivo que acompanha. Ex.: "**duas** metades"; "**terceiro** ato".

numeral fracionário – numeral que indica em quantas vezes o substantivo ao qual se refere foi dividido. Ex.: "metade", "um terço".

numeral ordinal – classe de palavras que denota a ordem dos seres em uma série. Ex.: "primeiro", "segundo", "terceiro".

número – variação nos verbos e nos nomes que expressam noção de singular ou plural.

O

objeto direto – completa o sentido de um verbo, ligando-se a este de forma direta, sem o auxílio de uma preposição obrigatória. Ex.: "O cão perseguiu **o gato** durante todo o jantar.".
objeto indireto – completa o sentido de um verbo, ligando-se a este de forma indireta, com o auxílio de uma preposição obrigatória. Ex.: "Obedecer **às leis** é um dever.".
obscuridade – vício de linguagem que ocorre quando a mensagem se torna difícil de ser entendida por problemas em sua construção. Ex.: "O ladrão, preso ontem de madrugada, ao tentar roubar um pão na padaria que queria comer, foi conduzido, de sua casa, pelo policial militar responsável pela captura que deveria ter sido feita pelo BOPE, a um presídio de segurança máxima que não foi aceito na chegada.".
oração – enunciado linguístico estruturado em torno de um verbo. Ex.: "Ela caminhava pela rua em busca de algo.".
oração coordenada – oração com sentido independente das outras orações do período, não exercendo qualquer função sintática em relação a elas. Ex.: "Corri, **mas não consegui pegar o ônibus**." Há dois tipos de orações coordenadas:

- **assindéticas** – não iniciadas por conjunção coordenativa. Ex.: "[**Subi as escadas**], [**abri a porta**] [e encontrei-o].";
- **sindéticas** – iniciadas por uma conjunção coordenativa. Ex.: "[Subi as escadas], [abri a porta] [**e encontrei-o**].".

oração coordenada aditiva – oração coordenada que indica uma adição ao conteúdo da oração anterior. Ex.: "[Nós compramos] [**e vendemos pelo mesmo preço**].".
oração coordenada adversativa – oração coordenada que estabelece uma oposição ao que foi expresso na oração anterior. Ex.: "[Eu fui ao restaurante], [**mas gostaria de ter ido a uma lanchonete**].".
oração coordenada alternativa – oração coordenada que estabelece uma alternância ou alternativa em relação à oração anterior. Ex.: "[Você vai] [**ou não vai à praia conosco?**]".

oração coordenada conclusiva - oração coordenada que indica uma conclusão a respeito do conteúdo da oração anterior. Ex.: "[Penso], [**logo existo**].".
oração coordenada explicativa - oração coordenada que explica ou justifica o conteúdo da oração anterior. Ex.: "[Fale mais alto], [**que não escuto nada**].".
oração desenvolvida - é a oração subordinada introduzida por conectivo e traz verbo no indicativo ou subjuntivo. "[Sabemos] [**que a corrupção acontece em todas as esferas da sociedade**].".
oração intercalada - é aquela acrescentada à frase como esclarecimento, ressalva, observação. Ex: "[Eu apreciaria muito que ao menos este documento, [**disse ele**], estivesse preparado].".
oração interrogativa direta - oração para a qual esperamos resposta direta e imediata, e é enunciada com entonação ascendente. Ex.: "Ele vai sair?".
oração interrogativa indireta - oração para a qual não esperamos resposta imediata, não é enunciada com entonação ascendente e complementa o sentido de verbos que expressam desconhecimento. Ex.: "Não sei **se ele vai sair**.".
oração optativa - oração que expressa desejo. Ex.: "Bons ventos o levem"; "Deus te guie!".
oração principal - oração que demanda de uma outra, dita subordinada, algum tipo de relação sintática (própria dos substantivos, adjetivos ou advérbios). Ex.: "[**Aprecio as pessoas**] [que fazem bem às outras].".
oração reduzida - é a oração subordinada que se liga sem conectivo à oração principal e traz verbo em uma das formas nominais: infinitivo, gerúndio ou particípio. Ex.: "[Foi importante] [**ter falado a verdade**].".
oração subordinada - oração com sentido dependente da oração principal, a partir da qual também exerce uma função sintática. Ex.: "[Sabemos] [**que a corrupção acontece em todas as esferas da sociedade**].".
oração subordinada adjetiva - oração subordinada que tem o valor e a função de um adjetivo, sempre se referindo a um substantivo ou a um pronome da oração principal. As orações subordinadas adjetivas podem ser de dois tipos:

- **restritiva**: restringe ou limita a significação do nome a que se refere e não é separada por vírgula da oração principal. Ex.: "[Falei com um amigo] [**que gosta muito de mim**].";

- **explicativa**: inicia uma explicação acerca do nome a que se refere e é sempre separada por vírgula da oração principal. Ex.: "[Falei com meu amigo], [**que gosta muito de mim**].".

oração subordinada adverbial – oração subordinada que exerce a função sintática de adjunto adverbial da oração principal. As orações subordinadas adverbiais podem ser de nove tipos:

- **causal**: exerce função de adjunto adverbial de causa, exprimindo uma causa, um motivo. Ex.: "[Ele gritou] [**porque ficou com medo**].";
- **comparativa**: exerce função de adjunto adverbial de comparação, representando o segundo termo de uma comparação. Ex.: "[Dançava] [**como dança uma bailarina profissional**].";
- **concessiva**: exerce função de adjunto adverbial de concessão, exprimindo um fato que se concede. Ex.: "[**Embora estivesse muito doente**], [mantinha o bom humor de sempre].";
- **condicional**: exerce função de adjunto adverbial de condição, exprimindo uma condição. Ex.: "[**Se você não trabalhar duro**], [perderá o lugar para outra pessoa].";
- **conformativa**: exerce função de adjunto adverbial de conformidade, exprimindo um acordo entre dois fatos. Ex.: "[**Como eu sempre digo**], [falar é fácil].";
- **consecutiva**: exerce função de adjunto adverbial de consequência, exprimindo uma consequência, um efeito. Ex.: "[Tanto fiz] [**que consegui**].";
- **temporal**: exerce função de adjunto adverbial de tempo, exprimindo uma circunstância de tempo. Ex.: "[**Quando cheguei**], [ela já havia saído].";
- **final**: exerce função de adjunto adverbial de finalidade, exprimindo uma finalidade, um objetivo. Ex.: "[Saí da sala] [**para não criar mais problemas**].";
- **proporcional**: exerce função de adjunto adverbial de proporção, exprimindo proporcionalidade. Ex.: "[**Quanto mais cedo me levanto**], [mais disposição tenho para o trabalho].".

oração subordinada substantiva – oração subordinada que desempenha uma função sintática própria de um substantivo. As orações subordinadas substantivas podem ser de seis tipos:

- **subjetiva**: exerce função de sujeito da oração principal. Ex.: "[É importante] [**que estejamos em sintonia**].";
- **objetiva direta**: exerce função de objeto direto da oração principal. Ex.: "[Não sabia] [**que você adorava chocolate**].";
- **objetiva indireta**: exerce função de objeto indireto da oração principal. Ex.: "[Eu necessito] [**de que você me ajude**].";
- **predicativa**: exerce função de predicativo da oração principal. Ex.: "[Minha sorte é] [**que ninguém sabe de nada**].";
- **completiva nominal**: exerce função de complemento nominal da oração principal. Ex.: "[Tenho necessidade] [**de que alguém me ame de verdade**].";
- **apositiva**: exerce função de aposto da oração principal. Ex.: "[Só preciso de uma coisa]: [**que você esteja sempre a meu lado**].".

ortoépia – ou **ortoepia**; parte da gramática normativa que determina a pronúncia considerada correta dos fonemas.

ortografia – do grego *orthós*, que significa "correto", mais *graphé*, que significa "escrita", é a parte da gramática que diz respeito à escrita correta das palavras.

oxítona – palavra que possui, em sua última sílaba, sua maior força, ou seja, seu acento tônico, que pode ser expresso graficamente ou não. Ex.: "ca**já**", "ca**fé**", "Mosso**ró**".

P

padrões linguísticos – conjunto de regras semânticas, morfossintáticas, fonéticas e fonológicas, passíveis de variações de uso, obedecidas em comum pelos falantes de uma determinada língua, como condição básica à comunicação plena. Ainda que, sob a ótica da moderna Linguística, não caibam julgamentos de valor, os padrões linguísticos estão sujeitos à avaliação social positiva e negativa e, nessa medida, podem determinar o tipo de inserção do falante na escala social.

palavra derivada – palavra que se forma de uma palavra primitiva.

palavra derivada de verbos – aquela que, normalmente:

- termina em "-ção", "-ência", "-mento". Ex.: "**atuação**", "**carência**", "**desenvolvimento**";
- aceita complementos preposicionados. Ex.: "**A carência de chuvas prejudicou a região.**";

- não menciona quem faz o quê. Ex.: "**carência**" (quem carece do quê?).

palavra primitiva – palavra que dá origem a novas palavras, ou seja, a partir dela, são formadas famílias de palavras.

palavra composta – aquela formada por mais de um radical. Ex.: "**girassol**"; "**guarda-chuva**".

palavra invariável – palavra que não possui flexão. Trata-se dos advérbios, das conjunções, das preposições e das interjeições.

palavra simples – aquela formada por um único radical. Ex.: "**escola**"; "**café**"; "**modelo**".

palavra variável – palavra que possui flexão. Trata-se dos nomes e dos verbos.

paradigma – eixo que corresponde às possibilidades existentes em uma língua para seleção de seus usuários.

paráfrase – interpretação, explicação ou nova apresentação de um texto que visa torná-lo mais inteligível ou que sugere novo enfoque para seu sentido.

parágrafo – sequência de texto escrito que encerra uma mesma ideia e mantém maior relação entre si do que com o resto do texto.

paródia – a paródia é uma obra literária, teatral, musical, entre outras, que imita outra obra ou os procedimentos de uma corrente artística, escola, com objetivo jocoso ou satírico.

parônimo – palavras possuem uma estrutura fônica semelhante, mas sentidos diferentes. Ex.: "**flagrante**" (= "evidente") e "**fragrante**" (= "perfumado").

paroxítona – palavra que possui, em sua penúltima sílaba, sua maior força, ou seja, seu acento tônico, que pode ser expresso graficamente ou não. Ex.: "pa**ne**la", "**ór**fão", "do**cên**cia".

particípio – forma nominal do verbo que indica uma ação já acabada, finalizada, adquirindo uma função próxima à de um adjetivo. Ex.: "O cronograma já foi **disponibilizado**."

partícula apassivadora – cf. **índice de indeterminação do sujeito**.

período – frase organizada em orações. O período pode ser simples – constituído por somente uma oração – ou composto – constituído por duas ou mais orações. "[Estarei aqui amanhã]." (período simples); "[Estarei aqui amanhã] [se não chover]." (período composto).

persuadir – persuadir é falar à emoção do outro, é levá-lo a modificar um ponto de vista pessoal, apresentando provas que ele seja incapaz de refutar.
pessoa gramatical – as pessoas gramaticais que podem participar do discurso são três:

- **1ª pessoa – o enunciador (singular) ou os enunciadores (plural);**
- **2ª pessoa – o interlocutor (singular) ou os interlocutores (plural);**
- **3ª pessoa – aquela (singular) ou aquelas (plural) que, eventualmente, não participam do canal direto de comunicação.**

polissemia – propriedade da palavra de assumir múltiplos significados.
predicado – diz-se do termo que contém, na oração, a declaração, que, em geral, refere-se ao sujeito. Ex.: "**Chegaram** boas notícias."; "**Trovejou demais ontem**.".
predicativo – função que expressa um estado ou uma característica atribuída ao sujeito ou ao objeto. Dessa forma, podemos ter um predicativo do sujeito, como em: "O morango é **uma fruta**." ou um predicativo do objeto, como em: "O juiz pediu silêncio **absoluto**.".
prefixação – ato ou efeito de acrescentar um prefixo, que é um elemento que se agrega antes de um radical ou tema para formar nova palavra. São exemplos de prefixos: "ante-", "anti-", "circum-", "co-", "contra-", "entre-", "extra-", "hiper-", "infra-", "pós-", "pré-", "pró-", "sobre-", "sub-", "super-", "supra-", "ultra-", etc.
prefixo – cf. **prefixação**.
preposição – classe de palavras invariáveis que ligam dois elementos da oração, fazendo com que o segundo seja subordinado ao primeiro. Ex.: "Os alunos participaram **de** todas as festas da escola.". Dentre as preposições mais importantes, estão "a", "ante", "até", "após", "com", "contra", "de", "desde", "em", "entre", "para", "perante", "por", "sem", "sob", "sobre", "trás".
presente do indicativo – tempo verbal empregado para assinalar o tempo atual da fala, revestido com impressão de certeza. Ex.: "**Ando** pela rua toda noite em busca de algo que não **sei** o que **é**.".
presente do subjuntivo – tempo verbal empregado para indicar uma probabilidade, um fato ainda não concretizado ligado às ideias de ordem, proibição, desejo, vontade, necessidade, condição, súplica, receio. Ex.: "Prefiro que você **fique**.".
pretérito imperfeito – tempo verbal empregado para assinalar:

- um processo durante o qual um outro processo ocorreu. Ex.: "**Estudava**, quando a campainha tocou.";
- um aspecto continuado no passado. Ex.: "**Costumava** ler todas as manhãs.";
- ações características de narrações. Ex.: "**Era** uma vez um rei que **morava** em uma terra muito distante.".

pretérito mais-que-perfeito – tempo verbal empregado para indicar:

- uma ação conclusa anterior à outra ação no passado. Ex.: "Ele estudou na cidade, mas **nascera** na fazenda.";
- uma ação que se prolonga até dado momento passado, na forma composta. Ex.: "**Tinha estudado** muito naqueles dias antes da prova.".

pretérito perfeito – tempo verbal empregado para assinalar:

- um fato já ocorrido ou concluído. Ex.: "**Correram** como duas crianças na praia.";
- uma ação que se prolonga até o momento presente, na forma composta. Ex.: "**Tenho estudado** todas as noites até agora.".

próclise – junção de um vocábulo átono (um pronome pessoal oblíquo) ao que o antecede (um verbo), subordinando-se o átono ao acento tônico do outro. Ex.: "Não **se** vá por favor.".

prolixidade – qualidade daquilo que é muito longo ou difuso.

pronome – classe de palavras que substituem ou acompanham um nome e possuem pouco ou nenhum sentido próprio, funcionando como um sintagma nominal completo. Podem ser substantivos ou adjetivos. Ex.: "**Eu** irei com certeza."; "**Sua Excelência** não está bem disposta."; "**Quem** está aí?"; "Ofereceu-**nos** mais de uma opção."; "**Seus** pertences **se** perderam.".

pronome adjetivo – pronome que acompanha o substantivo, determinando-o. Ex.: "**Aquela** mulher é, realmente, muito bonita.".

pronome apassivador – cf. **índice de indeterminação do sujeito**.

pronome átono – pronome pessoal do caso oblíquo que, por não possuir acentuação própria, fica contíguo ao verbo para nele se apoiar. São eles: "me", "te", "nos", "vos", "o", "os", "a", "as", "lhe", "lhes", "se".

pronome demonstrativo – pronome que aponta algo no espaço ou no tempo. Ex.: "**Este** é um bom livro.".

pronome indefinido – pronome na 3ª pessoa com sentido ou quantidade indefinida. Ex.: "**Alguém** disse alguma coisa.".

pronome interrogativo – pronome utilizado para formular perguntas diretas e indiretas. Ex.: "Com **quem** vocês estão falando?"; "Gostaria de saber com **quem** vocês estão falando.".

pronome pessoal – os pronomes pessoais apontam para algum ser participante de um enunciado. Os pronomes pessoais se classificam em:

- **pronomes pessoais do caso reto**: exercem a função de sujeito em uma oração – "eu", "tu", "ele", "ela", "nós", "vós", "eles", "elas";
- **pronomes pessoais do caso oblíquo**: exercem a função de complementos: "me", "mim", "comigo", "te", "ti", "contigo", "nos", "nós", "conosco", "vos", "vós", "convosco", "o", "os", "a", "as", "lhe", "lhes""ele", "eles", "ela", "elas" "se", "si", "consigo".

pronome possessivo – pronome que indica posse de algo por uma das pessoas do discurso – 1ª, 2ª ou 3ª pessoa. Os pronomes possessivos são os seguintes: singular – 1ª pessoa: "meu", "minha", "meus", "minhas"; 2ª pessoa: "teu", "tua", "teus", "tuas"; 3ª pessoa: "seu", "sua", "seus", "suas"; plural – 1ª pessoa: "nosso", "nossa", "nossos", "nossas"; 2ª pessoa: "vosso", "vossa", "vossos", "vossas"; 3ª pessoa: "seu", "sua", "seus", "suas".

pronome relativo – pronome que representa um nome já referido, com o qual está relacionado de alguma forma. São eles: "que", "quem", "qual", "cujo", "quanto". Ex.: "O texto a **que** (remete a "texto") ele se referiu está bem guardado.".

pronome substantivo – pronome que substitui um substantivo, funcionando como tal. Ex.: "**Ele** desconhecia a verdade.".

pronome tônico – pronome pessoal do caso oblíquo que possui acentuação própria e é preposicionado. São eles: "mim", "comigo", "ti", "contigo", "nós", "conosco", "vós", "convosco", "ele", "eles", "ela", "elas", "si", "consigo".

pronome de tratamento – pronome empregado no trato com as pessoas, sendo utilizado, exclusivamente, com formas verbais da 3ª pessoa do discurso. Veja alguns deles a seguir:

Pronome de tratamento	Abreviatura	Uso
Senhor, Senhora	Sr., Sr.ª	Tratamento de respeito
Senhorita	Sr.ta	Tratamento de respeito a moças solteiras
Você	V.	Tratamento informal

Pronome de tratamento	Abreviatura	Uso
Vossa Alteza	V. A.	Tratamento para príncipes, princesas e duques
Vossa Eminência	V. Em.ª	Tratamento para cardeais
Vossa Excelência	V. Ex.ª	Tratamento para altas autoridades
Vossa Magnificência	V. Mag.ª	Tratamento para reitores
Vossa Reverendíssima	V. Rev.ᵐᵃ	Tratamento para sacerdotes
Vossa Santidade	V. S.	Tratamento para o papa
Vossa Senhoria	V. S.ª	Tratamento para pessoas de cerimônia e funcionários graduados

proparoxítona – palavra que possui, em sua antepenúltima sílaba, sua maior força, ou seja, seu acento tônico, que sempre é expresso graficamente. Ex.: "**tá**tica", "be**bí**amos", "**ô**nibus".

Q

qualidade acidental – é aquela expressa pelo adjetivo restritivo e que incide sobre um termo de natureza substantiva para ampliar-lhe o sentido, acrescentando-lhe algo que não é inerente a sua natureza:

- Ex.: "gelo colorido" – nem todo gelo é colorido, ou seja, não é da natureza do gelo, necessariamente, ter cor;
- Ex.: "homem comprometido" – não faz parte da natureza do homem, especificamente, ser comprometido; a qualidade, no caso, pode existir ou não, mas não descaracteriza o elemento homem.

Qualidades acidentais constituem a base das orações subordinadas adjetivas restritivas.

- Ex.: "O gelo que é colorido derrete mais facilmente." – nem todo gelo derrete mais facilmente, apenas, no caso, o colorido;
- Ex.: "O homem que é comprometido tem muitas responsabilidades." – ser comprometido não se aplica a todos os homens, de forma geral, mas, especificamente, aos comprometidos.

qualidade essencial – aquela expressa pelo adjetivo explicativo e que incide sobre um termo de natureza substantiva para destacar uma característica que já existe nesse elemento, constituindo sua essência e significação.

- Ex.: "gelo frio" – todo gelo é frio;
- Ex.: "homem mortal" – todo homem é mortal.

Qualidades essenciais constituem a base das orações subordinadas adjetivas explicativas.

- Ex.: "O gelo, que é frio, não deve ser consumido em excesso." – todo tipo de gelo não deve ser consumido em excesso, justamente porque é de sua natureza ser frio;
- Ex.: "O homem, que é mortal, não se deve prender, excessivamente, a valores materiais." – os homens, de modo geral, exatamente porque vão morrer, devem se ater menos a posses e riquezas.

R

radical – termo que significa raiz, derivado da palavra latina "radix". Desse modo, o radical de uma palavra exprime sua ideia principal. Ex.: "**saud**ável".
receptor – cf. **interlocutor**.
redundância – caracteriza-se pela repetição desnecessária de uma informação. Também é conhecida como pleonasmo vicioso. Ex.: "Subir para cima".
referente – situação contextual a que a mensagem remete.
regência – marca de subordinação de um vocábulo determinante a seu determinado. Na língua portuguesa, existem marcas de subordinação impostas por verbos a seus complementos – Ex.: "Preciso (verbo transitivo indireto) de mais espaço (complemento regido de preposição obrigatória)." –, o que caracteriza a regência verbal –, e as marcas de subordinação impostas por nomes a seus complementos – Ex.: "A necessidade (nome transitivo) de mais recursos (complemento regido de preposição obrigatória) o incomodava." –, o que caracteriza a regência nominal.
registro vulgar – cf. **variedade popular**.
remetente – cf. **emissor**.
remissão – ação ou efeito de remeter, de mandar a um ponto dado.
retórica – estudo do uso persuasivo da linguagem, em especial, para o treinamento de oradores.

S

semântica – parte da língua portuguesa que se dedica ao estudo da significação das palavras.

semivogal – fonema que não forma sílaba sozinho e é sempre acompanhado de uma ou duas vogais para a formação, respectivamente, de um ditongo ou tritongo. Ex.: "sér**i**e"; "Urug**uai**".
sentido habitual – aquele despido de tons conotativos, ou seja, sentidos paralelos, subjetivos.
signo linguístico – unidade da linguagem constituída de um conceito – significado – e representada por uma forma perceptiva – significante.
sílaba – fonema ou grupo de fonemas, de base vocálica, emitidos em um só impulso da voz. Ex: "ma-te-má-ti-ca", "com-pre-en-são", "cons-ti-tu-í-do".
sílaba átona – sílaba sobre a qual não recai acentuação tônica.
silepse – concordância que ocorre não com a forma gramatical das palavras, mas com seu sentido. Também chamada de concordância ideológica. Ex.: "**A dinâmica e populosa São Paulo** sofre com as enchentes (leia-se: cidade de São Paulo).".
sinônimo – palavra com significação igual ou semelhante a de uma outra. Ex.: "calmo" e "tranquilo".
sintagmas – encadeamentos linguísticos que representam inúmeras possibilidades combinatórias entre os elementos da língua.
sintagma nominal – as referências giram em torno de palavras ou núcleos nominais. Essas referências são os sintagmas nominais. O que determina a natureza de um sintagma nominal é seu núcleo – constituído sempre por um nome que pode, algumas vezes, constituir sozinho o sintagma. Ex.: "nossa bela **casa**" (núcleo: "casa"), "todos esses **erros**" (núcleo: "erros").
sintagma verbal – as predicações giram em torno de palavras ou núcleos verbais. Essas predicações são os sintagmas verbais. O que determina a natureza de um sintagma verbal é seu núcleo – constituído sempre por um verbo ou uma locução verbal, que podem, algumas vezes, constituir sozinhos o sintagma. Ex.: "Começamos a correr." (núcleo: "começamos a correr"), "Estudamos muito." (núcleo: "estudamos").
sintaxe – parte da gramática que estuda a disposição das palavras na frase e a das frases no discurso, bem como a relação lógica das frases entre si.
situação comunicativa – a circunstância em que se estabelece o ato comunicativo.
subjuntivo – cf. **modo**.

substantivo – classe de palavras que denomina um ser, ou seja, pessoas, coisas, animais, lugares, sentimentos. Os substantivos são classificados quanto à formação e quanto à semântica.
Quanto à formação e à existência de radical, o substantivo pode ser classificado em:

- **primitivo**: não vem de outra palavra existente na língua. Ex.: "flor", "pedra";
- **derivado**: vem de outra palavra existente na língua, de um radical. Ex.: "florista", "pedreira".

Quanto à formação e à quantidade de radicais, o substantivo pode ser classificado em:

- **simples**: possui apenas um radical. Ex.: "sol", "couve";
- **composto**: possui mais de um radical. Ex.: "girassol", "couve-flor".

Quanto à semântica e à denotação dos seres, o substantivo pode ser classificado em:

- **comum**: denota um grupo de coisas em geral e é grafado com letra minúscula. Ex.: "mulher", "país";
- **próprio**: denota um elemento específico dentro de um grupo e é grafado sempre com letra maiúscula. Ex.: "Renata", "Portugal".

Quanto à semântica e à existência física dos seres, o substantivo pode ser classificado em:

- **concreto**: denota seres de existência independente que podem ou não existir de fato. Ex.: "cama", "saci";
- **abstrato**: denota ideias ou conceitos que, em geral, não têm uma imagem concebida. Ex.: "justiça", "trabalho".

Há, ainda, o substantivo coletivo, palavra que, embora no singular, designa um grupo de seres que fazem parte de um mesmo conjunto. Ex.: "colmeia" (coletivo de abelhas), "atlas" (coletivo de mapas).
sufixação – ato ou efeito de acrescentar um sufixo, que é um elemento que se agrega depois de um radical ou tema para formar nova palavra. São exemplos de sufixos: "-ada", "-agem", "-al", "-edo", "-io", "-aço", -"aça", "-arra", "-orra", "-aréu", "-ázio", "-ão", "-inho", "-zinho", "-dade", "mento", "-ura", "-douro", "-tório", "-imo", "-íssimo", "-ar", "-ear", "-entar", "-mente", etc.
sufixo – cf. **sufixação**.

sujeito – termo da oração que pratica uma ação ou termo do qual se diz alguma coisa. Ex.: "A situação está feia.".
sujeito composto – sujeito que apresenta mais de um núcleo, representado por substantivos, pronomes substantivos – substituindo substantivos – ou por palavras substantivadas. Ex.: "**Paulo e José** serão os responsáveis pelo projeto.".
sujeito indeterminado – sujeito não identificado. Esse recurso é utilizado pelo enunciador quando não quer nomear o sujeito ou quando não sabe, exatamente, qual é o sujeito. Para a oração ter um sujeito indeterminado:

- o verbo deve estar na 3ª pessoa do plural. Ex.: "**Dizem** que ela se casou escondida.";
- o verbo transitivo indireto deve estar na 3ª pessoa do singular e acompanhado da partícula "se". Ex.: "Precisa-**se** de vendedores.";
- o verbo intransitivo deve estar na 3ª pessoa do singular e acompanhado da partícula "se". Ex.: "Fala-**se** muito, faz-se muito pouco.".

sujeito oracional – sujeito representado por uma oração subordinada. Ex.: "[Ainda falta] [**fazer os exercícios de fixação**].".
sujeito poético – cf. **eu lírico.**
sujeito simples – sujeito que apresenta um só núcleo, representado por um substantivo, por um pronome substantivo ou por uma palavra substantivada. Ex.: "**Vânia** chegou atrasada hoje.".

T

termo acessório – cf. **função sintática.**
termo essencial – cf. **função sintática.**
termo integrante – cf. **função sintática.**
texto narrativo – o texto narrativo constitui-se de uma série de fatos, que se situam em um espaço e se sucedem no tempo. Os fatos narrados não são simultâneos, como na descrição, havendo mudança de um estado para outro, segundo relações de sequencialidade e causalidade. São modalidades literárias desse tipo de texto o conto, o romance e a fábula.
textualidade – textualidade é o nome que se dá à construção de uma unidade de sentido.
tritongo – encontro de uma semivogal, uma vogal e uma semivogal, nessa ordem, em uma mesma sílaba. Ex.: "Pa-ra-**guai**", "U-ru-**guai**".
tropos – o mesmo que **figura de palavras**; cf. **figura de linguagem**.

U

unidade linguística – como unidade linguística, a língua apresenta, em seu uso, padrões uniformes e homogêneos.

V

variedade culta – o mesmo que **língua padrão**; língua ensinada nas escolas, utilizada pelos veículos de comunicação de massa (emissoras de rádio e televisão, jornais, revistas, painéis, anúncios, entre outros), sendo estabelecida acima de todas as variantes nas gramáticas.
variedades linguísticas – são as variações que uma língua apresenta de acordo com as condições sociais, culturais, regionais e históricas em que é utilizada.
variedade popular – o mesmo que **registro vulgar**; são todas as variedades linguísticas diferentes da língua padrão e, por isso, estigmatizadas.
verbo – classe de palavras que se flexionam em função de um sujeito. Em termos gerais, o verbo indica:

- um estado – Ex.: "ser";
- um fenômeno da natureza – Ex.: "chover";
- uma ação – Ex.: "trabalhar";
- uma conveniência – Ex.: "convir";
- uma ocorrência – Ex.: "suceder";
- uma opinião – Ex.: "achar".
- uma vontade, um desejo ou um sentimento – Ex.: "querer".

verbo bitransitivo – também chamado de transitivo direto e indireto; verbo que, para completar seu sentido, exige, simultaneamente, um complemento direto, sem preposição, e outro regido de preposição obrigatória. Ex.: "**Daremos** a você toda a ajuda possível.".
verbo intransitivo – verbo de sentido completo, que não exige complemento. Ex.: "O coronel, depois de muito **lutar**, **morreu**.".
verbo de ligação – verbo que indica estado ou passagem de estado. Ex.: "Ela **estava** muito cansada."; "O campo **permanecia** florido.".
verbo transitivo direto – verbo que, para completar seu sentido, exige complemento direto, sem preposição obrigatória. Ex.: "**Comprei** um carro novinho.".
verbo transitivo direto e indireto – cf. **verbo bitransitivo**.

verbo transitivo indireto – verbo que, para completar seu sentido, exige complemento indireto, com preposição obrigatória. Ex.: "**Obedeci** às determinações recebidas.".

vocábulo – o mesmo que **palavra**.

vocativo – função sintática usada para interpelar ou chamar o elemento a que se dirige. Ex.: "**Amigo**, espere por mim.".

vogal – unidade mínima da língua – de som e grafe – formada pela livre passagem do ar pela cavidade bucal. A vogal possui autonomia fonética e, por isso, pode formar sílaba sozinha, em nossa língua, ao contrário da consoante.

vogal temática – elemento mórfico que se coloca após o radical, na sequência estrutural das palavras. As vogais temáticas diferenciam-se quanto às classes de palavras nominais e verbais. As vogais temáticas dos nomes são "a", "e" e "o" quando aparecem como últimas letras de palavras primitivas, salvo quando as palavras são oxítonas e essas vogais são tônicas, fazendo, pois, parte do radical. Ex.: "igrej**a**", "pel**e**", "caroç**o**". As vogais temáticas dos verbos são "a", "e" e "i". Elas definem a conjugação verbal. Para identificar a vogal temática dos verbos, basta observar o verbo no infinitivo e retirar a desinência de infinitivo "r". Ex.: "cant**a**r", "vend**e**r", "part**i**r".

voz ativa – forma na qual o verbo, normalmente, apresenta-se com a finalidade de indicar que a pessoa à qual se refere é o agente da ação verbal. Ex.: "Enviei a correspondência nesta tarde."; "O rapaz viajou para Miami.".

voz passiva – flexão verbal que indica que o sujeito é paciente de uma ação. Pode ser analítica, quando formada com o concurso de verbo auxiliar mais particípio do verbo principal, ou sintética, quando formada com a partícula apassivadora "se". Ex.: "A árvore **foi derrubada** pelos fortes ventos." (voz passiva analítica), "**Gastaram-se** milhares de dólares no projeto." (voz passiva sintética = "Milhares de dólares foram gastos no projeto.").

voz passiva analítica – cf. **voz passiva**.

voz passiva sintética – cf. **voz passiva**.

vulgarismo – palavra ou expressão de cunho popular.

Gabaritos e comentários — autoavaliação

Capítulo 1 – Comunicação

QUESTÃO 1

Gabarito: **c**

a) inadequada ao grupo a que se destina;

b) elaborada a partir de termos regionais;

c) típica de um determinado grupo profissional;

d) incompatível com a variedade padrão da língua.

COMENTÁRIOS:

A seleção dos termos que compõem o texto, bem como a sintaxe e a forma de expor as ideias, são típicos do texto jurídico, que se destina a esse grupo profissional.

QUESTÃO 2

Gabarito: **d**

a) basta que alguns dos envolvidos no processo compreendam o que se diz;

b) qualquer interlocutor é capaz de compreender o que se diz, em função do contexto;

c) é suficiente que um dos envolvidos no processo compreenda as expressões próprias da área;
d) os envolvidos no processo de comunicação entendem o que se diz por pertencerem à mesma área.

COMENTÁRIOS:
O jargão caracteriza uma utilização específica da língua em determinados ambientes profissionais ou áreas de conhecimento. Assim, todos os interlocutores compreendem o que se diz se pertencerem à área.

QUESTÃO 3
Gabarito: **a**
a) **canal;**
b) código;
c) receptor;
d) contexto.

COMENTÁRIOS:
A imagem representa a dificuldade de comunicação entre pessoas de gerações diferentes. O elemento enfatizado nessa imagem é o canal, representado pelo megafone, como forma de amplificar a possibilidade de comunicação.

QUESTÃO 4
Gabarito: **d**
a) poética e emotiva;
b) conativa e emotiva;
c) fática e referencial;
d) poética e metalinguística.

COMENTÁRIOS:
Por se tratar de um poema, o texto, por excelência, tem a predominância da função poética, em que a ênfase é dada à própria mensagem. No caso de um poema, a preocupação com a forma, as rimas e o ritmo é uma característica que demonstra a utilização da função poética. Além disso, nos versos apresentados, o eu lírico fala do próprio fazer poético, explicitando sobre o que vai escrever: "As armas e os Barões assinalados/[...] E também as memórias gloriosas/ [...] Cantando espalharei por toda a parte." Em outras palavras, ele deixa claro que exaltará os heróis e as memórias de uma

nação por meio de seu poema. Também faz alusão ao labor de fazer poesia: "Se a tanto me ajudar o engenho e arte". Dessa forma, o texto também apresenta a função metalinguística, em que o código é enfatizado. No caso do poema, ao falar do fazer poético e do esforço para obter sua obra, o eu lírico lança mão dessa função da linguagem.

QUESTÃO 5

Gabarito: **c**

a) convencer os cidadãos dos perigos apresentados pelas doenças;
b) encaminhar os pacientes acometidos pelas doenças a locais adequados;
c) conscientizar a todos sobre sua responsabilidade na prevenção das doenças;
d) informar aos agentes de saúde a respeito das ações a serem tomadas contra as doenças.

COMENTÁRIOS:

Ao utilizar a frase "E você, já fez a sua parte?", juntamente com uma lista de ações a serem tomadas para prevenir as doenças, a mensagem tem como intenção comunicativa conscientizar o interlocutor sobre seu nível de responsabilidade no que diz respeito à prevenção dessas doenças.

QUESTÃO 6

Gabarito: **b**

COMENTÁRIOS:

a) causal — incorreto: as conjunções causais exprimem motivo, causa, razão de ser;
b) concessivo — correto: as conjunções concessivas expressam um obstáculo que não impede que algo aconteça;
c) consecutivo — incorreto: as conjunções consecutivas expressam consequência;
d) adversativo — incorreto: as conjunções adversativas expressão oposição.

QUESTÃO 7

Gabarito: **b**

a) testar, dizendo a mesma coisa de várias formas;
b) estar atentos às condições em que se processa o ato comunicativo;
c) pensar sobre como o processo cognitivo acontece em nosso cérebro;
d) consultar o dicionário sempre que quisermos dizer algo com precisão.

COMENTÁRIOS:

É importante que estejamos sempre atentos às condições em que se processa todo ato comunicativo, para realizarmos a correta e a melhor seleção de palavras, aproveitando tudo aquilo que elas têm a dizer.

QUESTÃO 8

Gabarito: **c**

a) Tome cuidado para não queimar a calda.
b) A sessão durou mais do que os membros da diretoria esperavam.
c) A enfermeira emergiu a criança na banheira para abaixar a febre.
d) O docente reviu as avaliações antes de divulgar as notas à turma.

COMENTÁRIOS:

As seguintes opções apresentam emprego adequado de formas parônimas: "calda", em lugar de "cauda", para designar solução de água e açúcar fervidos juntos; "sessão", em lugar de "seção" ou "cessão", para expressar o intervalo de tempo de uma reunião e "docente" em lugar de "discente", em substituição a "professor".

Apenas a palavra "emergiu", que significa sair de onde estava mergulhado, foi utilizada erroneamente em lugar de "imergiu", que quer dizer mergulhar.

QUESTÃO 9

Gabarito: **a**

a) Minha esposa é o sol da minha vida.
b) Devemos passar filtro solar para proteger nossa pele da ação do sol.
c) A distância da Terra ao Sol é de cerca de 150 milhões de quilômetros.

d) O Sol aquece nosso planeta todos os dias e fornece a luz que nos permite enxergar.

COMENTÁRIOS:
O uso das palavras em sentido figurado não está presente apenas nos textos literários, mas representa um imenso potencial expressivo que pode e deve ser explorado pela linguagem que utilizamos nas diversas situações do cotidiano de nossas vidas.

QUESTÃO 10
Gabarito: **c**
a) ao caráter fixo das ideias;
b) à natureza irregular da língua;
c) ao valor polissêmico das palavras;
d) ao caráter engessado dos vocábulos.

COMENTÁRIOS:
O valor polissêmico das palavras e sua capacidade de ressignificação contínua abrem-nos um leque praticamente infinito de possibilidades interpretativas, muito além dos sentidos próprios que originalmente estão associados às palavras.

QUESTÃO 11
Gabarito: **c**
a) eco;
b) arcaísmo;
c) cacófato;
d) redundância.

COMENTÁRIOS:
Cacófato é a junção de duas ou mais palavras de uma frase, produzindo um som desagradável. Na frase, *vez* e *passada* acabam por produzir um som que dá a entender “vespa assada”.

QUESTÃO 12
Gabarito: **b**
a) Falso.
b) Verdadeiro.

COMENTÁRIOS:

Podemos afirmar que há erro no emprego da pontuação. Na frase: "Membro da Câmara, estava em alta velocidade e não prestou socorro." não cabe vírgula após "Câmara". É de se notar que "Membro da Câmara" é sujeito de "estava" e, como tal, não pode ser separado do verbo por meio de vírgula. A frase correta, portanto, é "Membro da Câmara estava em alta velocidade e não prestou socorro.".

QUESTÃO 13

Gabarito: **d**

COMENTÁRIOS:

a) "Prefiro chocolate e João, chá."/"Prefiro chá e João, chocolate.": nas duas frases, a vírgula é usada para marcar a elipse do verbo "preferir".
b) "Tenho estudado muito, isto é, tenho tentado."/"Tenho estudado muito, ou melhor, tenho tentado.": as duas frases contêm expressões retificadoras, que explicam o que foi dito anteriormente; tais expressões — "isto é" e "ou melhor" — vêm intercaladas na oração e, por esse motivo, são marcadas por vírgulas.
c) "Comprei chocolate, sorvete, bolo e queijo."/"O que mais gosto de comer é chocolate, sorvete, bolo e queijo.": as frases do último par mostram-nos um dos usos mais comuns da vírgula, que é pontuar os diversos elementos de uma enumeração; para finalizar a enumeração, usamos a conjunção "e".
d) **"Os pobres que trabalham dão maior valor ao dinheiro."/"Os pobres, que trabalham, dão maior valor ao dinheiro.": naturalmente, podemos supor que há uma diferença de sentido entre as frases "Os alunos agitados saíram da sala." e "Os alunos, agitados, saíram da sala.", devido à presença das vírgulas; em outras palavras, as vírgulas, na escrita, têm por função marcar a diferença de intenção comunicativa do sujeito que fala, do produtor do enunciado. Assim, temos que, em 1, há vários alunos na sala, mas nem todos estão agitados; ou seja, sala de aula = alunos agitados + alunos que não estão agitados; a frase 1 mostra-nos que "somente os agitados" saíram da sala, enquanto os que não estavam agitados permaneceram. Desse modo,**

temos que sala de aula = alunos que não estão agitados e fora da sala de aula = alunos agitados. É de se notar que o campo "sala de aula" foi restringido, ou seja, antes havia, na sala, alunos agitados e não agitados; agora, a sala contém apenas estes, já que aqueles saíram. O mesmo não se dá com a frase 2, pois aí as vírgulas têm a função de indicar que todos os alunos da sala estavam agitados e, provavelmente por esse motivo, saíram da sala, ou seja, temos o mesmo adjetivo, "agitados", mas com função explicativa. O mesmo ocorre com as frases desta opção: a primeira frase do par afirma que somente os que trabalham valorizam o dinheiro, ao passo que a segunda frase revela-nos que todos os pobres trabalham.

QUESTÃO 14

Gabarito: **d**

COMENTÁRIOS:

a) "Ele, com raiva, acariciou-me.": correto. A locução adverbial "com raiva" está deslocada de sua posição original na ordem direta, no caso, no final da frase ("Ele acariciou-me com raiva."); para marcar esse deslocamento, a expressão vem entre vírgulas.

b) "João, faça os deveres de casa!": correto. "João" é o vocativo da frase, ou seja, o interlocutor. O vocativo é uma função discursiva e vem marcado por um sinal de pontuação, que, na maioria das vezes, é a vírgula, porque se trata de um termo isolado — não é termo determinante nem determinado. Acrescente-se que, além do verbo no imperativo, a presença do ponto de exclamação ao final da sentença reforça a impressão que temos de que uma ordem está sendo dada a João.

c) "São Paulo, 26 de novembro de 2005.": correto. Devemos separar a localidade — "São Paulo" — da data — "26 de novembro de 2005"— por meio de vírgula. Temos aqui duas expressões adverbiais de valores diferentes, uma vez que a primeira indica lugar, e a segunda, tempo; tais expressões, quando conjugadas, devem vir separadas por uma vírgula.

d) "Antônio o seminarista, tem uma bela voz.": incorreto. O aposto explicativo, no caso, "o seminarista", deve vir isolado na sentença,

ou seja, entre vírgulas, até porque se trata de uma expressão que está intercalada entre o sujeito "Antônio" e o verbo "tem". Como o sujeito não pode ser separado do verbo por meio de vírgula, qualquer expressão ou palavra que se interponha entre eles deverá vir mediada por vírgulas. A construção correta, portanto, seria: "Antônio, o seminarista, tem uma bela voz.". Outra construção possível consideraria "Antônio" como o interlocutor (vocativo), ou seja, pessoa gramatical diferente de "seminarista", o responsável por ter uma bela voz: "Antônio, o seminarista tem uma bela voz.".

QUESTÃO 15

Gabarito: **b**

COMENTÁRIOS:

a) "João disse: "Estou com fome.": na frase, os dois pontos indicam que uma fala será introduzida; esse é um uso que ocorre, tipicamente, no discurso direto, corroborado pelo uso das aspas ou do travessão para reproduzir a própria fala da personagem.

b) **"Acho bom você ir agora, senão...": temos aqui uma advertência, um conselho ou uma ameaça — o que dependerá do contexto em que a frase estiver inserida — jogados ao vento, ou seja, à imaginação do leitor, conforme nos revela o uso das reticências, que também podem marcar a interrupção do pensamento do locutor para pensar melhor no que irá dizer, entre outros possíveis sentidos.**

c) "Preciso sair agora. Estou atrasada.": o ponto-final após "agora" está sendo usado no lugar da conjunção "pois" ou "porque", que denota explicação: "Preciso sair agora, pois (porque) estou atrasada.".

d) "Você passou?? Como!!?? Não estudou nada!": a concentração de pontos de interrogação ou exclamação e interrogação, em sequência, denota espanto e surpresa da parte do locutor; no caso, tais demonstrações justificam-se no contexto, uma vez que não era esperada a aprovação do interlocutor, pois subentendemos que ele não estudara.

QUESTÃO 16

Gabarito: **b**

COMENTÁRIOS:

a) "— Vai sair hoje? — Não.": correto. No caso, há uma alternância de interlocutores em um par adjacente (pergunta e resposta); para marcar essa mudança, o travessão é o sinal mais apropriado, embora as aspas também possam exercer essa função.

b) "Todos gritaram, e ele fugiu.": incorreto. A vírgula obrigatória indica que duas orações com sujeitos diferentes estão coordenadas entre si; observe a diferença: "Ele entrou e sentou-se."; trata-se de duas estruturas coordenadas, mas, como o sujeito é o mesmo (ele), não são separadas por vírgula; entretanto, na frase desta opção, temos que o sujeito de "gritaram" é "todos" e o de "fugiu", "ele"; nesse caso, o uso da vírgula para marcar essa diferença é obrigatório.

c) "Nossa, hoje estou "um bagaço.": correto. De fato, trata-se de um dos usos das aspas destacar a presença de uma gíria no texto, como é o caso de "um bagaço", que significa que o locutor está extremamente cansado.

d) "Terei (por que não falar a verdade?) muitos aborrecimentos.": correto. Entre outros usos, os parênteses são apropriados quando queremos intercalar frases, orações ou períodos de valor explicativo, digressões, pensamentos e sentimentos da personagem em um texto narrativo.

QUESTÃO 17

Gabarito: **a**

COMENTÁRIOS:

a) vírgula — vírgula — vírgula: correto. As duas primeiras vírgulas separam palavras coordenadas ("cão", "gato", "menino") não ligadas por conectivo; a terceira separa a conjunção coordenativa adversativa ("mas").

b) reticências — reticências — reticências: incorreto. Não há nada no contexto que justifique o uso das reticências, usadas, sobretudo, para denotar um pensamento incompleto ou interrompido.

c) vírgula — ponto de interrogação — vírgula: incorreto. Também não há nada no contexto que justifique o uso do ponto de interrogação, usado, sobretudo, nas perguntas diretas, como, por exemplo, "Você me empresta o seu livro?".

d) ponto de exclamação — ponto de exclamação — vírgula: incorreto. Não há nada no contexto que justifique o emprego do ponto de exclamação, usado, sobretudo, para expressar os estados emocionais das personagens em um texto narrativo.

QUESTÃO 18
Gabarito: **c**

COMENTÁRIOS:

a) "aspas — assinalar citação": correto. O próprio fragmento é uma citação, daí a presença das aspas;
b) "vírgula — destacar interlocutor": correto. "Alberto" é o interlocutor (= vocativo) presente no fragmento, daí vir isolado por vírgulas;
c) **"dois-pontos — introduzir vocativo": incorreto. O vocativo "Alberto", que é o interlocutor presente no fragmento, vem isolado por vírgulas, e não por dois-pontos; no texto, os dois-pontos estão sendo usados para introduzir citação;**
d) "ponto de exclamação — marcar exaltação": correto. O ponto-final é um dos sinais de pontuação que podem encerrar um período; os outros são: ponto de exclamação, ponto de interrogação e reticências.

QUESTÃO 19
Gabarito: **c**

COMENTÁRIOS:

a) "De César é a famosa frase: "Vim, vi e venci.": correto. As aspas foram utilizadas para isolar citação textual.
b) "A onda "abraçou" o pescador na noite escura.": correto. As aspas foram utilizadas para mostrar que a palavra "abraçou" está sendo usada fora de seu sentido habitual, já que, logicamente, ondas não possuem braços.
c) **Levamos um susto com a leitura da notícia "No Globo.": incorreto. Nos títulos de periódicos, não devemos utilizar a combinação da preposição com o artigo sem destacar os elementos do título original. Podemos usar o apóstrofo para indicar essa combinação ou empregarmos, ainda, outra opção: "Levamos um susto com a leitura da notícia n'O Globo." ou "Levamos um susto com a leitura da notícia em "O Globo.".**

d) "A palavra "deletar" é um neologismo na língua portuguesa.": correto. As aspas foram utilizadas para isolar palavra estranha — um neologismo — à língua culta.

QUESTÃO 20
Gabarito: **a**

COMENTÁRIOS:

a) "Coma os biscoitos *Arenque* e diga: "Isto é um biscoito?": uma vez que o pronome "isto" permanece o mesmo nas quatro opções, só podemos atribuir a mudança de sentido à entonação que, sendo ascendente no final, marca a presença de uma interrogação direta, que, associada ao demonstrativo neutro ("isto"), torna o tom em que a frase foi dita pejorativo, ao contrário da exclamação, que expressa contentamento e ênfase, o que confere um tom valorizador à frase e, naturalmente, ao produto a que ela se refere.

b) "Coma, os biscoitos *Arenque* e diga: "Isto é um biscoito!": incorreto. A vírgula após "coma" apenas torna a frase inadequada, uma vez que não podemos separar o verbo de seus objetos por meio de vírgula ("biscoitos" é objeto direto de "coma").

c) "Coma os biscoitos *Arenque* e diga: "Isto, é um biscoito!": incorreto. A vírgula após "isto" apenas torna a frase inadequada, uma vez que não podemos separar o verbo de seu sujeito por meio de vírgula ("isto" é sujeito de "é").

d) "Coma os biscoitos *Arenque* e diga: — Isto é um biscoito!": incorreto. Substituir as aspas pelo travessão não altera em nada o sentido da frase, até porque ambos têm a mesma função, que é introduzir a fala de alguém.

Capítulo 2 – Leitura

QUESTÃO 1:
Gabarito: **a**

a) É capaz de inventar o que o texto não diz.

b) É incapaz de atingir as intenções do autor do texto.

c) Tem sempre em mente a integralidade das informações veiculadas.

d) Desconsidera informações prévias para prever informações contidas no texto.

COMENTÁRIOS:

O leitor construtor se apoia em seus conhecimentos prévios para prever as informações veiculadas em um texto. Esse leitor prediz muito do que é dito no texto e, mais ainda, inventa coisas que o texto não diz. A desvantagem desse tipo de procedimento, quando empregado de forma isolada, é evidente: por falta de precisão, as adivinhações do leitor construtor prejudicam a integridade das informações veiculadas no texto.

QUESTÃO 2:

Gabarito: **c**

a) A utilização do verbo "acertar" no imperativo.
b) A utilização indevida da expressão "horário de verão".
c) O uso do verbo "acertar" em dois sentidos diferentes.
d) A não compreensão da mensagem recebida pelo personagem.

COMENTÁRIOS:

O verbo "acertar", na primeira ocorrência, tem o sentido de "colocar no horário correto"; na segunda, tem o sentido de "bater". A ambiguidade ocorre em função da possibilidade de se ler a segunda ocorrência com os dois sentidos empregados.

QUESTÃO 3:

Gabarito: **b**

a) mais rápido;
b) mais atento;
c) mais criativo;
d) mais ousado.

COMENTÁRIOS:

O leitor analisador é aquele que analisa, linearmente, as informações do texto. Para tal, ele processa, vagarosamente, o significado de todas as partes do texto para atingir a compreensão do todo. Nesse sentido, a compreensão do texto pode ser afetada pela leitura excessivamente linear, ou seja, pouco ousada e sem predições.

QUESTÃO 4:
Gabarito: **a**

a) **Falso.**
b) Verdadeiro.

COMENTÁRIOS:
Na frase "Medo e receio nos machucam o coração.", devemos notar que "medo" e "receio" são palavras quase sinônimas, logo, temos um elemento, e não dois; por isso, o verbo deve ficar no singular: "Medo e receio nos machuca o coração.".

QUESTÃO 5:
Gabarito: **b**

COMENTÁRIOS:

a) "Faltava um visto e uma assinatura.": correto. O verbo anteposto concorda com o núcleo do sujeito mais próximo: "visto".
b) **"Avaliou-se mal os objetivos do projeto.": incorreto. A estrutura equivale a "Os objetivos do projeto foram mal avaliados."; nesse caso, o "se" é pronome apassivador, e o verbo concorda com o núcleo do sujeito posposto: "objetivos".**
c) "Hoje faz dois meses que nos conhecemos.": correto. O verbo "fazer", quando indica tempo decorrido, é impessoal; trata-se, portanto, de uma oração sem sujeito, cuja marca gramatical é o verbo na 3ª pessoa do singular.
d) "Atendeu-se a todos que aguardavam na fila.": correto. O "se" da frase é índice de indeterminação e, portanto, o verbo irá para a 3ª pessoa do singular.

QUESTÃO 6:
Gabarito: **d**

COMENTÁRIOS:

a) "Fizeram-se novas chaves.": correto. A estrutura equivale a "Novas chaves foram feitas."; nesse caso, o "se" é pronome apassivador, e o verbo concorda com o sujeito posposto.

b) "Confirmaram-se as informações.": correto. A estrutura equivale a "As informações foram confirmadas."; nesse caso, o "se" é pronome apassivador, e o verbo concorda com o sujeito posposto.
c) "Trocaram-se as demais mesas da sala.": correto. A estrutura equivale a "As demais mesas da sala foram trocadas."; nesse caso, o "se"é pronome apassivador, e o verbo concorda com o sujeito posposto.
d) "Procederam-se aos cálculos mais urgentes.": incorreto. O "se" da frase original é índice de indeterminação do sujeito, já que o verbo é transitivo indireto, e, portanto, o verbo irá para a 3ª pessoa do singular: "Procedeu-se aos cálculos mais urgentes.".

QUESTÃO 7:
Gabarito: **d**

COMENTÁRIOS:
a) "comer" — apresenta sujeito simples: "gente.": incorreto. "Comer" é forma nominal de verbo (infinitivo) que, na construção, não apresenta sujeito.
b) "dá" — possui sujeito implícito na desinência verbal: "você". "Dar" é forma verbal no imperativo, mas possui como sujeito implícito na desinência verbal a 2ª pessoa do singular. A forma que teria como sujeito o pronome "você", seria "dê".
c) "enfrentar" — concorda com o sujeito composto: "a fome e a miséria": incorreto. "Enfrentar" é forma nominal de verbo (infinitivo) que, na construção, não apresenta sujeito.
d) "tem" — construção popular que equivale a "haver" no sentido de "existir": correto. O uso de *ter* em lugar de *haver* com ideia de *existir* é popular e, como no caso citado de *haver*, leva o verbo para o singular.

QUESTÃO 8:
Gabarito: **c**

COMENTÁRIOS:
a) "Restava menos de dois quilômetros.": incorreto. Com as expressões que indicam quantidade aproximada, como "mais de", "menos de", "perto de", "cerca de", o verbo concorda com o numeral que se segue a essas expressões. A construção correta seria: "Restavam menos de dois quilômetros.".

b) "Perto de 10 funcionários compareceu.": incorreto. Pela mesma justificativa utilizada na alternativa "a", a construção correta, portanto, seria: "Perto de 10 funcionários compareceram.".
c) "Mais de uma pessoa assistiu à apresentação.": correto. Pela mesma justificativa utilizada na alternativa "a", a expressão "mais de" leva à concordância do verbo com a expressão numérica no singular.
d) "Cerca de duas páginas foi traduzida incorretamente.": incorreto. Pela mesma justificativa utilizada na alternativa "a", a construção correta seria: "Cerca de duas páginas foram traduzidas incorretamente.".

QUESTÃO 9:
Gabarito: **d**

COMENTÁRIOS:
a) "São meio-dia e meia.": incorreto. O verbo "ser" concorda com a expressão "meio-dia", que está no singular. A construção correta seria, portanto: "É meio-dia e meia.".
b) "Os culpados são nós.": incorreto. Com pronomes pessoais na função sujeito ou predicativo do sujeito, o verbo "ser" concorda sempre com eles. A construção correta seria, portanto: "Os culpados somos nós.".
c) "Os filhos era a alegria do pai.": incorreto. Se o sujeito do verbo "ser" designar uma pessoa, o verbo concordará com ele. A construção correta seria, portanto: "Os filhos eram a alegria do pai.".
d) "É uma hora e cinquenta e nove minutos.": correto. O verbo "ser" concorda com a palavra que designa a hora.

QUESTÃO 10:
Gabarito: **b**
a) Falso.
b) Verdadeiro.

COMENTÁRIOS:
Com a expressão "um dos que", geralmente, o verbo vai para o plural; entretanto, também pode ir para o singular; portanto, as duas construções estão corretas: "Ele é um dos que conhece o problema a fundo." e "Ele é um dos que conhecem o problema a fundo.".

QUESTÃO 11:
Gabarito: **a**

COMENTÁRIOS:

a) **"Vinte por cento dos cargos será extinto.": incorreto. O verbo concorda, preferencialmente, com a expressão preposicionada: "Vinte por cento dos cargos serão extintos.".**
b) "Doze dias é suficiente para você trazer a encomenda.": correto. Nas expressões de preço, medida, peso e quantidade seguidas de "é muito", "é pouco", "é bastante", "é suficiente", o verbo "ser" fica no singular.
c) "Eram duas horas e cinquenta minutos quando acordei.": correto. Nas expressões que indicam horas, datas ou distâncias, o verbo "ser"concorda com essas expressões.
d) "No próximo dia 12, faz cinco anos que entrei na empresa.": correto. O verbo "fazer", quando indica tempo decorrido, é impessoal; trata-se, portanto, de uma oração sem sujeito, cuja marca gramatical é o verbo na 3ª pessoa do singular.

QUESTÃO 12:
Gabarito: **a**

a) Falso.
b) Verdadeiro.

COMENTÁRIOS:

A frase "Vossa Excelência é muito perspicaz e sábia." não é incompatível com a norma culta, porque o pronome de tratamento obriga o verbo a flexionar-se na 3ª pessoa do singular; em relação aos adjetivos, apenas o segundo indica gênero, ou seja, "sábia" indica que "Vossa Excelência" é do gênero feminino.

QUESTÃO 13:
Gabarito: **d**

COMENTÁRIOS:

a) "Oh! Perdi seu óculos.": incorreto. A palavra "óculos" possui, implicitamente, ideia de plural. A construção correta seria: "Oh! Perdi seus óculos.".

b) "Agora há menas coisas para fazer.": incorreto. A forma "menas" não existe! A palavra "menos" é um advérbio e, portanto, morfologicamente invariável. A construção correta, portanto, seria: "Agora há menos coisas para fazer.".

c) "Nossa! Já é meio-dia e meio! Como estou atrasada!": incorreto. Devemos notar que o numeral adjetivo (termo determinante) concorda com o substantivo "hora", ao qual se refere. A construção correta seria: "Nossa! Já é meio-dia e meia! Como estou atrasada!".

d) "Procurem por quaisquer pessoas habilitadas para o cargo!": correto. O pronome adjetivo "qualquer" concorda com o substantivo a que se refere, no caso, "pessoas".

QUESTÃO 14:
Gabarito: **a**

COMENTÁRIOS:

a) "Nós lhes rogamos que não as deixem sós.": correto. "Lhes" é igual a "a eles" ou "a elas"; "as" equivale a "as moças" ou "as mulheres", por exemplo, e "sós" é igual a "sozinhas", porque se refere ao pronome "as".

b) "Quero esta ferramenta! Ela está muito barato.": incorreto. O adjetivo "barata" concorda com o substantivo "ferramenta". A construção correta, portanto, seria: "Quero esta ferramenta! Ela está muito barata.".

c) "Aquelas mulheres são bastantes competentes!": incorreto. A palavra "bastante" funciona como intensificador do adjetivo "competentes"; portanto, é um advérbio e, como tal, morfologicamente invariável. A construção correta, portanto, seria: "Aquelas mulheres são bastante competentes!".

d) "Se ficarem pronto os relatórios, não cancelaremos a reunião.": incorreto. O adjetivo "prontos" concorda com o substantivo "relatórios". A construção correta, portanto, seria: "Se ficarem prontos os relatórios, não cancelaremos a reunião.".

QUESTÃO 15:
Gabarito: **c**

COMENTÁRIOS:

a) "Vão anexas as notas fiscais de compra.": correto. O adjetivo "anexas" concorda com o substantivo "notas".
b) "Os documentos vão apensos ao processo.": correto. O adjetivo "apensos" concorda com o substantivo "documentos".
c) "Finalmente, doutor, ficamos quite com o senhor.": incorreto. O adjetivo "quites" concorda com o pronome substantivo "nós", que está implícito na frase. A construção correta, portanto, seria: "Finalmente, doutor, (nós) ficamos quites com o senhor.".
d) "Enviamos, em anexo, os panfletos que você pediu.": correto. A expressão "em anexo" é morfologicamente invariável.".

QUESTÃO 16:

Gabarito: **b**

a) Falso.
b) Verdadeiro.

COMENTÁRIOS:

A frase "Por prudência, estamos sempre alerta." está correta. A palavra "alerta" é um advérbio e, portanto, morfologicamente invariável.

QUESTÃO 17:

Gabarito: **b**

COMENTÁRIOS:

a) "Comprei duas pastas: a verde e branca.": incorreto. A construção "a verde e branca" dá a entender que se trata de uma única pasta com duas cores, quando, na verdade, fala-se de duas pastas. Desse modo, o artigo é necessário para demarcar essa diferença, e a construção correta, portanto, seria: "Comprei duas pastas: a verde e a branca.".
b) "As gramáticas inglesa e espanhola são facílimas.": correto. Se a palavra determinada está no plural, os determinantes ficam sem o artigo.
c) "Gostaria muito de aprender o idioma francês e chinês.": incorreto. Se a palavra determinada está no singular, o artigo é obrigatório a partir do

segundo determinante. A construção correta, portanto, seria: "Gostaria muito de aprender o idioma francês e o chinês.".

d) "A língua alemã é mais difícil que as línguas portuguesa e a russa.": incorreto. Se a palavra determinada está no plural, os determinantes ficam sem artigo. A construção correta, portanto, seria: "A língua alemã é mais difícil que as línguas portuguesa e russa.".

QUESTÃO 18:
Gabarito: **d**

COMENTÁRIOS:

a) "Comida italiana é muito boa.": incorreto. As expressões "é bom", "é necessário", "é proibido", além de tantas outras formadas com o verbo "ser" mais um adjetivo, são invariáveis. A construção correta, portanto, seria: "Comida italiana é muito bom.".
b) "Até agora, é bom os resultados.": incorreto. Quando o sujeito das expressões do tipo "é bom", "é necessário", "é proibido" vem precedido de artigo ou palavra equivalente, a concordância dessas expressões com o sujeito é obrigatória. A construção correta, portanto, seria: "Até agora, são bons os resultados.".
c) "É proibida comida e bebida neste local.": incorreto, pela mesma razão já exposta na alternativa "a". A construção correta, portanto, seria: "É proibido comida e bebida neste local.".
d) "Era permitida a entrada de qualquer pessoa naquela área.": correto, pela mesma razão já exposta na alternativa "b".

QUESTÃO 19:
Gabarito: **b**

COMENTÁRIOS:

a) "Os filhos são tais qual o pai.": correto. Na expressão "tal que", "tal" concorda com o termo anterior e "qual", com o posterior.
b) "As regras eram tal qual a previsão": incorreto, pelas mesmas razões já apontadas na opção "a". A construção correta, portanto, seria: "As regras eram tais qual a previsão.".

c) "Um grupo social é tal quais as leis que imperam na sociedade.": correto, pelas mesmas razões já apontadas na opção "a".
d) "As expectativas das pessoas são tais quais as promessas que lhes são oferecidas.": correto, pelas mesmas razões já apontadas na opção "a".

QUESTÃO 20:
Gabarito: **c**

COMENTÁRIOS:
a) "A empresa necessita de respostas as mais precisas possível.": incorreto. A palavra "possível", em expressões superlativas como "o mais", "o menos", "o melhor", "o pior", fica no plural quando o artigo que compõe essas expressões estiver no plural. A construção correta, portanto, seria: "A empresa necessita de respostas as mais precisas possíveis.".
b) "Espero encontrar pessoas o mais possíveis comprometidas.": incorreto. A palavra "possível", em expressões superlativas como "o mais", "o menos", "o melhor", "o pior", fica no singular, afastada ou não dessas expressões. A construção correta, portanto, seria: "Espero encontrar pessoas o mais possível comprometidas.".
c) **"As dúvidas não poderiam deixar de ser as mais variadas possíveis.": correto, pelas mesmas razões já expostas na opção "a".**
d) "Precisamos encontrar, com urgência, locais o menos caros possíveis.": incorreto, pelas mesmas razões expostas na opção "b". A construção correta, portanto, seria: "Precisamos encontrar, com urgência, locais o menos caros possível.".

Capítulo 3 – O texto

QUESTÃO 1:
Gabarito: **a**
a) **Persuadir é mais do que convencer alguém.**
b) Convencer é mostrar que há apenas uma verdade.
c) Convencer é ser capaz de fazer alguém mudar de opinião.
d) Persuadir é fazer alguém chegar à compreensão de seu ponto de vista.

COMENTÁRIOS:
Convencer e persuadir são diferentes, pois podemos ser convincentes, sem sermos persuasivos, mas, para sermos persuasivos, necessariamente, seremos convincentes.

QUESTÃO 2:
Gabarito: **c**
a) Consultar fontes específicas.
b) Interagir com outros especialistas.
c) Buscar escrever sobre temas novos.
d) Conhecer, previamente, o perfil de nosso interlocutor.

COMENTÁRIOS:
Para elaborarmos eficientemente nosso texto, podemos contar com três procedimentos:
- interagir com outros especialistas, ou seja, trocar informações e experiências com os que já se envolveram com questões semelhantes;
- consultar fontes específicas e fundamentar, teoricamente, nosso texto em busca de reforço para nossa argumentação; e
- conhecer, previamente, o perfil de nosso interlocutor, o que significa saber, exatamente, para que tipo de plateia estaremos escrevendo, contemplando grau de escolaridade, cultura, motivações, etc.

QUESTÃO 3:
Gabarito: **c**
a) Focalização.
b) Informatividade.
c) Intertextualidade.
d) Argumentatividade.

COMENTÁRIOS:
A coerência de um texto pode ser prejudicada não apenas em função da lógica das informações enunciadas como também em virtude da adequação do enunciado ao contexto. Entre os chamados fatores de contextualização, estão a focalização, a informatividade, a argumentatividade e a intertex-

tualidade. Na peça publicitária apresentada, não há dificuldade de reconhecimento do foco da mensagem, que é dar destaque a um dos produtos do estabelecimento (o coentro). O grau de informatividade e de argumentatividade do texto — que é muito pouco informativo ou argumentativo — também não é um obstáculo para a comunicação. O que realmente prejudicaria o alcance da intenção comunicativa da peça seria a falta de reconhecimento pelo receptor das referências intertextuais nela previstas, no caso, a menção a elementos do famoso filme de Victor Fleming, "E o vento levou", a partir do qual se constrói o valor humorístico da peça, seja por meio de uma famosa imagem do filme, na qual a atriz principal é substituída por um coentro, bem como do novo título apresentado: "E o coentro levou".

QUESTÃO 4:

Gabarito: **a**

a) Conexão.
b) Inferência.
c) Justaposição.
d) Marcação textual.

COMENTÁRIOS:

A coesão pode ser estabelecida por diversos mecanismos, como remissão, inferência, marcação textual, justaposição, conexão. A conexão é obtida a partir da utilização de conectores gramaticais.

No texto do enunciado, temos marcados os conectores de tempo e proporcionalidade.

QUESTÃO 5:

Gabarito: **a**

a) 1 — 1 — 2 — 2
b) 2 — 2 — 1 — 1
d) 2 — 2 — 2 — 2
c) 1 — 2 — 1 — 1

COMENTÁRIOS:

( ) "Pare de implicar comigo!": correto. O verbo "implicar", quando significa "ser implicante", exige uma preposição, no caso, "com", para completar-lhe o sentido.

( ) "Aspirei o ar perfumado das montanhas.": correto. O verbo "aspirar", quando significa "sorver o ar", não exige preposição para completar-lhe o sentido.

( ) "O deputado aspira a presidência do partido.": incorreto. O verbo "aspirar", quando significa "pretender", "almejar", exige uma preposição, no caso, "a", para completar-lhe o sentido. Essa preposição vai fundir-se ao artigo (determinante do substantivo "presidência"). A construção correta, portanto, seria: "O deputado aspira à presidência do partido.".

( ) "A atitude dele implicará em pesados encargos.": incorreto. O verbo "implicar", quando significa "acarretar", não exige preposição para completar-lhe o sentido. A construção correta, portanto, seria: "A atitude dele implicará pesados encargos.".

QUESTÃO 6:

Gabarito: **d**

a) a — a — a — à

b) à — a — a — à

c) a — à — à — a

d) a — à — a — à

COMENTÁRIOS:

1) "Paguei a consulta à médica.": o verbo "pagar", quando se refere ao que se paga (= objeto, coisa), não exige preposição para completar-lhe o sentido; em relação a quem se paga (= pessoa), exige uma preposição, no caso, "a", para completar-lhe o sentido. Essa preposição vai fundir-se ao artigo (determinante do substantivo "médica") e, dessa forma, temos que: "paguei a consulta" (o "a" determinante de consulta é um artigo) + "paguei a" + "a médica" = "paguei à médica", ou seja, "paguei a consulta à médica".

2) "O juiz perdoou a afronta à ré.": o verbo "perdoar", quando se refere ao que se perdoa (= objeto, coisa), não exige preposição para completar-lhe o sentido; em relação a quem se perdoa (= pessoa), exige uma preposição, no caso, "a", para completar-lhe o sentido. Essa preposição vai fundir-se ao artigo (determinante do substantivo "ré") e, dessa forma, temos que: "perdoou a afronta" (o "a" determinante de"afronta" é um artigo) + "perdoou a" + "a ré" = "perdoou à ré", ou seja, "perdoou a afronta à ré".

QUESTÃO 7:

Gabarito: **a**

a) o — o — ao

b) ao — o — o

c) o — ao — ao

d) ao — ao — o

COMENTÁRIOS:

1) "Decidido, visou o pássaro.": o verbo "visar", quando significa "mirar" ou "dar o visto", não exige preposição para completar-lhe o sentido. Dessa forma, temos: "visou (= mirou) o pássaro" e "visou (= deu o visto) o passaporte".
2) "O funcionário visou o passaporte": a justificativa é a mesma que a utilizada no item "1".
3) "Ela visa ao melhor cargo da empresa.": o verbo "visar", quando significa "pretender", "almejar", exige uma preposição, no caso, "a", para completar-lhe o sentido. Essa preposição vai fundir-se ao artigo (determinante do substantivo "cargo"); dessa forma, temos que: "visa a" + "o melhor cargo" = "visa ao melhor cargo".

Atenção! O fato de um verbo significar outro não quer dizer que ambos tenham a mesma regência; observe: "visou o passaporte", mas "deu o visto no passaporte".

QUESTÃO 8:

Gabarito: **c**

a) Por ambos os personagens.

b) Por nenhum dos dois personagens.

c) Apenas pela personagem feminina.

d) Apenas pelo personagem masculino.

COMENTÁRIOS:

O verbo "assistir", no sentido de ajudar, não exige complemento regido de preposição obrigatória, que é justamente o caso da primeira construção apresentada: "Você **tem assistido** muito bem **esta empresa**". Contudo, no sentido de "ver", o verbo "assistir" demanda complemento obrigatoriamente regido de preposição "a". Assim, segundo a norma culta, a segunda construção está incorreta, pois deveria ser: "**Assisti a um palestrante** em um *webinar* nesta semana [...]".

QUESTÃO 9:

Gabarito: **d**

COMENTÁRIOS:

a) "fiz" + "as" = "fi-las": correto. Quando a forma verbal termina em "-r", "-s" ou "-z" — o que é o caso de "fiz" e "entender" —, os pronomes ganham um "-l" inicial. Dessa forma, estão corretas as formas "fi-las" e "entendê-los".

b) "põe" + "as" = "põe-nas": correto. Quando a forma verbal termina em "-ão", "-õe", "-am" e "-em" — o que ocorre com "põe" —, a forma pronominal ganha um "-n" inicial. Desse modo, a construção "põe-nas" também está correta.

c) "entender" + "os" = "entendê-los": correto, pela mesma justificativa apontada na opção "a".

d) "comprou" + "os" = "comprou-nos": incorreto. Visto que a forma verbal não termina em "-ão", "-õe", "-am" e "-em", a construção com o pronome átono "os" de 3ª pessoa do plural deveria ser "comprou -os". No caso, a forma "comprou-nos" mostra a junção do verbo com o pronome átono de 1ª pessoa do plural.

QUESTÃO 10:

Gabarito: **b**

a) a — o — o — os

b) a — o — ao — os

c) da —ao — o — dos

d) da — ao — ao — dos

COMENTÁRIOS:

1) "Lembrei a cena da novela!"/"Esqueci os problemas que me perseguiam.": os verbos "lembrar" e "esquecer" não exigem preposição para completar-lhes o sentido. Dessa forma, temos: "lembrei a cena" e "esqueci os problemas"; entretanto, se ambos forem pronominais, demandarão preposições obrigatórias. Desse modo, temos: "lembrei-me da cena" e "esqueci-me dos problemas".

2) "O médico assistiu o doente.": o verbo "assistir", quando significa "dar assistência", não exige uma preposição, no caso, "a", para completar-lhe o sentido. Dessa forma, temos: "assistiu" + "o doente" = "assistiu o doente".

3) "O delegado procedeu ao inquérito.": o verbo "proceder", quando significa "dar início", exige uma preposição, no caso, "a", para completar-lhe o sentido. Dessa forma, temos que: "procedeu a" + "o inquérito" = "procedeu ao inquérito".
4) "Esqueci os problemas que me perseguiam.": conferir o comentário "1".

QUESTÃO 11:
Gabarito: **a**

COMENTÁRIOS:

a) "Ao rapaz Pedro observava atentamente.": a preposição existe para evitar ambiguidade na construção em virtude da inversão dos termos da oração — "Pedro observava atentamente o rapaz.". É preciso notar que o verbo "observar" não demanda complemento regido de preposição.

b) "Ao trabalho todos costumavam chegar cedo.": a preposição "a" introduz complemento por exigência do verbo "chegar".

c) "As pessoas visavam aos melhores resultados.": a preposição "a" introduz complemento por exigência do verbo "visar" no sentido de "almejar".

d) "Preferíamos o excesso de trabalho aos períodos sem nada para fazer.": a preposição "a" introduz complemento por exigência do verbo "preferir" — "alguém prefere uma coisa a outra".

QUESTÃO 12:
Gabarito: **b**

a) -a, -lhes, o, o
b) -a, -lhes, lhe, o
c) a ela, -lhes, o, lhe
d) a ela, -lhes, lhe, lhe

COMENTÁRIOS:

1) "Você pagou a dívida? Sim, paguei-a.": o verbo "pagar", no exemplo, pede complemento de coisa a ser paga — "a dívida" —, não preposicionado, que, dessa forma, pode ser substituído pelo pronome átono "a".
2) "Isto pertence a seus pais? Sim, pertence-lhes.": o verbo "pertencer" pede complemento de pessoa regido de preposição obrigatória — "a

seus pais" —, que pode ser substituído pelo pronome átono "lhes" ou pelo pronome tônico "a eles".

3) "Você pagou ao cobrador? Não, ainda não lhe paguei.": o verbo "pagar", no exemplo, pede complemento de pessoa a ser paga — "o cobrador" —, regido de preposição obrigatória, que deve ser substituído pelo pronome átono "lhe" ou pelo pronome tônico "a ele".
4) "Você ama este rapaz? Não tenho certeza de que o ame.": o verbo "amar" exige complemento sem preposição obrigatória, no caso, o pronome "o".

QUESTÃO 13:

Gabarito: **d**

a) de cuja obra — cuja obra — cuja obra — cuja obra
b) cuja obra — de cuja obra — cuja obra — a cuja obra
c) cuja obra — em cuja obra — por cuja obra — cuja obra
d) de cuja obra — em cuja obra — por cuja obra — a cuja obra

COMENTÁRIOS:

1) "Falamos sobre o autor de cuja obra gosto.": o verbo "gostar" exige complemento regido de preposição "de" obrigatória. Temos, no período exemplificado, duas orações: "Falamos sobre o autor." + "Gosto da (de + a) obra do autor.". Dessa forma, se, quando construímos a oração "Gosto da obra do autor.", utilizamos a preposição "de", devemos mantê-la quando da utilização do pronome relativo para evitar a repetição do termo "o autor" na segunda oração: "Falamos sobre o autor de cuja obra gosto.".
2) "Falamos sobre o autor em cuja obra acredito.": o verbo "acreditar" exige complemento regido de preposição "em" obrigatória. Temos, no período exemplificado, duas orações: "Falamos sobre o autor." + "Acredito na (em + a) obra do autor.". Dessa forma, se, quando construímos a oração "Acredito na obra do autor", utilizamos a preposição "em", devemos mantê-la quando da utilização do pronome relativo para evitar a repetição do termo "o autor" na segunda oração: "Falamos sobre o autor em cuja obra acredito.".
3) "Falamos sobre o autor por cuja obra procuro.": o verbo "procurar" pode ser construído ou não com complemento regido de preposição "por". No primeiro caso, teríamos complementos regidos pela preposição "por", no segundo, a mesma construção do verbo "conhecer" — sem preposição. Te-

mos, no período exemplificado, duas orações: "Falamos sobre o autor." + "Procuro pela (ou simplesmente a) obra do autor.". Dessa forma, se, quando construímos a oração "Procuro pela obra do autor.", utilizamos a preposição "por", devemos mantê-la quando da utilização do pronome relativo para evitar a repetição do termo "o autor" na segunda oração: "Falamos sobre o autor por cuja obra procuro.". Se, contudo, optássemos pela segunda construção, não teríamos um complemento preposicionado: "Falamos sobre o autor cuja obra procuro.". As duas construções estão corretas.

4) "Falamos sobre o autor a cuja obra me refiro.": o verbo "referir-se"— pronominal — exige complemento regido de preposição "a" obrigatória. Temos, no período exemplificado, duas orações: "Falamos sobre o autor." + "Refiro-me à (a + a) obra do autor.". Dessa forma, se, quando construímos a oração "Refiro-me à obra do autor.", utilizamos a preposição "a", devemos mantê-la quando da utilização do pronome relativo para evitar a repetição do termo "o autor" na segunda oração: "Falamos sobre o autor a cuja obra me refiro.".

Em todos os exemplos analisados, é preciso, ainda, atentar para o fato de que a concordância em gênero e número é expressa pelo pronome relativo "cuja", permanecendo a preposição invariável.

QUESTÃO 14:

Gabarito: **a**

a) aos — de — ao — à

b) a — a — para o — ao

c) com — da — para o — a

d) com os — da — ao — ao

COMENTÁRIOS:

1) "Ser fiel aos amigos é uma arte.": o adjetivo "fiel", na frase em questão, exige uma preposição, no caso, "a", para completar-lhe o sentido. Dessa forma, temos "fiel a"+ "os amigos" = "fiel aos amigos".
2) "Você é indigno de minha amizade.": o adjetivo "indigno", na frase em questão, exige uma preposição, no caso, "de", para completar-lhe o sentido. Dessa forma, temos "indigno de" + "minha amizade" = "indigno de minha amizade"; entretanto, não devemos nos esquecer de que o artigo definido é facultativo quando usado antes dos possessivos. Desse

modo, também poderemos ter "indigno de" + "a minha amizade" = "indigno da minha amizade".

3) "O trabalho em excesso é prejudicial ao coração.": o adjetivo "prejudicial", na frase em questão, exige uma preposição, no caso, "a", para completar-lhe o sentido. Dessa forma, temos "prejudicial a" + "o coração" = "prejudicial ao coração".
4) "Os médicos dizem que o vinho é útil à saúde.": o adjetivo "útil", na frase em questão, exige uma preposição, no caso, "a" ou "para", para completar-lhe o sentido. Dessa forma, temos "útil a/para" + "a saúde" = "útil à saúde" ou "útil para a saúde".

QUESTÃO 15:

Gabarito: **c**

a) de — a
b) em — com
c) **acerca de — a**
d) por causa de — de

COMENTÁRIO:

Além da preposição "sobre", o substantivo "dúvida" admite complemento regido pela locução prepositiva "acerca de" e pela preposição "em". No caso de "ojeriza", as preposições aceitáveis são "por" e "a", segundo a variedade culta da língua. O uso da locução *por causa de* junto ao substantivo "dúvidas" alteraria o sentido da construção, pois tornaria o substantivo intransitivo, introduzindo, junto a ele, circunstância de causa.

QUESTÃO 16:

Gabarito: **c**

a) a — à — à
b) de — à — a
c) a — na — da
d) de — da — da

COMENTÁRIOS:

No período "Alheia a todos os riscos, a seção estava segura na decisão que havia sido tomada e acreditava estar próxima da resolução dos conflitos.", temos que o adjetivo "alheia" demanda complemento regido de preposição "a"; o adjetivo "segura" exige complemento regido de preposição "em" ou "de", e o adjetivo "próxima" requer complementação regida de preposição "de" ou "a".

QUESTÃO 17:

Gabarito: **b**

COMENTÁRIOS:

a) "Não fazemos entregas a domicílio.": incorreto. A preposição "a" indica aproximação. Dessa forma, em "Não fazemos entregas a domicílio.", temos um erro de regência, pois as entregas não são realizadas em um local próximo à residência, mas na própria residência, o que demanda o uso da preposição "em". A construção correta, portanto, seria: "Não fazemos entregas em domicílio.".

b) **"Responderei a todas as dúvidas apresentadas.": correto. O verbo "responder" exige complemento regido, obrigatoriamente, da preposição "a".**

c) "O curso será oferecido a nível de pós-graduação.": incorreto. Também neste caso, a preposição "a" indica aproximação. Dessa forma, em "O curso será oferecido a nível de pós-graduação.", temos um erro de regência, pois o curso se enquadra "em" um nível específico, e não se aproxima dele. Desse modo, a construção correta seria: "O curso será oferecido em nível de pós-graduação.".

d) "Eles não residem mais à rua Jornalista Orlando Dantas.": incorreto. Neste caso, a preposição "a" indica aproximação. Dessa forma, em "Eles não residem mais à rua Jornalista Orlando Dantas.", temos um erro de regência, pois a residência não é próxima à rua Jornalista Orlando Dantas, mas nesse mesmo lugar. Desse modo, a construção correta seria: "Eles não residem mais na rua Jornalista Orlando Dantas.".

QUESTÃO 18:

Gabarito: **a**

a) **O respeito do diretor era grande.**

b) O respeito às leis é dever de todo cidadão.

c) No trabalho, o respeito para com os colegas é fundamental.

d) Encontraram no respeito por seus valores a solução de seus problemas.

COMENTÁRIOS:

Em "O respeito do diretor era grande.", o uso da preposição gera ambiguidade, pois a construção não deixa claro se o diretor é a pessoa que sente respeito (por algo ou alguém não expresso na frase) ou se ele é o objeto do respeito de uma terceira pessoa.

QUESTÃO 19:

Gabarito: **d**

a) por — à

b) por — a

c) para — à

d) a — para a

COMENTÁRIOS:

O adjetivo "compreensível" exige complemento regido de preposição "a". Já o adjetivo "impróprio" pede complementação regida de preposição "para".

QUESTÃO 20:

Gabarito: **d**

a) A regência correta seria, exclusivamente, "devoção a".

b) A regência correta seria, exclusivamente, "devoção por".

c) A regência correta seria, exclusivamente, "devoção para com".

d) A regência está correta, e o adjetivo prevê ainda complementação com as preposições "a" ou "por".

COMENTÁRIOS:

Alguns nomes podem ser utilizados com complementos regidos de diferentes preposições. É o caso do substantivo "devoção", que prevê complementos regidos pelas preposições "a", "para com" ou "por".

Capítulo 4 – Modelos de escrita técnica

QUESTÃO 1:

Gabarito: **d**

(a) Constituir o livro de atas da empresa.

(b) Aprovar as decisões tomadas nas reuniões.

(c) Registrar o quórum das reuniões da empresa.
(d) Registrar a memória das reuniões ocorridas na empresa.

COMENTÁRIOS:
A ata é o registro fidedigno de tudo o que ocorre em uma reunião, incluindo o quórum, a data, a duração e todas as falas e ocorrências. Dessa forma, a ata é a memória das reuniões de uma empresa ou de um grupo que dela lançam mão.

QUESTÃO 2:
Gabarito: **c**
a) A circular tem sempre um caráter assertivo, de ordem expressa, enquanto o memorando veicula mensagens de aviso.
b) A circular é sempre enviada a diversos setores e pessoas, enquanto o memorando é sempre interno, dirigindo-se a uma pessoa especificamente.
c) A circular veicula orientações e esclarecimentos, ao passo que o memorando é utilizado para mensagens mais breves e menos formais, como pedidos e consultas.
d) A circular é documento oficial, escrita em papel timbrado, e o memorando, por sua vez, é documento extraoficial, que prescinde da identificação oficial da empresa por meio de timbres ou logos.

COMENTÁRIOS:
Tanto a circular quanto o memorando são documentos oficiais, dirigidos a diferentes e numerosos destinatários, de acordo com o assunto tratado. A diferença é que a circular, mais longa e mais formal, traz orientações, ordens e esclarecimentos, enquanto o memorando, menos formal, traz mensagens mais curtas, com o caráter de consulta ou solicitação.

QUESTÃO 3:
Gabarito: **b**
a) informar o cliente, buscando impressioná-lo.
b) informar o cliente, demonstrando cortesia e credibilidade.
c) convencer o cliente, a partir da descrição detalhada da missão e da visão da empresa.

d) impressionar o cliente, ao utilizar um tom cortês e demonstrar conhecimento das metas da empresa.

COMENTÁRIOS:
A carta comercial expressa o contato entre empresas, e entre empresas e clientes. Ela deve ser informativa, passando ao leitor credibilidade e alinhamento com as metas e características da empresa.

QUESTÃO 4:
Gabarito: **a**

a) geral;
b) pública;
c) especial;
d) particular.

COMENTÁRIOS:
A procuração pode ser:

- especial — especifica os poderes do outorgado;
- particular — não necessita de registro em livro de notas;
- pública — registrada em cartório;
- geral — dá ao outorgado plenos poderes.

QUESTÃO 5:
Gabarito: **b**

a) O regimento é um documento interno, que lida com direitos e deveres dentro da empresa; o regulamento é utilizado na realização de concursos.
b) O regimento é um conjunto de regras que determina direitos e deveres; já o regulamento estabelece como as regras devem ser cumpridas.
c) O regimento é um documento oficial, reconhecido pela empresa; o regulamento é informal e tem como objetivo esclarecer as regras veiculadas no regimento.
d) O regimento e o regulamento possuem a mesma finalidade: elencar regras de comportamento e fazer conhecer os direitos e deveres de todos os componentes de um grupo.

COMENTÁRIOS:
Embora comumente confundidos, regimento e regulamento possuem funções diferentes. O primeiro veicula uma série de informações sobre direitos

e deveres dos componentes da empresa ou do grupo. Essas informações são gerais e se aplicam a todas as situações.

O regulamento, por sua vez, explicita a forma como determinadas regras devem ser cumpridas e pode ser adaptado a determinadas situações, não sendo, portanto, necessariamente, de caráter geral.

QUESTÃO 6:

Gabarito: **b**

a) nota de diplomata;
b) desligamento de função;
c) confirmação de resolução;
d) correspondência entre a alta chefia da empresa.

COMENTÁRIOS:

O desligamento de função é comunicado por meio da carta particular, especificamente com essa finalidade, de modo objetivo e sucinto. A carta oficial é utilizada eminentemente para comunicação oficial:

- ratificação ou retificação de resoluções governamentais;
- notas de diplomatas; e
- correspondência social da alta chefia da empresa.

QUESTÃO 7:

Gabarito: **d**

COMENTÁRIOS:

a) dólar — ítens — tórax — hífen: incorreto. Não acentuamos, graficamente, as paroxítonas terminadas em "-ens"; portanto, as formas corretas são: "dólar", "itens", "tórax" e "hífen".
b) táxi — taxis — fórum — bônus: incorreto. As paroxítonas terminadas em "i(s)", "um (uns)", "us" levam acento gráfico; portanto, as formas corretas são: "táxi", "táxis", "fórum" e "bônus".
c) secretária — secretaría — úteis — decência: incorreto. Com exceção de "secretaria" (se-cre-ta-ri-a), todas as paroxítonas da opção terminam em ditongo e, por isso, são acentuadas graficamente; portanto, as formas corretas são: "secretária", "secretaria", "úteis" e "decência".

d) **paranoia — apoio — estreia — ideia: correto. Os ditongos abertos “ei” e “oi” não são mais acentuados graficamente.**

QUESTÃO 8:
Gabarito: **a**

COMENTÁRIOS:

a) **será — você — freguês — cipó: correto. Todas as oxítonas terminadas em “a”, “e”, “o” são acentuadas graficamente.**
b) dividí — destruí — baú — saí: incorreto. Não acentuamos, graficamente, as oxítonas terminadas em “i” ou “u”, a menos que essas letras constituam hiato com a vogal anterior, sem serem seguidas por “nh” e sem formarem sílaba com letra que não seja “s”; portanto, as formas corretas são: “dividi”, “destruí”, “baú” e “saí”.
c) elogiá-la — vendê-los — partí-lo — compô-las: incorreto. As formas verbais seguidas de “-lo”, “-los”, “-la”, “-las” seguem a mesma regra das oxítonas terminadas em “a”, “e”, “o”; portanto, as formas corretas são: “elogiá-la”, “vendê-los”, “parti-lo” e “compô-las”.
d) armazém — contém (3ª pessoa do singular) — deténs — detém (3ª pessoa do plural): incorreto. Acentuamos todas as oxítonas terminadas em “em” ou “ens”. Nos compostos do verbo “ter”, a 3ª pessoa do plural recebe sempre acento circunflexo, e não agudo; portanto, as formas corretas são: “armazém”, “contém”, “deténs” e “detêm”.

QUESTÃO 9:
Gabarito: **d**

COMENTÁRIOS:

a) esplêndido — umido — estômago — pálido: incorreto. Todas as proparoxítonas são acentuadas graficamente; portanto, as formas corretas são: “esplêndido”, “úmido”, “estômago” e “pálido”.
b) público — fêmea — area — desânimo (substantivo): incorreto. Todas as proparoxítonas são acentuadas graficamente; portanto, as formas corretas são: “público”, “fêmea”, “área” e “desânimo”.

c) rapido — término (substantivo) — números — lógica: incorreto. Todas as proparoxítonas são acentuadas graficamente; portanto, as formas corretas são: "rápido", "término", "números" e "lógica".
d) fôssemos — discutíamos — falávamos — construíramos: correto. Todas as formas verbais apresentadas são proparoxítonas e, por isso, devem ser acentuadas graficamente.

QUESTÃO 10:
Gabarito: **d**

COMENTÁRIOS:
a) dô (de + o) — pó — há — hás: incorreto. "Do" ("de" + "o") não é monossílabo tônico e, por isso, não deve ser acentuado; portanto, as formas corretas são: "do", "pó", "há" e "hás".
b) véu — dói — têu — réis (moeda): incorreto. Nos monossílabos, apenas os ditongos abertos "ei", "eu" e "oi" são acentuados graficamente; portanto, as formas corretas são: "véu", "dói", "teu" e "réis".
c) pá — más (adjetivo) — dô (de + o) — fez: incorreto. Apenas os monossílabos tônicos terminados em "a", "e", "o", seguidos ou não de "s", levam acento gráfico; portanto, as formas corretas são: "pá", "más", "do" e "fez".
d) pés — dó (igual a "piedade") — mês — pôs: correto. Todas as opções correspondem a monossílabos tônicos terminados em "a", "e", "o", seguidos ou não de "s".

QUESTÃO 11:
Gabarito: **c**

COMENTÁRIOS:
a) chapéu — céus — atêu — réu: incorreto. Acentuamos o ditongo aberto "éu", seguido ou não de "s", nas oxítonas. Em "ateu", temos um ditongo fechado, portanto, as formas corretas são: "chapéu", "céus", "ateu" e "réu".
b) areia — jôio — comeu — anzóis: incorreto. Acentuamos os ditongos abertos "ei", "eu" e "oi", seguidos ou não de "s", nas oxítonas. Em "areia" e "joio", temos um ditongo fechado, e as palavras são paroxítonas. Em

"comeu", temos um ditongo fechado em uma oxítona. As formas corretas, portanto, são: "areia", "joio", "comeu" e "anzóis".

c) **herói — Niterói — corrói — destrói: correto. Acentuamos o ditongo aberto "oi" nas oxítonas.**

d) estreio — odisséia — idéia — epopeia: incorreto. Os ditongos abertos "ei" e "oi" das palavras paroxítonas não são mais acentuados; portanto, as formas corretas são: "estreio", "odisseia", "ideia" e "epopeia".

QUESTÃO 12:
Gabarito: **d**

COMENTÁRIOS:

a) saíu — reúne — saída — país: incorreto. Acentuamos o "i" e o "u" que formam hiato com a vogal anterior, formando sílaba sozinhos ou com "s" e não seguidos de "nh". Em "saiu", temos um ditongo, e não um hiato; portanto, as formas corretas são: "saiu", "reúne", "saída" e "país".

b) egoísta — raínha — caí — moinho: incorreto. Acentuamos o "i" e o "u" que formam hiato com a vogal anterior, formando sílaba sozinhos ou com "s" e não seguidos de "nh". Em "rainha" e em "moinho", o "i" vem seguido de "nh"; portanto, as formas corretas são: "egoísta", "rainha", "caí" e "moinho".

c) saúde — ruím — sairmos — uísque: incorreto. Acentuamos o "i" e o "u" que formam hiato com a vogal anterior, formando sílaba sozinhos ou com "s" e não seguidos de "nh". Em "ruim", o "i" forma sílaba com "m", e não com "s", e, em "sairmos", o "i" forma sílaba com "r"; portanto, as formas corretas são: "saúde", "ruim", "sairmos" e "uísque".

d) **juízo — saímos — proíbem — influí: correto. Acentuamos o "i" e o "u" que formam hiato com a vogal anterior, formando sílaba sozinhos ou com "s" e não seguidos de "nh".**

QUESTÃO 13:
Gabarito: **a**

COMENTÁRIOS:

a) **Vê-se — últimos — imprescindíveis — máxima — urgência — papéis — necessários.**

b) Vê-se — últimos — imprescindíveis — vêm — máxima — urgência — papéis — necessários.
c) Vê-se — últimos — imprescindíveis — vém — máxima — urgência — papéis — necessários.
d) Vê-se — últimos — imprescindíveis — vêm — máxima — urgência — papéis — necessários — ítens.

"Vê-se" é uma oxítona terminada em "e"; "últimos" é uma proparoxítona; "imprescindíveis" é uma paroxítona terminada em ditongo; "máxima" é uma proparoxítona; "urgência" é uma paroxítona terminada em ditongo; "papéis" é uma oxítona terminada em um ditongo aberto "ei" e "necessários" é uma paroxítona terminada em ditongo; por isso, todas são acentuadas graficamente. "Vem" encontra-se na 3ª pessoa do singular e, portanto, não leva acento gráfico. "Itens" não leva acento gráfico porque não acentuamos paroxítonas terminadas em "ens".

QUESTÃO 14:

Gabarito: **a**

a) 1 — 2 — 2 — 1
b) 2 — 2 — 1 — 1
c) 1 — 2 — 1 — 1
d) 2 — 2 — 2 — 2

COMENTÁRIOS:

( ) "Obedeça às leis de trânsito.": correto. O verbo "obedecer" exige a presença de uma preposição "a" ("obedeça a"), que irá fundir-se com o artigo definido determinante do substantivo "leis" ("obedeça a" + "as leis" = "obedeça às leis").

( ) "O álcool é prejudicial a saúde.": incorreto. O adjetivo "prejudicial" exige preposição "a" ("prejudicial a") para completar-lhe o sentido; a preposição "a" deverá fundir-se ao artigo definido determinante do substantivo "saúde" ("a saúde"); portanto, a frase correta é: "O álcool é prejudicial à saúde.".

( ) "Daqui à alguns anos, estarei formado.": incorreto. "Daqui a alguns anos" indica futuro; a expressão exige tão somente a preposição "a"; além disso, para que haja o fenômeno da crase, é preciso a fusão com o artigo "a", e não tem sentido um artigo definido funcionar como determinante de um pronome indefinido ("alguns"); portanto, a frase correta é: "Daqui a alguns anos, estarei formado.".

( ) "Anexa àquela bagagem, havia uma carta.": correto. "Anexa a" ("a" = preposição) + "aquela" = "Anexa àquela". Assim, haverá fusão da preposição "a", exigida pelo adjetivo "anexa", com o "a" inicial de "aquela", fato que resultará no fenômeno da crase.

QUESTÃO 15:

Gabarito: **a**

COMENTÁRIOS:

a) "Todos se referiram à mesma opção.": correto. "Todos se referiram a" + "a mesma" = "Todos se referiram à mesma". Haverá fusão da preposição "a", exigida pelo verbo "referir-se", com o artigo definido "a" que antecede "mesma", fato que resultará no fenômeno da crase.

b) "A equipe se dedicou à todas as tarefas.": incorreto. O verbo "dedicar-se" exige preposição "a" ("dedicar-se a"); contudo, o pronome indefinido "todas" não pode ser determinado por artigo definido; portanto, a frase correta é: "A equipe se dedicou a todas as tarefas.".

c) "As pessoas respeitam à suas próprias leis.": incorreto. O verbo "respeitar" não exige preposição "a" em seu complemento obrigatório; além disso, o pronome "suas" é plural, o que exigiria um artigo plural "as", e não singular "a"; portanto, a frase correta é: "As pessoas respeitam a suas próprias leis.".

d) "Nunca se obedeceu aqui à mais de uma regra.": incorreto. O verbo "obedecer" exige preposição "a" ("obedecer a") para completar-lhe o sentido; contudo, o advérbio "mais" não é determinado por artigo definido "a"; portanto, a frase correta é: "Nunca se obedeceu aqui a mais de uma regra.".

QUESTÃO 16:

Gabarito: **b**

a) à — a — à — a

b) a — à — a — a

c) à — à — à — a

d) a — a — à — à

COMENTÁRIOS:

- "Esta é a casa a qual conheço.": no caso dessa frase, devemos observar que o verbo "conhecer" não exige preposição; se não há preposição, não pode haver fusão; logo, o "a" antes do relativo "qual" é apenas o artigo definido que precede o relativo.
- "Esta é a carta à qual me referi.": o raciocínio aqui é idêntico ao da opção "a"; contudo, há uma informação a mais: agora, estamos trabalhando com o relativo "qual"; este, por seu turno, é precedido de artigo definido ("a qual"); na frase em questão, teremos, então, a fusão da preposição "a" (exigida por "referir-se") com o artigo definido "a" (de "a qual").
- "Esta é a revista a que me referi.": primeiramente, precisamos observar a regência do verbo, no caso, "referir-se"; precisamos notar que nos referimos a alguma coisa ou a alguém; portanto, esse verbo exige preposição "a"; basta, pois, que a ponhamos antes do relativo "que", que não pode ser determinado por artigo.
- "Esta é a moça com a qual estudei no primário.". Se pusermos essa frase na ordem direta, teremos "Estudei com esta moça no primário."; devemos observar que a preposição exigida no contexto da frase é a preposição "com", que, aliás, já está presente; portanto, não há preposição "a"; se não há preposição, não pode haver fusão; logo, o "a" antes do relativo "qual" é apenas o artigo definido que precede o relativo.

QUESTÃO 17:

Gabarito: **b**

COMENTÁRIOS:

a) "A anos que o conheço.": incorreto. "Há anos" indica tempo decorrido e, assim, temos de usar o impessoal "haver", portanto, a frase correta é: "Há anos que o conheço.".

b) "A festa estará animada.": correto. O "a" antes de "festa" é o artigo definido determinante do substantivo.

c) "Daqui há pouco, vai escurecer.": incorreto. "Daqui a pouco" indica futuro próximo; a expressão exige tão somente a preposição "a" para darlhe sentido; portanto, a frase correta é: "Daqui a pouco, vai escurecer.".

d) "Já está na hora de apagarmos às velas do bolo!": incorreto. O verbo "apagar" não exige preposição "a" para que possa haver qualquer fusão com o artigo definido "as", determinante de "velas"; portanto, a frase correta é: "Já está na hora de apagarmos as velas do bolo!".

QUESTÃO 18:
Gabarito: **c**

COMENTÁRIOS:
a) "Na certa, não se deu a devida atenção àquele pronunciamento.": correto. O verbo "dar" exige dois complementos: um sem preposição (a coisa dada) e outro regido de preposição "a" obrigatória (a pessoa a quem se dá). A construção, portanto, está correta, já que, da junção de "a" + "aquele", ocorre a fusão em "àquele".
b) "Dava-se àquilo mais importância do que, de fato, era necessário.": correto. O verbo "dar" exige dois complementos — um sem preposição (a coisa dada) e outro regido de preposição "a" obrigatória (a pessoa a quem se dá). A construção, portanto, está correta, já que, da junção de "a" + "aquilo", ocorre a fusão em "àquilo".
c) "Na empresa, todos já haviam esquecido àqueles dias de dificuldade.": incorreto. O verbo "esquecer" não exige preposição "a"; portanto, a construção correta seria: "Na empresa, todos já haviam esquecido aqueles dias de dificuldade.".
d) "De todas as queixas, a comissão atendia às que pareciam ser mais urgentes.": correto. O verbo "atender" exige complemento regido de preposição obrigatória "a" que se funde, portanto, com o demonstrativo "as", que corresponde a "aquelas" em: "De todas as queixas, a comissão atendia às (= àquelas) que pareciam ser mais urgentes.".

QUESTÃO 19:
Gabarito: **d**

COMENTÁRIOS:
a) "Dedico-me a sua filha porque gosto de crianças.": correto. No caso da frase em questão, o produtor do texto optou por não usar o artigo antes

do possessivo; dessa forma, o "a" que aparece na frase é tão somente a preposição exigida pelo verbo "dedicar-se".

b) "Dedico-me à sua filha porque disponho de tempo.": correto. O verbo "dedicar-se" exige a presença da preposição "a" para completar-lhe o sentido; dessa forma, temos: "dedico-me a alguém ou a alguma coisa"; por outro lado, o possessivo "sua" pode aparecer em uma frase precedido — ou não — de artigo definido; vejamos: "A sua televisão é linda." ou, então, "Sua televisão é linda.". Desse modo, podemos afirmar que a presença ou não do artigo definido depende de nossa preferência no contexto da frase; isso é o mesmo que dizer que o fenômeno da crase poderá ou não acontecer, pois a preposição, de qualquer maneira, estará lá, mas o artigo não necessariamente. Temos aqui, portanto, um emprego facultativo do acento grave indicador do fenômeno da crase.

c) "Dedico-me à minha tia porque ela não tem ninguém.": correto. O possessivo "minha" tem situação idêntica à do possessivo "sua", uma vez que é possível usá-lo com ou sem um artigo definido que o preceda; vejamos: "Minha situação está melhorando." ou, então, "A minha situação está melhorando.". Dessa forma, o produtor do texto optou por não usar o artigo antes do possessivo; logo, o "a" que aparece na frase é tão somente a preposição exigida pelo verbo "dedicar-se".

d) "Dedico-me à pescar porque não tive grandes oportunidades na vida.": incorreto. No caso dessa frase, não pode haver o fenômeno da crase, já que não há nenhuma fusão; é de se notar que "pescar" é uma forma verbal no infinitivo e, como sabemos, artigo é determinante de substantivo, não de verbo; logo, o "a" que aparece na frase é tão somente a preposição "a" exigida pelo verbo "dedicar-se". A frase correta, portanto, seria: "Dedico-me a pescar porque não tive grandes oportunidades na vida.".

QUESTÃO 20:
Gabarito: **a**

COMENTÁRIOS:

a) "O ensino à distância tem muitas vantagens.": incorreto. Em várias expressões adverbiais, a ausência de fusão leva-nos à não utilização do acento indicativo de crase, como é o caso da expressão "a distância".

b) "Comprei o carro a prazo, pois estava muito caro.": correto. Não podemos usar o acento grave diferencial antes da palavra "prazo", pois não temos o que diferenciar; devemos notar que a expressão "a prazo" significa "pagamento parcelado", e esse significado é único, não há outro previsto na língua para essa expressão; se retirarmos dela a palavra "prazo" e a utilizarmos em outro contexto qualquer, como se trata de uma palavra masculina, o artigo usado será o masculino, como, por exemplo, em "O prazo foi prorrogado.".
c) "Finalmente a tarde chegou! Tenho um compromisso urgente!": correto. Devemos notar que "a tarde" é o sujeito de "chegou"; portanto, o "a" de "a tarde" só pode ser artigo definido, já que o sujeito não pode vir preposicionado; lembremo-nos de que as expressões preposicionadas, de um modo geral, funcionam como termos determinantes, e o sujeito é um termo determinado, visto que se trata de uma função contraída por um substantivo.
d) "À tarde, chegou. Finalmente! Eu já não aguentava mais esperar!": correto. No caso dessa frase, temos que "à tarde" é uma locução adverbial e funciona como determinante de "chegou" (ele chegou "à tarde", e não "à noite", por exemplo); nesse caso, não temos o fenômeno da crase, já que não há nenhuma fusão; temos tão só o acento grave diferencial, ou seja, usado para marcar a locução adverbial e diferenciá-la de outro uso, como, por exemplo, em "A tarde morreu.", em que "a tarde" é o sujeito de "morreu".

Capítulo 5 – Comunicação digital no ambiente corporativo

QUESTÃO 1:

Gabarito: **a**

a) **Evitar ser prolixo.**
b) Descrever, detalhadamente, o assunto.
c) Esgotar o assunto em inúmeras mensagens.
d) Manter todos os destinatários copiados, até que a questão se esgote.

COMENTÁRIOS:

O *e-mail* praticamente vem substituindo a comunicação direta nas empresas. Por isso mesmo, há uma tendência a escrever, indiscriminadamente, diversos *e-mails* para resolver situações. É importante lembrar que o *e-mail* não deve substituir reuniões e contatos pessoais, nos quais é apropriado discutir, detalhadamente, as situações.

Assim, no *e-mail*, não se deve ser prolixo. Deve-se buscar objetividade e atentar para o excesso de informações e detalhes, além de poupar das mensagens destinatários que já não estejam mais envolvidos com a situação em pauta.

QUESTÃO 2:

Gabarito: **c**

a) O uso de *emoticons*.
b) A utilização de saudação de despedida.
c) A utilização de caixa alta em toda a mensagem.
d) A utilização de vocativo no início da mensagem.

COMENTÁRIOS:

Na *web*, a caixa alta replica a fala em tom de voz alto, gritos. Assim, ao utilizar a caixa alta em frases inteiras ou mesmo em toda a mensagem, estamos adotando uma atitude rude, que equivale a gritar com nosso interlocutor.

QUESTÃO 3:

Gabarito: **d**

a) Escrever mensagens longas e limitar o número de participantes.
b) Selecionar cuidadosamente imagens e expor sempre sua opinião.
c) Utilizar largamente *emoticons* e postar sempre notícias do cotidiano.
d) Criar grupos específicos e limitar as mensagens a conteúdos de trabalho.

COMENTÁRIOS:

No ambiente corporativo, as práticas relacionadas à comunicação devem estar alinhadas com as políticas da empresa, além de seguir alguns parâmetros de adequação. No uso de aplicativos como o Whatsapp, é premente seguir algumas recomendações, como criar grupos específicos de trabalho, com limite do número de participantes, e fazer postagens eminentemente relacionadas ao trabalho. Mensagens longas, uso excessivo de imagens, correntes, notícias não relacionadas ao trabalho, opinião, tudo isso deve ser evitado.

QUESTÃO 4:

Gabarito: **d**

a) Linguagem coloquial e vestimenta formal.

b) Improvisação do discurso e leituras prévias.

c) Gestão do tempo e vestimenta descontraída.

d) Planejamento das reuniões e atenção aos recursos da plataforma.

COMENTÁRIOS:

A utilização das plataformas para encontros virtuais deve levar em conta alguns pontos de atenção, para que não haja nem prejuízo da eficácia comunicativa, nem falhas de outras naturezas. Entre as recomendações que devem ser seguidas para o uso dessas plataformas, podem-se destacar a importância de elaborar uma pauta, de modo que os participantes possam estimar a duração da reunião e fazer a adequada gestão do tempo de trabalho, além do conhecimento da plataforma, de modo a utilizar seus recursos de forma satisfatória.

QUESTÃO 5:

Gabarito: **a**

a) Falso.

b) Verdadeiro.

COMENTÁRIOS:

A construção correta seria: "A infraestrutura desta empresa não reflete a autodeterminação de seus dirigentes na adoção de medidas anti-inflacionárias.". Na frase em questão, "infraestrutura" é formação em que o prefixo "infra-" termina em vogal diferente daquela que inicia o elemento que a ele se pospõe: "estrutura", caso em que não utilizamos hífen. Já "autodeterminação" encontra-se corretamente grafada, pois o falso prefixo "auto-" é seguido de elemento que começa por consoante, situação em que também não usamos o hífen. A palavra "anti-inflacionárias" necessita do hífen, visto que se trata de formação em que o prefixo "anti-" termina em vogal idêntica à que inicia o segundo elemento da composição: "inflacionárias".

QUESTÃO 6:

Gabarito: **a**

COMENTÁRIOS:

a) "cafezinho": correto. Se a palavra primitiva apresentar terminação diferente de "s" ou "z", devemos acrescentar o sufixo "-zinho(a)". Assim, "café" + "zinho" = "cafezinho".

b) "lapizinho": incorreto. Se a palavra primitiva apresentar terminação igual a "s" ou "z", devemos acrescentar o sufixo "-inho(a)". Assim, "lápis" + "inho" = "lapisinho".

c) "pirezinho": incorreto. Se a palavra primitiva apresentar terminação igual a "s" ou "z", devemos acrescentar o sufixo "-inho(a)". Assim, "pires" + "inho" = "piresinho".

d) "perdisinha": incorreto. Se a palavra primitiva apresentar terminação igual a "s" ou "z", devemos acrescentar o sufixo "-inho(a)". Assim, "perdiz" + "inha" = "perdizinha".

QUESTÃO 7:

Gabarito: **d**

COMENTÁRIOS:

A palavra "viagem", com "g", é um substantivo; com "j", trata-se de uma forma verbal, mais precisamente, a 3ª pessoa do plural do presente do subjuntivo: "(que) eles viajem":

a) "Viajem? Agora? Não creio que terei dinheiro...": incorreto. Trata-se de "viagem", pois é substantivo.

b) "Quero que eles viagem logo, antes que as férias acabem!": incorreto. Trata-se de "viajem", pois é verbo.

c) "Quando será essa viajem? Não sei se poderei acompanhá-los...": incorreto. Trata-se de "viagem", pois é substantivo.

d) "Que eles viajem, vá lá, mas eu não posso pensar em viagem nem tão cedo!": correto. A primeira forma é verbo, e a segunda, um substantivo.

QUESTÃO 8:

Gabarito: **a**

a) x — x — ch — x

b) ch — x — x — x

c) ch — x — x — ch

d) x — x — ch — ch

COMENTÁRIOS:

Usamos "x", e não "ch", após um ditongo; dessa forma, temos: "seixo" (ditongo "ei" + "x"), "caixa" (ditongo "ai" + "x") e "feixe" (ditongo "ei" + "x"). No caso de "chenile", não há presença de ditongo.

QUESTÃO 9:

Gabarito: **b**

a) 4 — 3 — 2 — 1

b) 2 — 1 — 4 — 3

c) 3 — 4 — 1 — 2

d) 3 — 4 — 2 — 1

COMENTÁRIOS:

1) "experto" = perito em alguma coisa, experiente, especialista.
2) "esperto" = ágil, vivo, diligente, ativo.
3) "expectador" = pessoa que tem esperança, que permanece na expectativa.
4) "espectador" = testemunha, observador, pessoa que assiste a um espetáculo.

QUESTÃO 10:

Gabarito: **a**

a) Falso.

b) Verdadeiro.

COMENTÁRIOS:

Todas as palavras estão grafadas corretamente; cada par de palavras — "quociente/cociente", "quotidiano/cotidiano" e "quatorze/catorze" — tem o mesmo significado e admite duas grafias diferentes.

QUESTÃO 11:

Gabarito: **b**

a) 1 — 2 — 2 — 2

b) 1 — 2 — 2 — 1

c) 1 — 2 — 1 — 1

d) 1 — 1 — 2 — 2

COMENTÁRIOS:

( ) "jiló": correto. É palavra de origem africana, e palavras de origem indígena ou africana grafam-se com "j".

( ) "giboia": incorreto. É palavra originária do tupi, e palavras de origem indígena ou africana grafam-se com "j".

( ) "genipapo": incorreto. É palavra originária do tupi, e palavras de origem indígena ou africana grafam-se com "j".

( ) "majestade": correto. É palavra originária do latim "majestas".

QUESTÃO 12:

Gabarito: **a**

a) **Falso.**

b) Verdadeiro.

COMENTÁRIOS:

A palavra "empecilho", de fato, significa "obstáculo", mas grafa-se com "e", pois é formada a partir da articulação do sufixo nominal "-ilho" ao substantivo "empeço", que significa "obstáculo", "óbice".

QUESTÃO 13:

Gabarito: **d**

a) 1 — 2 — 2 — 2

b) 2 — 2 — 1 — 1

c) 1 — 2 — 1 — 1

d) 2 — 2 — 2 — 1

COMENTÁRIOS:

( ) "Mau saiu, o visitante chegou.": incorreto. A forma correta é "mal", que, no contexto da frase, comporta-se como uma conjunção temporal e pode ser substituída por "assim que" ou "nem bem" para indicar um momento bastante próximo no tempo.

( ) "Sabe o J. J.? Está muito mau de vida.": incorreto. A forma correta é "mal", que, no contexto da frase, comporta-se como um advérbio de modo, em oposição a "bem".

( ) "Você precisa corrigir esse mal hábito.": incorreto. A forma correta é "mau", que é um adjetivo, determinante do substantivo "hábito" e se opõe a "bom".

( ) "Não fique perto dele: é um homem mau.": correto. O adjetivo "mau" é determinante do substantivo "homem" e opõe-se a "bom".

QUESTÃO 14:

Gabarito: **a**

a) Aonde — Onde — Onde
b) Onde — Aonde — Onde
c) Onde — Aonde — Aonde
d) Aonde — Onde — Aonde

COMENTÁRIOS:

1) "Aonde você vai?": primeiramente, vamos olhar para o verbo, no caso, "ir"; sabemos que o verbo em questão exige preposição "a" para completar-lhe o sentido ("você vai a algum lugar"); dessa forma, temos que "a" + "onde" = "aonde".
2) "Onde você está?": o verbo "estar" exige preposição "em"; nesse caso, a preposição já virá embutida na tradução da palavra "onde"; dessa forma, "onde" = "em algum lugar"; portanto, "onde você está" = "você está em algum lugar".
3) "Onde você mora?": o verbo "morar" exige preposição "em"; nesse caso, a preposição já virá embutida na tradução da palavra "onde"; dessa forma, "onde" = "em algum lugar"; portanto, "onde você mora" = "você mora em algum lugar".

QUESTÃO 15:

Gabarito: **b**

a) 2 — 1 — 1 — 2
b) 2 — 2 — 1 — 1
c) 1 — 2 — 1 — 1
d) 2 — 2 — 2 — 1

COMENTÁRIOS:

( ) Você devia se divertir mas!": incorreto. A forma correta é "mais", que funciona como determinante do verbo "divertir" e, portanto, tem por função intensificar-lhe o sentido.

( ) "Quero dormir, mais não posso.": incorreto. A forma correta é "mas", que é uma conjunção coordenativa adversativa e introduz uma oposição ao que foi dito anteriormente; note que, se alguém diz "quero dormir", esperamos que a pessoa deite e durma; entretanto, quebramos a expectativa (poder dormir), uma vez que a pessoa não pode fazê-lo.

( ) "Coma mais! Você não comeu nada.": correto. O "mais" funciona como determinante do verbo "comer" e, portanto, é um advérbio, cuja função é a de "intensificador" do verbo em questão.

( ) "Você não fez boa prova, mas passou.": correto. De fato, a expectativa era de que a pessoa não tivesse passado, afinal, não fez boa prova; entretanto, a pessoa passou, fato que se opõe ao esperado (ficar reprovada).

QUESTÃO 16:

Gabarito: **a**

COMENTÁRIOS:

a) **"— Porque tenho um compromisso e já estou atrasado.": correto. A conjunção "porque", de valor explicativo ou causal, introduz a resposta à pergunta feita; no caso, a pergunta solicita uma explicação, da parte do interlocutor, sobre o motivo de estar saindo tão cedo de casa.**

b) "— Porquê tenho um compromisso e já estou atrasado.": incorreto. A frase é agramatical e sem sentido; temos aqui o substantivo "porquê", que, naturalmente, não pode responder à pergunta feita, uma vez que esta exige a conjunção "porque" para introduzir a resposta.

c) "— Por que tenho um compromisso e já estou atrasado.": incorreto. Temos aqui uma preposição "por" + um pronome "que", combinação apropriada para fazer perguntas, não para respondê-las.

d) "— Por quê tenho um compromisso e já estou atrasado.": incorreto. A frase é agramatical e sem sentido, pois o "por quê" não é uma conjunção e só pode aparecer em final de frase.

QUESTÃO 17:

Gabarito: **c**

a) Há — a — A

b) A — há — Há

c) **Há — a — Há**

d) Há — há — Há

COMENTÁRIOS:

1) "Há anos que não nos falamos.": o verbo "haver" é impessoal e indica tempo decorrido, passado, e, como tal, opõe-se à preposição "a", que indica tempo que ainda virá, futuro.
2) "Não posso falar agora, daqui a pouco eu ligo.": aqui temos a preposição "a" a indicar-nos tempo futuro; no contexto da frase, trata-se de um futuro próximo.
3) "Parece que foi ontem, não? Há quanto tempo estamos casados?": aqui o verbo "haver" é empregado pela mesma justificativa apresentada em 1.

QUESTÃO 18:

Gabarito: **c**

a) acerca de — Acerca de
b) acerca de — Há cerca de
c) há cerca de — Acerca de
d) há cerca de — Há cerca de

COMENTÁRIOS:

1) "Viemos a esta cidade há cerca de dois anos.": a expressão "há cerca de" significa um período mais ou menos determinado de tempo já transcorrido ou uma distância.
2) "Acerca de novas regras, nada mais temos a dizer.": "acerca de" é uma locução, utilizada com o mesmo sentido de "a respeito de" ou "sobre".

QUESTÃO 19:

Gabarito: **d**

a) 1 — 2 — 2 — 2
b) 2 — 2 — 1 — 1
c) 1 — 2 — 1 — 1
d) 2 — 1 — 2 — 2

COMENTÁRIOS:

( ) "Falar de mais nem sempre é bom.": incorreto. A construção correta seria "falar demais", já que o verbo "falar" necessita, no caso, de um advérbio de intensidade, com o mesmo sentido de "muito".

( ) "Os demais candidatos não puderam comparecer.": correto. O substantivo "candidatos", no caso, só pode ser modificado por um pronome indefinido com o mesmo sentido de "outros".

( ) "Este contrato é demais valor para nós que todos os outros juntos": incorreto. A construção correta seria "de mais valor", já que o substantivo "valor", no caso, só pode ser modificado por uma expressão de valor adjetivo, que se opõe a "de menos".

( ) "Comunicaremos aos de mais interessados o adiamento da reunião.": incorreto. A construção correta seria "demais interessados", já que o adjetivo substantivado "interessados", no caso, só pode ser modificado por um pronome indefinido com o mesmo sentido de "outros".

QUESTÃO 20:

Gabarito: **b**

a) na medida em que — À medida que — À medida que

b) à medida que — À medida que — Na medida em que

c) à medida que — Na medida em que — À medida que

d) na medida em que — Na medida em que — À medida que

COMENTÁRIOS:

1) "Ficávamos mais cansados à medida que o trabalho aumentava.": "à medida que" indica desenvolvimento gradativo e tem o mesmo valor de "à proporção que".
2) "À medida que o tempo passava, as esperanças iam-se desvanecendo.": "à medida que" indica desenvolvimento gradativo e tem o mesmo valor de "à proporção que".
3) "Na medida em que tínhamos tempo, conseguimos escrever o projeto no prazo.": "na medida em que" indica relação de causa e tem o mesmo valor de "porque", "visto que".

Minicurrículos das autoras

Cláudia de Cássia Capello é doutora em Literatura Comparada pela UFF, mestre em Literatura Portuguesa pela UFRJ e licenciada em Letras pela Uerj. É professora associada da Uerj, do Instituto Multidisciplinar de Formação Humana com Tecnologias — IFHT. Foi professora do Colégio de São Bento e da Faculdade de São Bento, onde ministrou aulas de Língua Portuguesa e coordenou o curso de pós-graduação em Língua Portuguesa. Ministra também aulas de Redação e Redação Empresarial em nível de pós-graduação. Fez parte da banca de elaboração e correção de provas do exame vestibular da Uerj nas áreas de Linguagens, Códigos e suas Tecnologias, e também de Língua Portuguesa Instrumental e Redação. Na Fundação Getulio Vargas, é superintendente do Programa de Certificação de Qualidade, e, no FGV Online, já atuou como coordenadora de tutoria, coordenadora de produtos, *instructional designer* e assessora educacional, além de coordenar a área de Linguagens, Códigos e suas Tecnologias no Projeto Ensino Médio Digital. Atua nas seguintes áreas, em que possui artigos e livros publicados: Educação, EAD, Língua Portuguesa e Literaturas de Língua Portuguesa.

Mary Kimiko Guimarães Murashima é doutora em Letras, mestre em Literatura Comparada pela PUC-Rio, pós-graduada em Literatura Brasileira e licenciada em Letras pela Uerj. Foi professora de Língua Latina da UFF e é professora associada aposentada da Uerj, do Instituto de Letras, onde atuou na graduação e pós-graduação nas áreas de Língua e Literatura Latinas por mais de 25 anos. Na Fundação Getulio Vargas, é diretora de Gestão Acadêmica do Instituto de Desenvolvimento Educacional — IDE —, onde atuou como diretora adjunta do FGV Online e foi responsável pela área de modelagem e gestão de universidades corporativas. Foi diretora acadêmica de educação a distância da Whitney International University System. Atuou como gerente de produção acadêmica, coordenadora de pós-graduação e produção, *instructional designer* e tutora do FGV Online. Fez parte da banca de elaboração e correção de provas do exame vestibular da Uerj nas áreas de Linguagens, Códigos e suas Tecnologias, bem como de Língua Portuguesa Instrumental e Redação por vários anos. Atua, principalmente, nas seguintes áreas, em que possui artigos e livros publicados: EAD, Educação Corporativa, Produção Textual, Língua e Literatura Clássicas, e Filosofia.